丛书策划　陈义望　朱宝元

看世界｜区域国别史经典丛书

A History SPAIN

西班牙史

欧洲的例外

Raymond Carr

[英] 雷蒙德·卡尔 ——著

潘　诚 ——译

中国出版集团 東方出版中心

图书在版编目（CIP）数据

西班牙史: 欧洲的例外 / (英) 雷蒙德 · 卡尔著;
潘诚译. —上海: 东方出版中心，2023.9
ISBN 978-7-5473-2248-2

Ⅰ. ①西… Ⅱ. ①雷… ②潘… Ⅲ. ①西班牙—历史
Ⅳ. ①K551

中国国家版本馆 CIP 数据核字(2023)第 144534 号

上海市版权局著作权合同登记: 图字 09-2023-0821 号

西班牙史: 欧洲的例外

著　　者 [英] 雷蒙德 · 卡尔
译　　者 潘　诚
丛书策划 陈义望　朱宝元
责任编辑 潘灵剑　王卫东
封面设计 钟　颖

出 版 人 陈义望
出版发行 东方出版中心
地　　址 上海市仙霞路 345 号
邮政编码 200336
电　　话 021-62417400
印 刷 者 上海盛通时代印刷有限公司

开　　本 710mm × 1000mm　1/16
印　　张 22
字　　数 300 千字
版　　次 2023 年 10 月第 1 版
印　　次 2023 年 10 月第 1 次印刷
定　　价 90.00 元

目录 Contents

撰稿人名单

塞巴斯蒂安·巴尔富尔(Sebastian Balfour,伦敦政治经济学院、加拿大布朗齐当代西班牙研究中心)

雷蒙德·卡尔(Raymand Carr,牛津大学圣安东尼学院)

罗杰·科林斯(Roger Collins,爱丁堡大学)

A. T. 费尔(A. T. Fear,曼彻斯特大学)

腓利佩·费尔南德斯—阿梅斯托(Felipe Fernandez-Armesto,牛津大学现代历史学院)

理查德·弗莱彻(Richard Fletcher,约克大学)

理查德·赫尔(Richard Herr,伯克利加州大学)

亨利·卡门(Henry Kamen,巴塞罗那高等科学研究中心)

安古斯·马凯(Angus Mackay,爱丁堡大学)

序　言

雷蒙德·卡尔(Raymond Carr)

一

在一代学者的笔下,尤其是一代西班牙学者的笔下,西班牙的历史 1
正在经历拨乱反正的过程,因为现在他们能够免受佛朗哥主义对知识分子们的束缚。在这个过程中,西班牙例外论遭到摒弃,现在人们认为应当像研究欧洲其他主要国家一样研究西班牙的历史。

西班牙应当被当作欧洲的例外——人们曾会持这样的想法,其实也并不是不可思议的。西班牙有着西欧其他国家所没有的经历:自8世纪以来,它的大部分领土就被非欧洲、非基督教的穆斯林统治者们占领。漫长的基督教再征服运动在1492年才告一段落,这一年,最后的摩尔人王国——格拉纳达——被占领。理查德·福特周游西班牙2 000英里之后,于1844年出版了闻名于世的《西班牙旅游手册》(*Handbook for Travellers in Spain*)。在他看来,摩尔人的占领给西班牙,尤其是安达卢西亚,留下了永久的遗产。安达卢西亚人受东西方影响(既戴西方的帽子,也围着东方的头巾),并遵循东方的价值标准。再征服之所以重要，是因为它奠定了保守民族主义的神话基础。虽则如此，但摩尔人留下的遗产却已经不再能够圆满地解释 17 世纪以降开始为西班牙人和外国观察家们所关心的问题：这样一个曾经海外领地广阔、文化生活灿烂多彩的国家，又怎么会在 1814 年的巴黎会议上，被各国外交官和政客当作二流国家(un cour secondaire)对待呢？

对于新教徒和自由主义者们，问题的答案都很清楚：因为西班牙一直是“黑色传奇”的继承人。这种传奇是 16 世纪时作为战时宣传论调的组成部分被发明出来的，将西班牙描绘成充满了不宽容、傲慢和自以为是的巴士底狱。要解释西班牙的“落后”及其与欧洲日益繁荣的北
2 部国家之间的鸿沟，只需回溯至宗教裁判所制度即可，正是它切断了西班牙与发达国家繁荣和进步的基础——知识和科学的成就——之间的联系。而启蒙运动一向欧洲打开国门，保守势力又建构了与此不相上下的另一种“白色传奇”：西班牙正是由于启蒙运动才衰落的，因为路德的继承人和伏尔泰、卢梭的信徒们毒害了西班牙天主教的精华，而这种精华是西班牙身份的标志和伟大的基础。在与自由主义对垒的过程中，“白色传奇”成为早期佛朗哥主义宣传的知识重心。西班牙被启蒙运动的自由主义继承人和那些寻求保存传统西班牙的天主教精华的人们，当作意识形态斗争的战场。在修正主义历史学家们看来，这种摩尼教式的、两分法的“两个西班牙”概念，是自由主义者和保守派们出于政治目的玩弄的形而上建构。在经济史学家那里，“两个西班牙”的意识形态则摇身一变，城镇相对繁荣而乡村贫困、停滞，他们称之为“二元经济”。

修正主义的观点不是说，历史学家否认天主教会具有压倒一切社会和知识的影响力，也不否认，至少最近，两个西班牙的观念已经成为集体无意识的一部分，决定着人们的行为方式。修正主义的观点也不认为，西班牙的历史缺乏争议之处。数量庞大的摩尔人具有的社会、文化影响和人数虽少但十分重要的犹太人及其被驱逐的后果，都仍然是存在着争议的话题。更近来说，对于这个在 19、20 世纪被当作不发达经济体的国家而言，自由贸易和保护主义作为经济增长的处方，究竟扮

演了何种角色，就此经济史学家们多有论争。现代历史学家们完全摒弃的是浪漫主义的西班牙例外论。这种观点称，西班牙为了能保存人文的，以及资产阶级社会在追逐物质繁荣时失落的精神价值（据里尔克所言），故意拒绝进步。对于 19 世纪 30 年代的浪漫主义者及其众多继承人来说，标志性的英雄是堂吉诃德。在他们看来，西班牙的历史不应该用客观的因素解释，而要通过对西班牙人心灵的洞察来解释。现代历史学家们能够接受的是小说家皮奥·巴罗哈（Pió Baroja）的看法，一半有关西班牙人灵魂的无端揣测都是外国人发明的，另一半是西班牙人自己干的。

修正主义史学予以保留的观点是，西班牙历史的关键之一是其多
样性。本篇序言的目的正是勾勒出这种多样性，检查这种多样性形成 3
的政治、社会、经济动因和后果。

二

直到 20 世纪，大多数西班牙人仍以务农为生。他们工作的状况则由土壤和气候的互相作用及土地的租金决定，而后者的标准是世代相传下来的。到 18 世纪的时候，西班牙农业类型、技术的多样性给英国人留下了深刻的印象，因为英国气候和土地关系都较为单一。

首先，最显著的区别是西班牙的潮湿和干燥。据理查德·福特 19 世纪 30 年代的观察，西班牙的西北省份比英国的德文郡还要多雨，而中部平原干燥、灼热，胜过阿拉伯半岛的沙漠。西北部的加利西亚的农民要打着雨伞下地干活，雨量多的时候可达 80 英寸；中部地区高地（meseta）的雨量只有不到 10 英寸，阿尔梅里亚有时干脆一点都没有。卡斯蒂利亚中部高地的旱区农业几乎全部种植谷类，只能大片休耕以弥补耗尽的地力，此地的产量是欧洲最低的。对于产出仅能维持生计的农民来说，坏年景、霜冻或者冰雹都会把他们带到饥饿的边缘，落到欠债的田地。穆尔西亚和巴伦西亚的灌溉冲积平原，只要有水灌溉，一年就可以获得三或四季的收成。只要拥有 10 英亩土地就是富人。然而，即便是拥有得天独厚的土地、农业产出为欧洲最高的巴伦西亚，它

的内陆山区却几乎是不毛之地。

气候和土壤不是决定农业类型多样的唯一因素，土地在中世纪时如何得到利用也是重要的决定因素。在老卡斯蒂利亚地区大都是勉强维持生计的农民，与之形成强烈反差的是巴斯克诸省和加泰罗尼亚地区稳定的家庭农业，在这些地区，农庄(masía)一直牢牢占据统治地位。在加利西亚，中世纪时期的教会给予长期的租约，以吸引定居者。18世纪时，人口的激增导致细分的过程，这产生了类似爱尔兰那样的细小地块，最小的只有一英亩。可是，最为戏剧性的反差大概存在于这些小得可怜的地产，与卡斯蒂利亚农民的地产以及安达卢西亚和埃斯特雷马杜拉的大庄园之间，前者如此贫困，后者却相当富庶。只有意大利南部(mezzogiorno)的贫困和北部的富裕之间的反差才可堪与此相当。
4 领导了对摩尔人的再征服运动的军事贵族被授予大片的土地，在此后的19世纪，又从教会土地和公地的买卖中获得了大量的土地。西班牙贵族阶层，与英国的土地贵族不同，他们通常居住在城市里，而不在拥有的土地上。他们的产业由短工打理，后者是一群群的季节性劳工，每天都可以从镇上的广场上雇来，而淡季只能挨饿。

多样性反映在西班牙农村的风物和建筑上。在安达卢西亚的单一种植橄榄的哈恩和埃斯特雷马杜拉的大种植农场，雇工都生活在农业村镇中，周边的乡野在旱季很荒凉。1793年，一个法国旅游者这样写道，“大土地所有者占据统治地位，就像狮子在它居住的林子里，吼声赶跑了所有想要接近它的人或动物”。在巴斯克省份加利西亚和阿斯图里亚斯，乡间点缀着村落和农场。多样性决定了社会冲突。家庭农场稳定的地区保守，倾向于信奉天主教。19世纪，卡洛斯国王的拥护者们——与自由派战斗的军队，是从西班牙宗教情绪最浓郁的巴斯克省招募的。埃斯特雷马杜拉用骡子耕种大土地所有者的可耕地的农民和安达卢西亚的短工长期、艰苦地与他们的雇主斗争。19世纪的安达卢西亚农村，由于农民要求没收、重新划分大地产，成为混乱不止的主要地区。

19世纪，当工业化使得新式工厂开始吸收贫穷农民的时候，这些在中世纪建立起来的农业类型发生了变化，但整体而言，它们直到20世纪50年代才彻底改变。正是现代化摧毁了中世纪以来建立的农业类型。现代的拖拉机和收割机取代了短工。农民维持生计的小块土地不能机械化耕作，并且固定在更富裕的农民手里。贫穷农民的儿子在新的资本主义的世界里看不到希望，结果大量的农村人口在20世纪60年代流入新的工业化城市。

如果说地理能够解释农业的多样性和维持生计的农民何以挣扎于不利的状况，它也是横亘在国内市场发展道路上的障碍。地区间价格的巨大差异标志着国内市场尚未形成。长期以来，西班牙一直是由地方市场拼凑起来的，这些地方市场受到山脉和糟糕的道路阻隔。曾经是土匪老巢的莫雷纳山脉，把安达卢西亚和卡斯蒂利亚分割开来。坎塔布连山脉则把阿斯图里亚斯和加利西亚分割开来。

西班牙是个庞大的、正方形的国家，这里中央高地海拔高度约
2 000英尺。由于某些山区坡度之陡是欧洲之最，公路和铁路建造起来 5
花费很大。在19世纪60年代铁路出现之前，通往海洋的便利和相对便宜的海运，较之使用骡子拉动的车子，使得边缘地区的交通要比中央地区便利得多。一旦充满活力的羊毛经济随着宏大的坎波城的集市兴起，卡斯蒂利亚就落在了后面。到18世纪的时候，它仍旧生活在过去的光辉之中：曾经充满了众多人口和工厂、作坊和货摊的城镇框架，此时，充满着教堂、修道院和医院。一句话，商业衰败，教会支撑着城市。人口繁荣和进步日益转移到边缘地区。经历了一个时期的衰退之后，在18世纪，加泰罗尼亚借助向西属美洲出口白兰地和纺织品，成了除兰开夏之外最大的纺织业中心，结果吸引了周边赤贫山区的众多劳动力。在理查德·福特的笔下，巴伦西亚的海滨城镇比周围的乡村地区要富饶得多，马拉加由于向北欧出口水果而繁荣，赫雷斯由于鳕鱼贸易而致富，两者都成为外国人聚居的、繁荣的城市。从人口统计学和经济学上来说，西班牙的中心区域失去了支配性的地位。这是向古典时代的回归，当时西班牙的外围地区，尤其是地中海沿岸地区更为吸引了人口聚居、活动和生产。还有另外一种向着古典时代的回归。罗马时代

的西班牙丰富的矿藏资源曾经吸引过投资。西班牙只是不出产质优价廉的煤炭，而这是工业革命最必需的原料。19 世纪 30 年代，似乎只有马尔贝拉，现在的石油出产国酋长的操场和欧洲高尔夫球场，可能成为繁荣的钢铁工业中心。但由于缺乏廉价的煤炭，钢铁工业中心转移到了北方。19 世纪 70 年代的时候，毕尔巴鄂附近的铁矿使得西班牙成为欧洲最大的铁矿石出口国。出口获得了利润，还换回了廉价的威尔士煤炭，使得毕尔巴鄂成为西班牙最大的重工业中心，因而吸引了来自卡斯蒂利亚的贫穷农民工如潮水般涌入。

三

理查德·福特曾经说过一句经常被人引用的话，他说西班牙好比一盘散沙。100 年以后，杰拉德·布伦南在其颇具影响力的著作《西班
6 牙迷宫》(*The Spanish Labyrinth*)前言里写道："对于西班牙，正常的状态是，它是由小的、互相敌对或老死不相往来的共和国组成的一个松散的联盟。在历史上的某些伟大的时期(哈里发时代、再征服时代和黄金时代)，这些渺小的中心会因为共同的感情或思想的影响，一致行动；而当来自上述思想的冲动衰退之后，它们仍旧四分五裂，各自为政。"

对于一直享受共同的法制体系的英国人来说，把多样性和政治碎块化作为独有的特征挑选出来是很自然的。对于西班牙人来说也是如此。对于在 18 世纪启蒙运动影响下的民权斗士奥拉维德来说，西班牙是：

> 这样一个实体，其中包含了较小的实体，它们互相分离、敌对，而且还互相压迫和轻视，处于不断的内战之中。每个省份、每个宗教团体、每个职业都与这个国家的其他部分相分离，而向自身靠拢。现代西班牙可以被认为是一个毫无活力的实体，一个奇怪的、由更小的共和国组成的共和国，而它们互相敌对，是由于每个实体的特定利益与共同利益相矛盾。

罗马对西班牙的大部分地区强加的统治,创造了泛西班牙的概念,把西班牙作为单一的政治实体。哥特人国王至少在理论上,是罗马人的继承人,因此他们统治着的是一个单一的王国。更为重要的是,随着天主教对阿里乌斯派异端的胜利,主教们给予了西班牙单一的宗教。对于西班牙民族主义者们来说,罗马天主教与国家本身是同质的。佛朗哥的《幕后的主宰者》(*Eminence Grise*)成书于 20 世纪 70 年代,里面提到,卡雷罗·布兰科将军说过,西班牙要么是天主教的,要么就什么也不是。

摩尔人的侵略破坏了这种统一性。西班牙分裂为两个政治、社会体系,两种文明:摩尔人的南部和基督教的北部——尽管,正如晚近的历史学家强调的那样,文化边际在两者之间是可渗透的,有时候允许很多的文化交流。可不论是基督教国王,还是摩尔人都难以战胜地方主义势力的向心力。它们科尔多瓦式地分裂为塔伊法小国家。尽管卡斯蒂利亚肩负着帝国使命,仍旧陷于地方内部的战争状态。天主教国王费迪南德和伊莎贝拉创造的不是我们过去在学校里学到的现代民族国家。卡斯蒂利亚和阿拉贡王室之间的联合,是由他们 1469 年的联姻而创造的。因为西班牙的天主教王国实行的是联邦制的君主制,其中,教会的权威取决于君主个人的威望和他们对特权的尊重。地方宪法联邦的组成部分,尤其是巴斯克省份和包括巴伦西亚、加泰罗尼亚在内的阿 7
拉贡王室领地则是准独立的状态,他们有自己的地方议会。新教的支持者们把菲力普二世当作有无上权力的君主。但当他越过自己的王国,向阿拉贡议会收取赋税的时候,他自己可不是这样想的。

在必要的、有效的、中央集权的马德里政府和当地传统的力量之间达到一个令人满意的平衡,是 1931—1936 年的第二共和国之后的波旁君主制和 1975 年之后的立宪君主制的任务。中央施加的压力多一点,就会酿成地方的叛乱。由于过度征税,菲力普二世的卡斯蒂利亚臣民抱怨他们承担了过多的帝国花费,由于阿拉贡和加泰罗尼亚具有财政特权,被他们躲避掉的税收都落到了卡斯蒂利亚臣民的肩膀上。菲力普四世的首相奥利瓦雷斯(1587—1645 年)寻求通过把加泰罗尼亚置于卡斯蒂利亚的习惯制下，以分摊这种负担。1640 年，他遭遇了加泰罗尼亚人的叛乱。哈布斯堡的君主只得屈服。1714 年之后，波旁王室重操旧业，废止加泰罗尼亚和巴伦西亚的特权地位。他们得到的还不如奥利瓦雷斯的多。最为坚决的中央集权者是 19 世纪的自由主义者——雅各宾派，因为他们把西班牙历史形成的地区划分为法国模式的省份，制定了一部全西班牙人共同的宪法。巴斯克和加泰罗尼亚采取了现代民族主义运动的形式，以维护他们非卡斯蒂利亚的语言和以地方自治为基础的要求，来捍卫其失去的地方自由。尽管 1931—1936 年的第二共和国授予地方自治的权利，这是一个历史的悖论，佛朗哥将军继承了 19 世纪自由主义者们激进的中央集权主义政策，以国家统一的名义废除了地方自治地位、压制巴斯克和加泰罗尼亚的语言和文化，结果使得巴斯克和加泰罗尼亚的民族主义成为难以压制的势力。佛朗哥死后，新的民主政治在 1978 年的宪法中得以恢复。在三个巴斯克省份信仰基督教之后，欧洲最非中央集权化的宪法，"自治联邦"授予巴斯克地区像加泰罗尼亚地区一样的地方自治的权利。慷慨的地方自治打破了中央政府与地方自治之间的平衡，因为就加泰罗尼亚而言，分离主义只是一个较弱小的运动。令人不快的地方自治并不能令数量众多的巴斯克激进民族主义者满意，他们诉诸埃塔恐怖主义，把他们愿景中的独立巴斯克国家强加给西班牙及其同胞。

8 **四**

如果马德里的中央政府的要求和与其相抗衡的省份主义之间的平衡能够建立，将有助于描述西班牙历史的过程，西班牙的社会结构长期以来都是用普遍的地方主义来解释的。对于杰拉德·布伦南来说，西班牙人首先效忠的是他的小国家——故乡。每个村庄、每个城镇都是密切的政治、社会生活的中心。在布伦南看来，19 世纪的浪漫主义者们认为，村镇，小的、内倾的共同体，是道德的宇宙，它保存了资产阶级的资本主义社会已经失落的人类价值。盎格鲁-撒克逊的人类学家把它作为封闭的社会，针对这些社会，作过缜密研究，他们的技艺在文字出现以前的社会中可以得到很好运用。

直到20世纪60年代，理想型的村镇仍旧存在于遥远的地区。20世纪20年代，布伦南在阿尔普哈拉斯的山村中发现过这类遗存。不过他也为此感到惋惜：乡村生活的衰亡和在1936—1939年的内战期间采用了现代生活方式。20世纪40年代，小说家塞拉在新卡斯蒂利亚的山村中，发现了自18世纪以来保持不变的小旅馆。20年以后，约翰·贝奇曼(John Betjeman)的妻子发现这些旅馆已经配备了塑料台布和收音机。

在西班牙的大部分地区，总是有侵入性的因素存在，地方主义日益消退：中世纪的法国僧侣，16、17世纪的法国移民工人。19世纪30年代，加利西亚人曾向乔治·波罗抱怨，潮水般涌入的加泰罗尼亚移民毁坏了他们的生计。每个村庄都有自己的募兵，在自己的村镇外围活动。17世纪的一个以歹徒为题材的故事(Picaresque tale)就是一个曾经混迹于欧洲各国军队的无赖虚构的自传。小村庄们在司法上从属于庞大的城市，尽管许多这类从属关系都是被唾弃的。英国采矿业工程师和新教传教团就像来自直布罗陀的走私分子一样，在西班牙南部很引人注目。

无论故乡的权力在过去是如何吸引人，乘坐汽车的西班牙人再也不会被它束缚住。20世纪60年代以来的经济飞速增长，虽然是从较低的基础上开始的，由于西班牙的经济已经开始超越除了日本以外的其他经济体，这使得西班牙社会转型，结果使得它变得较类似于周围的城市化的消费社会。这些移民到城市和工业地带的西班牙人，可能会回到他们各自的村镇，参加当地的节日、祭祀，但他们并不会为了农村
生活的感情上的舒适，而放弃舒适的城市生活。米格尔·德利韦斯在 9
其小说中描述得无比优美的被废弃的乡村，正是这类证据。

曾经是当地生活的核心的传统制度已经消失了。茶话会是好朋友围着一个咖啡座聚会的活动，已经被无穷无尽的晚间在家收听的脱口秀所取代。与此同时，自治地区的电视台，诸如加泰罗尼亚、加利西亚和巴斯克地区，培养了地方爱国主义，大量的地方史都可为此佐证。在

西班牙拥有欧洲人均最高电影座位的时代，被电视同质化了的地方主义文化扮演了电影在20世纪50年代的角色。进口电影像20世纪60年代的旅游业一样，获得了欧洲和美国消费社会的认同和艳羡。

佛朗哥时代旅游者的老名言“西班牙是不同的”，几乎不再能够描述一个日益城市化、工业化的民主社会，这个社会不再受到1936年7月或是接下来的内战那样的军方掌权的威胁。埃德蒙·伯克把18世纪的西班牙描述为“一头搁浅在欧洲海岸上的大鲸鱼”，威灵顿公爵在1820年称它是一个风俗和习惯与欧洲其他国家都没有太多天生关系的国家。对于他们来说，西班牙不属于欧洲，戏剧化的是，出于对霸权国家地位衰落的留恋，这些国家在1898年西班牙失去其殖民帝国最后一块领地时，又将之视为欧洲的失败。这隐藏了它自从18世纪以来缓慢迈向现代性的步伐，尽管中间遭到了入侵和内战的残酷打断。今天，西班牙是一个运作良好的民主国家，它是欧洲共同体的积极、热情的成员，其“风俗和习惯”就是西方消费社会的“风俗和习惯”。

第一章　史前和罗马时期的西班牙

A. T. 费尔(A. T. Fear)

理查德·福特说过,西班牙不是一个国家,而是几个国家。尽管现 11
在看来是陈词滥调,但仍然值得回味一番。伊比利亚半岛的地形就像现在的希腊一样,把这里分割成截然不同的、分离的地区。因此,古代西班牙呈现给我们的是一种马赛克式的文化,也就不足为奇了。语言淋漓尽致地反映了这种多样性:西班牙地区曾使用过的语言不少于五种。不幸的是,这些语言始终在挑战翻译的努力,因而我们对古代西班牙的了解只局限于古典时代。人们常常会有这样的成见:居住在平原的人们要比居住在山地的人们更文明。我们手里没有进一步的材料,能够用来解释考古资料。因此,尽管这些材料很重要,可是我们必须记住的是,我们是在通过一块灰暗的玻璃来观察古代的伊比利亚。

半岛上很早就有人类活动。布尔戈斯附近已经出土的人类最早的祖先前人(Homo antecessor)——智人的前辈——的骨头距今 80 万年。此外,就尼安德特人(公元前 6 万年)的化石首次发现的位置而言,他本应该命名为直布罗陀女人。坎塔夫里亚和阿斯图里亚斯在旧石器时代晚期曾出现过马格德林时期文化(公元前 16000 年),该文化有着色彩斑斓的洞穴壁画。这些壁画中最有名的要数在桑坦德附近发现的阿尔塔米拉壁画。这些壁画采用现实主义的手法描绘了原始人食用的动物。绘画不仅用彩色，而且还利用岩石表面的凹凸不平，来创造三维立体的感觉。类似的绘画在勒万特地区也有发现，但那里的绘画大多数是中石器时代的(约公元前 1 万年)。勒万特的壁画集中在卡斯特利翁省，较之他们北部祖先的壁画更为精细，较鲜明地强调人类形象。人
12 们发现，这里的壁画不仅有狩猎的场景，而且有战争的场面、翩翩起舞的男人和女人，甚至还有处决的场面，暗示已经形成了有组织的社会。

从公元前 3800 年开始，半岛的不少地方都开始卷入巨石建筑的潮流之中，这股潮流当时席卷了整个欧洲北部。伊比利亚半岛上的巨石建筑沿着大西洋和南部海岸呈马蹄形分布，勒万特和梅塞塔两地却没有分布。为数最多的是墓葬，其中最为壮观的是安达卢西亚的安特克拉，其精美壮观使得有人得出这样的结论：它们应该是由来自希腊的迈锡尼殖民者，而不是由这个地区的原住民建造的。事实上，经碳-14测定，这批墓葬的时间要远远早于迈锡尼时代。

公元前 2600 年前后，葡萄牙的塔古斯河谷和阿尔梅里亚的洛斯米利亚雷斯就已经出现了青铜文明。尽管这些都属于成熟文明(洛斯米利亚雷斯拥有开凿在石器上的供水系统和用三面巨大的城墙建成的堡垒防御)，但到公元前 1800 年前后，它们似乎都消失了，所以没有对此后的发展有什么影响。同样消失的文化还有阿尔梅里亚的晚期阿加尔文化(公元前 1700—前 1400 年)。该文化以采矿为基础，它在阿加尔山谷所创造的人口密度，直到 19 世纪才达到。还有就是拉曼查的莫蒂利亚文化(公元前 1600—前 1300 年)，它以小型加固的塔为中心。长期以来，正是与外来民族的交流导致了长期持续的伊比利亚半岛文化的兴起。这种交流很早就有了。半岛上已经发现的陶器碎片可以追溯到公元前 1200 年，尽管目前还不知道这些陶器离开了生产它们的区域之后，经过多少次转手，也不知道它们以多么频繁的程度运过来。

人们已经发现的半岛历史上最为先进的民族被称为古伊比利亚人。他们在地中海和南大西洋沿岸居住。目前还不清楚伊比利亚人的祖先是谁。他们可能与柏柏尔人有亲缘关系，也就是从北非移民过来的，但目前最普遍的观点认为他们是半岛的原住民。无论他们起源于

何方，伊比利亚人似乎都说两种迥然不同但有关联的语言。这些语言不是起源于印欧语系，目前还未能释读。半岛的北部和西部是凯尔特人的地域，不过凯尔特人的领地在西班牙南部一直到阿尔加维和安达卢西亚的地方都有发现。凯尔特人的领地不包括西比利牛斯山脉，因为巴斯克人已经占据了这块地方。巴斯克语像伊比利亚人的语言一样，不属于印欧语系，人们尝试把伊比利亚语当作某种形式的原始巴斯克语来释读，并因此把巴斯克语当作伊比利亚语的“边缘分支”，但这类努力以失败告终。

在梅塞塔平原上凯尔特人和伊比利亚人之间，则是凯尔特-伊比利 13
亚人。这些人像凯尔特人一样说一种印欧语系的语言，其中最有名的是拉丁诗人马提雅尔，他是比尔比利斯（也就是现在的卡拉塔尤[Calatayud]）的原住民。很可惜，我们可利用的古典文献并没有给出精确的民族称谓，但把凯尔特-伊比利亚人当作凯尔特人和伊比利亚人的混合民族，似乎是合理的。

古代希腊人在西班牙也有利益关系。古代希腊人的殖民城市马赛本身是福西亚的殖民地，公元前 575 年他们在加泰罗尼亚建立了一个贸易据点，很贴切地取名为“恩波里翁”，在希腊语中意为“市场”。恩波里翁——现代的安普里亚斯——兴盛起来，成为古希腊陶器进入半岛的主要渠道之一。不久，附近又建起一块殖民地，叫作罗德，即现在的罗塞斯。然而，这些殖民地标志着希腊人在半岛上活动的极限。其他号称是希腊人据点的地方，结果要么是腓尼基人的殖民地，要么不过是水手们的路标。福西亚人在公元前 535 年西西里沿海的阿拉里亚海战中被布匿人和伊特鲁里亚人的联军击败，这有效地终结了希腊人在这个地区的扩张活动。

希腊人的手工制品确实曾在半岛上传播过，恩波里翁在相关贸易中扮演了关键角色。有一篇 6 世纪的碑铭显示的是一宗发生在镇上的希腊商人与来自萨贡托（Saguntum）的伊比利亚经销商之间的交易。尽管如此，绝大多数的希腊货物通过腓尼基中介商到达最终目的地，这一点可以从西班牙发现的古希腊陶器碎片上经常可见的腓尼基人涂鸦得知。能够证明腓尼基人的影响力与希腊人的影响力势均力敌的一个有力证据是，公元前 290 年，恩波里翁的希腊人改用了腓尼基人的度量衡。

对伊比利亚文化影响最大的外来民族是腓尼基人。他们到达这里的时间比希腊人早，足迹所至的范围也更广。加的斯的名字来源于腓尼基语中意为“设防之处”的单词，它号称其谱系可以追溯到公元前 1100 年，尽管根据考古遗存，这个镇的历史只能追溯到公元前 9 世纪。加的斯为西班牙早期的布匿人殖民地树立了范式。它的位置在瓜达莱特河口的一个小岛（现在与大陆已连成一体）上，是典型的、腓尼基人喜欢的殖民地类型。类似的殖民地很快在地中海南部沿岸建立起来。像加的斯一样，新建立的殖民地选在河口的海角或离岸的岛屿。很重要的一点是，选址不侵占土著居民的领土。人们最初认为，这样的选址显示腓尼基社群仅仅是贸易据点，但较晚近的考古工作揭示它们是永久
15 殖民地。奥古斯都的将军阿格里帕在公元前 1 世纪末期汇编西班牙地区的地图时，曾经这样评价：这里的海岸线从外观上来看都是腓尼基式的。由此可见，腓尼基人对西班牙地区的影响有多深。

布匿人与当地文化的交流看上去总体上是友好的，这可能是因为腓尼基人没有抢占领土的野心。这些促成了伊比利亚人与东方民族之间密切、有成效的文化交流，产生了所谓的塔特苏斯文化。塔特苏斯（Tartessos）能名垂史册，有赖于希罗多德，他在《历史》里面讲述了一场突发的泥石流：公元前 640 年，这个故事发生在富裕得令人难以置信的国家内的福西亚科拉埃乌斯地区。这个国家由一个同样令人难以置信的富裕、长寿，名叫阿甘索尼乌斯（这个名字意味深长，可能来源于凯尔特人，意思是拥有银山的人）的国王统治。对于古代希腊人来说，塔特苏斯代表西方的黄金国（El Dorado），不过，尽管希罗多德的故事

这具石棺出土于加的斯，属于公元前 5 世纪。它可能是从西顿（Sidon）进口的。它与中东和其他地方的腓尼基殖民地出土的类似。然而在加的斯也发现过一口男像石棺，但这类石棺大部分像这口一样为女像。布匿人的宗教行为在整个罗马时代的加的斯都很兴盛。它们以融合了腓尼基神米尔卡的赫拉克里斯神庙为中心。这个神庙在整个帝国都很著名，并且镇压异端以前一直存在。 ➡

在某些方面是真实的，但对待这个故事的某些细节要小心。要想找到一个叫作塔特苏斯的市镇是徒劳的，尽管现在找得到的“塔特苏斯文化”的定居点不下 300 个，但没有一个符合他的故事里面关于王国首都的描述。现在人们只把塔特苏斯当作对描述某个特定文化有用的词汇。这个文化以从廷托河谷下游的韦尔瓦延伸到瓜达尔基维尔河谷的塞维利亚的这条轴线为中心。尽管如此，在塔特苏斯文化的鼎盛时期，其影响不仅自然而然地传播到很容易到达的瓜达尔基维尔河沿线地区，而且还越过莫雷纳山脉，进入埃斯特雷马杜拉，正如我们可以从卡塞雷斯省的阿利塞达(Aliseda)墓地里金子做的陪葬品中看到的那样。(在旧约里面称为塔里什，约拿打算去的目的地，还看到它的船只正要驶往塔特苏斯，可是看上去他们提到的更可能是塔尔苏斯，或者甚至是人们以为的晚期古典时代的印度。)

不管阿甘索尼乌斯自己的历史地位如何，这个名字仍然标志着外国定居者最想要的商品——白银。作为交换，腓尼基人卖给塔特苏斯人油和酒。腓尼基人用来盛装这两种货物的双耳细颈瓶在塔特苏斯人的遗址经常有发现，另外还发现了各种奢侈品，以珍贵的金属或象牙做
16 成。两种文化之间的交流(通常称为西班牙史前史的“东方化时期”)不仅仅局限于贸易方面：宗教思想也在互相传播。在塞维利亚，由腓尼基人兄弟俩巴阿亚顿和阿布迪巴尔敬献的阿施塔特女神(腓尼基人所崇拜的代表丰饶和爱的女神)青铜小偶像，时间可追溯到公元前 8 世纪。腓尼基人的宗教习俗极大地影响了伊比利亚人的宗教。壮观的陪葬雕像——巴萨的女神和埃尔切的女神制于伊比利亚文化的鼎盛时期(公元前 4 世纪)，它们的祖先(坦尼特)，是布匿人的女神。其一尊用石膏做成的崇拜偶像，雕刻于公元前 7 世纪，但埋入格拉纳达省的加莱拉的一座墓穴中的时间大约是公元前 530 年。伊比利亚半岛上的很多山巅神庙中发现的供奉对象，诸如莫雷纳山脉上发现的，都以布匿人的战神哈达德和里谢夫为蓝本。位于阿尔瓦塞特省的波索摩洛墓建于约公元前 500 年，其形制以及复杂的神话雕刻，也显示了曾受到布匿人强烈的影响。墓葬的形状类似近东叙利亚的风格，此外，很多雕刻的特征，

诸如“动物之主”和“生命之树”等,都与近东的雕刻相近。鬃毛卷曲的狮子或狼保卫着它们的老巢是伊比利亚人雕刻的共同特征。

在塞维利亚郊外埃尔卡拉波罗出土的塔特苏斯人墓葬,勾勒了腓尼基人留下的另外一类重大的遗产:技艺精湛的金属制品。在此地发现的藏品包括 21 个 24 克拉的金珠。这些都不是简单的天然的金属块:其精湛的手艺说明,塔特苏斯人从他们的邻居那里学会了抛光、打磨首饰的本领。代表这种手艺的技术的例子,是在瓜达尔基维尔山谷深处的韦尔瓦省发现的墓葬中的出土物。同样精致的珠宝在塔特苏斯文化影响的边缘地区阿利坎特省也有发现。

腓尼基人还带来了文字。在腓尼基字母的影响下,这一时期开始出现半表音的“塔特苏斯”文字。尽管如此,奇怪的是,这个地区现存的这类未能释读的文字的碑刻,没有在塔特苏斯文化的核心地区出土,而是出土于西南部的阿尔加维。大多数文字是在墓室精心装饰的大柱子上发现的,柱子上展示了全副武装的武士,以及他们的战车。正是在这个分布着大柱子的地方及其边缘,在萨拉戈萨省卢纳的月神那里,一块石头上展示的小竖琴与腓尼基人的竖琴最相近。希腊地理学家斯特拉波认为,安达卢西亚的图德塔尼亚人的口述传统可以追溯到 6 000 年前,尽管这很明显是夸张的说法,或许这种主张的背后有几分真实。 17

阿甘索尼乌斯的传奇使人们普遍认为塔特苏斯文化有着单一的统治者。除了希罗多德的记载之外,还有晚期罗马历史学家查斯丁写作的伊比利亚人的神话,这些零零星星的神话是关于加戈里斯、哈比斯、革律翁等国王的。这些神话看上去像是真的,更强化了上述看法。我们不能确信这是真的,但后期伊比利亚人君主传统使得这个假说可信度很高。到公元前 6 世纪的时候塔特苏斯人的文化消亡了,消亡的原因虽然很神秘,但主要的后果是政治权力分裂成为小得多的政治单元。

“塔特苏斯人”的崩溃似乎对腓尼基人的殖民地有着很大的影响,因为两者之间是互利的存在。殖民地数量减少了,但剩下的规模变得更大了。随着西地中海最重要的腓尼基人殖民地——迦太基的范围扩大,幸存的腓尼基人的殖民地也日益萎缩。晚近的罗马作家马克罗比乌斯和查斯丁记录了一则传说，公元前550年，当地土著试图攻占一个叫作塞隆的国王统治下的加的斯，国王在迦太基的帮助下击败了这次进攻。

伊比利亚人的文化在塔特苏斯人崩溃之后幸存下来，实际上甚至一度繁荣，但看上去似乎没有获得政治上的统一。相反，小山顶的城镇扩展开来。人口最密集的地方是半岛西南部，沿着西班牙的整个地中海沿岸扩散，甚至扩散到现在法国的地域。流传最久的例子是加泰罗尼亚的乌拉斯特里塔。这些城镇建造在易守难攻的要冲，通常是用庞大的巨石工程重重守备，尽管计划严密，街区带着四方形屋子，却似乎还没有特别醒目的公共建筑。政治控制的形式各不相同。一般来说，权力似乎集中在国王，或我们的拉丁语称作小国国王的手里。但正像高卢的凯尔特人那样，在执政过程中，国王在某些地方不得不向贵族让步。李维描述过公元前218年存在于波尔西阿尼的诸如此类的寡头议事会。

无论如何，不能把政治统一与文化的进步混同起来，这一时期正经历了伊比利亚文化的高度发展。最为引人注目的侧面是它的雕塑。最壮观的作品是公元前4世纪的巴萨女神和埃尔切女神的雕塑，它们都具有陪葬品的特征，两个雕塑背部都有一个小机关，可以盛放骨灰。在
18 巴萨，整个墓葬都出土了，显示出该墓葬属于一位武士。因此，这个雕塑一定是女神，可能是布匿人的女神坦尼特(巴萨的女神手里拿着一只鸽子，而这是坦尼特的象征)。哈恩省类似时期的零碎遗存，可能是从主墓里面发掘的，描述的是一系列的神话场面，包括许多穿着复杂盔甲的武士，这正与描述卢西塔尼亚人的武器种类的有关文学相吻合。尽管这些雕塑受到希腊人的影响，但微乎其微。文化传播论者认为福西亚手工艺匠人对这个地区的艺术有影响，但这种看法能够通过观察这件艺术品，轻易加以反驳，因为他们的美学完全是伊比利亚式的。某些地方也有布匿人的影响：其中一个残破的武士正与一只狮身鹫首的怪兽打斗，这是近东的怪兽，而另一个武士使用叙利亚风格的圆头柄的刀。

然而,大多数伊比利亚人的雕塑还包括一些出土于山顶的小型精美物件,与希腊人的祭品一样,各部族都曾拥有这些物件。动物、武士、女人都有雕塑。女性的雕塑,诸如奥夫伦特的女神,穿着复杂的裙子,就像上文提到的两位女神一样。

伊比利亚人的独立结束的标志是公元前 241 年的第一次布匿战争,迦太基人被罗马人击败。由于对西西里的图谋受挫,迦太基人转而把注意力转向西班牙。推动这项政策的力量来自哈密尔卡·巴卡。哈密尔卡·巴卡从加的斯开始他的征途,但很快就在“白色的城堡”建立了新指挥中心,或许就是现代的阿利坎特。公元前 229 年,哈密尔卡·巴卡兵败埃利彻(可能是现代的埃尔切,Elche)城外后溺水而死。他死之后,他的位置由他的女婿哈斯德鲁巴(Hasdrubal)占据。哈斯德鲁巴继承其扩张政策,并建立后来成为迦太基在西班牙的永久都城“新城”(Qart Hadasht)。通常由它的罗马名字新迦太基而闻名,就是现在的卡塔赫纳。尽管如此,他也试图通过与当地贵族联姻,来与当地贵族结盟。按照狄奥多罗斯的话,他被当地伊比利亚人部落的贵族推举为国王,但这种表面上的受欢迎并未能使他免于在公元前 221 年被一个伊比利亚奴隶暗杀。

正是由于巴卡王朝对西班牙所采取的政策的侵略本性——一个很少得到迦太基本土支持的计划——使得这个地区开始受到罗马的注意。事实上,罗马人最初似乎对哈斯德鲁巴的活动漠不关心。公元前 231 年一个罗马使团出使该地区,回来的时候觉得巴卡王朝的行动没有威胁。但罗马的盟友马赛人——罗马依靠他们的支持抵抗高卢的凯 20
尔特人——由于他们在加泰罗尼亚的殖民地的缘故,对他们较为关注。或许来自这方面的压力,使得罗马在公元前 225 年与迦太基缔约,规定迦太基的军队不能越过半岛上的埃布罗河。

哈斯德鲁巴死后,迦太基军队的指挥权落到了哈密尔卡·巴卡的儿子汉尼拔手中,他同样也娶了一位土著的公主,卡斯图洛的伊米尔珂。到公元前 218 年的时候,汉尼拔已经穿越了中央高地,到了萨拉曼卡,可能已经到达了埃布罗河谷。迦太基人不仅征服,而且定居于此。

卡塔赫纳的人口很快达到了 3 万，其中很多人是新一波的讲腓尼基语言的人群——布拉斯托腓尼基人——这些人是在巴卡王朝的征服行动的推动下，从北非迁徙过来的。不幸的是，巴卡王朝在卡塔赫纳活动的痕迹并没有保存下来，不过，安达卢西亚卡莫纳城墙的塞维利亚门的时间可以追溯到那个时期。巴卡王朝对西班牙大规模的矿业开采也起过很大的作用。狄奥多罗斯曾深入、细致描述过他们的活动。据说，在巴埃布罗仅仅一处矿就为汉尼拔每天提供 300 磅白银。迦太基的统治据说相当严酷，哈密尔卡·巴卡曾经严刑拷打一个叫因多特斯的当地首领，把他弄瞎，然后处死。另一方面，尽管某些伊比利亚半岛上的城镇仍向严酷的统治者效忠，我们的传统资料却没有被不偏不倚地处理，我们必须小心，以免误认为布匿人的统治必然要比后来的罗马残酷。

尽管与哈斯德鲁巴签订了条约，罗马与迦太基之间最终不可能和平相处。第二次布匿战争起源于西班牙的城镇萨贡托。该镇内部派系斗争发生后，汉尼拔介入，支持那些倾向于自己的派别。罗马马上作出反应，宣称与萨贡托长期结盟，命令汉尼拔终止干涉行动，以免引发战争。如果哈斯德鲁巴签订的协定中的“Iber”指的是埃布罗河，萨贡托就在距离埃布罗河南边 90 英里(1 英里≈1.609 千米)的地方。汉尼拔进退两难，他要么选择与罗马开战，要么选择不开战，这将使得其他的很多的伊比利亚半岛上的城镇与罗马结盟，这样的话，他在西班牙的权力将会被剥得粉碎。他选择了战争。

汉尼拔越过法国和阿尔卑斯山脉，进入意大利境内发动了与罗马的战争，在此期间，西班牙仍然是这场战争中重要的舞台。公元前 218
年，格奈乌斯·科尔内利乌斯·西庇阿(Gnaeus Cornelius Scipio)带领 2 21
个军团和 15 000 人的联军登陆安普里亚斯，他在半岛上建立的据点一直持续了 6 个世纪。他迅速地在塔拉科(现在的塔拉戈纳)建立一个基地，今天还可以看出其城墙是由伊比利亚人使用自己的技术建造的。

⬅公元前 4 世纪的埃尔切的圣母代表了伊比利亚雕塑的高峰。它原来是一件全身的雕塑，但只有上面的部分保存了下来。这个雕像后面有个放骨灰瓮的小龛，描述的形象可能是与布匿人的女神坦尼特相关联的葬礼女神。其复杂的头部发型与希腊地理学家斯特拉博描述的那些雕像类似。

西庇阿很快得到其兄弟普布利乌斯(Publius)的帮助。他们率众与迦太基人作战,在最初的60年时间里面,互有胜负,他们可能最远到过瓜达尔基维尔河谷。研究发现土著们为双方都出了力。在经典著作里
23 面,战争被描绘成两个超级大国之间的碰撞,但需要记住的是,伊比利亚人很可能从不同的角度看这件事,因此简单地谴责西班牙人奸诈是

守护女神建造在托尔·德·桑特·马吉里面,后者是第二次布匿战争期间罗马人建造的塔拉戈纳城城墙的一部分。女神密涅瓦是古典式的,不过其使用的盾牌不是通常的羊皮盾,而是一个显示了罗马风俗和当地风俗相结合的、具有半岛上罗马时期主要特征的伊比利亚狼。在塔的内部,有给密涅瓦的供奉品马库斯·维比乌斯(Marcus Vibius),这是半岛上已发现的、最早的拉丁硬币。

不合适的。伊比利亚人所希望的应该是双方都离开，或者引入外国军队，只为当地的争斗所用。

公元前 211 年，西班牙战争迎来了一个意义重大的转折点，两个西庇阿兄弟死后，接任的西班牙军队的统帅是他们才华出众的年轻的同族人普布利乌斯·科尔内利乌斯·西庇阿，史称“非洲的西庇阿”。大西庇阿不再进入伊比利亚半岛的深处作战，相反，他倾巢出动，进攻卡塔赫纳。由于很快占领了卡塔赫纳，布匿人在半岛上的抵抗开始崩溃，至公元前 206 年，迦太基人已经被赶出了半岛。布匿人在西班牙政权告终，但其文化仍然是这个地区的特征之一，直到大约 600 年之后，罗马占领告终的时候。

就在快要把迦太基人全部赶出西班牙的时候，西庇阿自己却遭遇了一次兵变。兵变的结果之一，是在塞维利亚周围建立了意大利人镇，供其军队中的老兵居住。意大利人镇的建立标志着罗马人开始在半岛上定居。这很重要，但也不能高估其作用。由于这些意大利人是罗马的盟友，而不是罗马的公民，这个镇不具有罗马的法定地位，因而缺乏标志性的建筑。三个房间结构的屋子曾经被误认为罗马人供奉卡皮托利诺山上的三神的庙宇，现在发现这不过是个货栈而已。罗马文化也不占支配地位。相较于具有罗马宗教氛围的早期城镇，一个主妇牵着动物的泥塑墙挂件更有可能出现在闪族人的家中。

第二次布匿战争结束的时候，存在着罗马完全放弃伊比利亚半岛的可能。因为就战略而言，没有必要占领这个半岛，这里也不存在威胁，但事实并非如此。公元前 197 年，罗马人在这个地区设立了两个行省或“战区”(这个词当时主要还不具有领土的含义)。这些是近西班牙行省(内伊斯帕尼亚，这个地区从比利牛斯山脉到莫雷纳山脉的部分由罗马人控制)和远西班牙行省(外伊斯帕尼亚，瓜达尔基维尔河谷的东半部)。设立两个省的理由之一是出于经济上的考虑。按照希腊史学家波利比乌斯的记载，公元前 2 世纪中期的时候，仅卡塔赫纳一地的矿藏每年就能够为罗马人生产 10 800 磅白银。行省的建立标志着征服
战争的延长，这个半岛并没有完全平静下来，直到阿格里帕在公元前 24

19 年征服了坎塔布连。如果与罗马帝国在东部较快地获得领土或是恺撒后来征服高卢相比，这一时期是引人注目的，而且在古典时期就已引人注意。

很显然，罗马人的存在不受西班牙当地人的欢迎，他们很多人都以为罗马会在结束与迦太基的战争后离开。宣布当地为行省的举动马上招致了反对罗马人统治的暴动，反叛的首领是原先帮助罗马攻打迦太基的盟友，远西班牙行省的国王图德塔尼。反叛波及近西班牙行省，削弱了罗马人的控制，直到老伽图的到来，经过公元前 195 年几次痛快的战役，才把情况稳定了下来。此后，罗马人在西班牙的牵涉有点类似今天美国在越南的经历，一场延长的战役针对一个处于劣势却誓死抗争的敌人，部分像是英国在印度西北部的活动，那里威胁不大，却是一个获取战功和演练军队的好舞台。罗马在西班牙的战争不但很显著地延长了，而且还极端残暴。这是典型的殖民战争行径，而且可以确切地说，罗马残忍地对待西方的蛮族，要比同样对待那些与自己的类似的、文明的东方国家，少几分犹豫、踌躇。战争的一个军事遗产是改变了罗马的武器和盔甲。典型的罗马军队用剑或军刀(gladius)，这些是以西班牙的武器为蓝本的；另外一种标准的罗马武器是罗马军团的皮鲁姆(pilum)①，一种弯曲使用的标枪，它可能也起源于西班牙。

罗马共和国时期的伊比利亚半岛的历史是罗马统治逐渐从地中海向西班牙北部、西部扩张的过程。这种扩张不像后来恺撒在高卢的征服那样有一个指导性的准则，它主要是“边缘帝国主义”的产物，即统帅运用其官职寻求财富和荣耀以进一步推进其在罗马的升迁。由于任职通常只有一年时间，对于官员来说，发动战争的诱惑经常是难以抗拒的，尤其当本土对其制约形同虚设的时候。罗马国家正如它曾经做过的那样，为了维护罗马的首要任务，被迫把这类战役当作家常便饭。这个过程的例证是公元前 151 年，卢库卢斯对瓦卡埃的攻击，虚假的侵

① 皮鲁姆是古罗马军队装备中最具有代表性的投枪，长约 1.5—2 米，重约 1.5—2.5 千克。它在外观上最大特征就是锥形枪头部特别长，占总长度的¼到⅓。——译者注

略，仅仅为了寻求物质的利益。这类战役经常使得受害者内部政治极
为不稳定：提供土地对土著予以重新安置，成为罗马对待其土著对手 25
的惯例。这些不稳定的因素总是造成对罗马领土的攻击，而这对于雄心勃勃的总督们来说则是发动战争的理想借口，这样就造成了以暴易暴的恶性循环。它也使土著部落内部无法形成一个能够与罗马人和平交涉的世俗统治集团。既然现实如此，罗马所不得不与之交涉的政治单元和守卫的据点又是多样的，征服半岛所要花费的时间，也就可想而知了。

伽图发动战役之后，由于上述原因，战争仍然在西班牙的某些地方继续。公元前 180 年，提比略·格拉古担任总督以后，出现了一段暂时的和平。提比略首先尝试在这个地区实现政治稳定，为此他与当地部落订立条约，分派固定的税收和兵役。他还第一个在某种程度上承认土著人的政治，建立了一个以他的名字命名的镇，即格拉古里斯，该镇位于上埃布罗河谷地，或许还有一个位于瓜达尔基维尔山谷的伊利特尔吉。提比略·格拉古的这些做法使两个西班牙行省从单纯的总督们唱戏、施展才能的舞台变成了帝国领土的组成部分。

公元前 150 年，当罗马人在两个西班牙行省都遭受到挑战的时候，战争还是发生了。公元前 154 年，居住在葡萄牙的卢西塔尼亚人侵入远西班牙行省，结果罗马军队被打败，伤亡约 9 000 人。在近西班牙行省，凯尔特-伊比利亚人的比利和塞吉达镇之间的邦联内部很快出现了麻烦。通过迫使其敌人合并为较大的单元，罗马人的帝国主义经常造成副作用，因为这些较大的单元较容易起而反叛罗马人的统治。罗马人解决的办法就是强制实行分而治之的政策。公元前 189 年，远西班牙行省的总督艾米利乌斯·保罗斯把安达卢西亚境内的一个叫作拉斯库特塔的小殖民地从其邻近的哈斯塔-雷吉亚之下解放出来。这样做，不是出于关爱，而纯粹是为了组织培养反抗罗马人统治的势力。比利尝试吸收其邻居，扩张和加固其据点塞吉达，也对罗马形成了类似的威胁。当被命令毁掉这些堡垒，并缴纳提比略时期规定的税赋时，他们很快就找个借口拒绝了。

罗马以反应敏捷而引人注目。自从伽图发动战役以来，这个行省
第一次由罗马最高级别的行政长官——执政官来管理，一年的开始也
从 3 月变成了 1 月。这一变化一直延续了下来，直到今天。对这样做
的理由，人们众说纷纭。乍看起来，这似乎意味着罗马正面临着严重的
26 威胁，必须面对两面作战的境地。其他人则把塞吉达事件看作罗马人
的挑衅，为了政治目的，制造冗长的小规模战争。真相或许是这两种观
点兼而有之。

对于执政官昆图斯·弗尔维乌斯·诺比利奥来说，虽然原先还期望轻而易举地获得荣誉，但很快就发现实际并不是那么容易。他在一个月之内就丧失了 1 万人。比利与其邻居结盟，以努曼提亚为据点活动，也就是在现在的索里亚附近。努曼提亚不是个一般的城市，它占地 55 公顷，有房屋 1 500 间，建立在由 20 英尺(1 英尺≈0.304 米)厚的城墙包围而形成的整齐的街区中。这使得两个行省的总督能合兵一处，来对付南方的卢西塔尼亚人。卢西塔尼亚人求和，外伊斯帕尼亚的总督伽尔巴传唤他们赴会，允诺重新分配土地。卢西塔尼亚人一到此地，就几乎被屠杀殆尽。伽尔巴因此被指控，但并未获刑，这使得其打算未能得逞。从大屠杀中逃脱的卢西塔尼亚人维里阿图斯，重新集合其部众，继续战斗。他在维纳斯山上活动，这座山可能在塔拉韦拉附近。公元前 143 年，他成功地鼓动凯尔特-伊比利亚人再次反叛，并于公元前 141 年包围了整个罗马军队。现在轮到罗马人自己求和了。维里阿图斯是如此愚蠢，竟然接受了求和。一旦获得喘息之机，罗马军队重新投入战争，但就是没能打败卢西塔尼亚人的军队。罗马人不失时机地要了狡猾的手段，公元前 139 年，维里阿图斯被罗马人买通的杀手干掉了。

维里阿图斯的死亡结束了卢西塔尼亚人对罗马人的挑战，尽管他们自始至终都没有完全臣服。尽管如此，努曼提亚的凯尔特-伊比利亚人仍在抗争，直到公元前 134 年，经过 9 年的围困之后，饥饿迫使他们投降。在 4 000 名幸存者中，很多人为了避免被俘而自杀。虽然凯旋的指挥官小西庇阿一般被视为进步的罗马人，仍然保留了 50 个努曼提

亚人展示其战功,把剩下的人卖为奴隶,把城市夷为平地。当历史学家阿庇安把努曼提亚被攻破当作与迦太基的陷落同样重要的事件的时候,他展现了罗马人对这次战役的情感。比利的盟友们也好不了多少,公元前 98 年,2 万人被提图斯·狄狄乌斯屠杀掉,而这还不是这些部落在罗马人手里遭受的最后一次屠杀。意义深远的是,狄狄乌斯坚持替比尔基达(Belgida,哈隆〔Jalón〕山谷的小镇)的元老们报仇,这些元老们因要求当地居民归顺罗马,而被当地居民活活烧死。从这里我们可 27
以看到一项罗马人得到时间证明的策略:给予当地土著贵族参与罗马统治的机会。紧跟着其恐怖政策之后的是财富诱惑,狄狄乌斯的所作所为预示了两个世纪之后,阿格里帕将会在罗马不列颠重复他所做的事。尽管凯尔特-伊比利亚人已经被降服了,他们仍然可能对罗马人充满了仇恨、愤怒。正是在去往努曼提亚旅行的时候,提比略·格拉古发现意大利郊外的社会断裂是多么的普遍。而正是他在保民官任内的公元前 133 年尝试作出的修补,激起了后期共和国在意大利爆发的内战。内战延续了一个世纪,以共和国体系的崩溃而告终。

努曼提亚的起义被证明是最后一次大规模的反对罗马的起义。公元前 123 年,巴利阿里群岛被并入内伊斯帕尼亚行省,公元前 120 年的时候,罗马公路贯通了伊比利亚半岛的整个地中海海岸。小规模战争仍旧绵延不绝。罗马人内部的混乱损害了士气,带来了麻烦,诸如日耳曼部落侵入高卢。令人印象较为深刻的是,人们也发现了赢得战功和财富的机会,尤其是在东方。

公元前 1 世纪给人留下深刻印象的,与其说是反对罗马人的战争,不如说是罗马的内战蔓延到了伊比利亚半岛。公元前 45 年,当恺撒在蒙达(可能是现在的安达卢西亚的拜伦附近)最终打败其对手的时候,混乱达到了顶点。公元前 82 年,卢西塔尼亚人要求罗马的政治难民昆图斯·塞托里乌斯来领导他们。其带兵打仗的卓越才能给罗马带来了相当大的麻烦,使得罗马军队在外伊斯帕尼亚和内伊斯帕尼亚两个行省都吃了败仗。尽管塞托里乌斯灵活运用当地的宗教培养伊比利亚人,并在其总部奥斯卡设立学校,用罗马的方式教育伊比利亚贵族的儿

子们,但他是在以罗马人的方式,而不是以伊比利亚人的方式战斗,他的意图仍是最终凯旋而回到罗马。指挥军队攻打塞托里乌斯的任务落到了庞培身上,他虽然最初遭遇失败,但仍然迫使塞托里乌斯转入守势。公元前 72 年,塞托里乌斯被其属下暗杀,这一点证明其属下是多么容易被庞培买通。在返回意大利的途中,庞培待了几天,建立了以自己名字命名的庞培利奥城,即现在的潘普洛纳。他还在比利牛斯山的波尔苏斯山口竖立了一块凯旋纪念碑,以庆祝其在外部进行的一场实质上的内战。

公元前 68 年,庞培的对手恺撒,最初进入西班牙的时候还是外伊
斯帕尼亚行省总督的助手,而公元前 60 年回来的时候,他是以行省总
督的身份,领导一场针对卢西塔尼亚的战争。可能就是在这个时候,他 28
遇见了腓尼基的银行家——加的斯的巴尔布斯(Balbus),后者成了其
终身的后盾和金融支持者。他的支持换取的酬劳是授予其家乡的镇以
罗马公民权。这类明显的理由或许也是在韦斯巴芗皇帝授予所有伊斯
帕尼亚社区以拉丁权利之前,授予其他形形色色的城镇,诸如葡萄牙的
埃武拉,以罗马特权的理由。巴尔布斯及其同样叫作巴尔布斯的外甥,
不但官至罗马顾问,而且还雄心勃勃,花费巨资在他们的城镇建造古典
式样的区域,虽然旧城区未被完全放弃。加的斯铸币仍旧带有新布匿
的风格,巨大的赫库勒斯神庙——事实上的微缩版布匿神米尔卡——
整个罗马帝国时代一直保持着其古典式样的仪式。

在罗马共和国时期,西班牙大体上处在古典世界的文化影响之外。这里几乎没有发现多少罗马人的殖民地,而且大多数都没有法律地位。公元前 171 年,一群混血的人——罗马士兵与当地母亲的儿子们——为他们的城镇卡泰亚(在现在的阿尔赫西拉斯附近)获得了拉丁身份,此外没有其他类似的群体获得过拉丁身份。大多数定居者都是聚居在

⬅后来因为塞万提斯而名垂千古的努曼提亚之围,标志着半岛上土著抵抗罗马人的高峰。西庇阿·埃米利亚努斯用由 10 英尺高、包含 250 个塔的城墙连接起来的 7 个营垒将城镇围困起来,最终迫使该镇投降。这里看到的后来罗马时期的城镇保存了较早期的凯尔特-伊比利亚城市的有序的规划。此次战争的目击者、希腊历史学家波利比乌斯把这场战争称为罗马人曾经打过的最艰苦的战役之一。

伊比利亚城镇的罗马人聚居区的商人。这些群体已经足以在塞维利亚和科尔多瓦建造大规模建筑,他们企图保存某种形式的罗马生活方式,其态度之认真,已经足以使得文化势利者们发笑。西塞罗就曾嘲笑过科尔多瓦的带着浓重口音的诗人,在公元前 70 年左右,这些诗人都是供外伊斯帕尼亚行省的总督取乐的。罗马对土著文化的影响是复杂的。罗马的税赋给伊比利亚的经济带来了硬币铸造和某种程度的货币化。货币上的文字缓慢地从使用伊比利亚语言变为使用拉丁字母,显示了拉丁语言逐渐扩散的过程。总督们在处理与土著人口事务的过程中使用了罗马法,不过,这样做是为了他们自己的利益,而不是土著人的利益。而且也没有证据表明,伊比利亚人意识到了罗马人的所作所为,正如再征服者们在处理土著事务时也使用了西班牙法律,但美洲印第安人对西班牙黄金时代的法律仍毫无认识。奇怪的是,相较于较为城市化、具有与之类似的社会结构的伊比利亚人,罗马人更倾向于更多 31
地打扰北部和西部的比较陌生的群体。因此,具有讽刺意味的是,从半岛上不太发达地区的部分物质上反倒可以发现更多罗马化的痕迹。

恺撒在打败了他的对手之后,开始向这个地区第一次大规模移民,其继任者奥古斯都延续了该项政策。奥古斯都在西班牙建立了 22 个殖民地。这些由罗马公民组成的城镇按照罗马法管理,在某些情况下也有特例,诸如埃斯特雷马杜拉的梅里达,显而易见是个有意以建筑的纯粹规模来震慑土著人的例子(只要参观这个镇的博物馆就很容易知道,它本身就是一个具有相当考古价值的建筑)。但有一点似乎是不可能的,殖民者不会打算把整个半岛都罗马化,顶多也不过是履行向罗马观众作出的保证,在另外一些时候,则对已经存在的城镇在内战中支持错误一方予以惩戒。无论如何,罗马过去对伊比利亚半岛的承诺是可疑的,现在毫无疑问它打算继续保持下去。

奥古斯都把伊比利亚半岛重新分配为三个行省:巴提卡(Baetica),

⇐第二次布匿战争开战的原因。萨贡托获得了完全罗马公民权作为酬劳,这是半岛上罕见的荣誉。这个勒万特的城镇渴望拥抱罗马文化和罗马剧院,这些剧院由当地的统治阶级建于提比略统治时期,是他们希望融入罗马世界的标志。这个镇是西班牙向罗马出口葡萄酒的港口。

大致相当于现在的安达卢西亚和埃斯特雷马杜拉的南部，首府设在科尔多瓦；卢西塔尼亚，大致相当于现在的葡萄牙，首府设在梅里达；近西班牙行省，半岛剩下的地区，首府设在塔拉戈纳，因此常常称为塔拉戈纳西班牙行省。按照这个划分，坎塔布连仍然处在帝国之外。从公元前 26 年到公元前 25 年，奥古斯都与之作战，因为生病差点死在那里。这个半岛最终于公元前 19 年归顺，由奥古斯都的总督阿格里帕征服。此时距科尔内利乌斯·西庇阿最初到达安普里亚斯已经过去了大约 200 年。尽管偶尔确有暴力行为发生，塔拉戈纳的总督卢奇乌斯·皮索也在公元 26 年被杜罗河谷的凯尔特-伊比利亚人特米斯蒂尼斯谋杀了，这个地区大多时候还是平安无事的，仅有 1 个军团——第六双子军团，驻扎在半岛上的莱昂。仅就这一点来比较，罗马不列颠虽然土地只有西班牙诸行省的三分之一，却需要不少于 3 个军团的兵力来维持治安。

32 早在共和国初期，不仅之前的殖民地，其他地方也出现了大量罗马结构的建筑。这种变化是主动的，其动力不是来自罗马，而是来自那些当地贵族，他们决心尽可能坚决地融入广阔得多的罗马世界。上文提及的军团就是这种主动性的范例，此外，建造民用建筑、位于塞哥维亚的 119 拱的引水渠以及跨越塔古斯河和卡塞雷斯河、高 150 英尺的罗马帝国最高的阿尔坎塔拉桥也体现了这种主动性。这类发展没有总的计划，建筑的建造经常归因于当地机遇。例如，邻近直布罗陀的贝洛镇使用克劳狄乌斯皇帝远征毛里塔尼亚获得的财富，为自己建造了城市中心。相对这种潮流，有个引人注目的例外是，在半岛西北部凯尔特人殖民地的圆形屋子，它们作为卡斯特罗的遗迹一直保存到公元前 4 世纪。

各个地区之间，共同体的发展参差不齐，使得我们不可能把公元前 71 年左右罗马皇帝韦斯巴芗授予所有地区共同体拉丁人的权利这一举动当作向着罗马的理想前进的奖励。授予拉丁人权利的奖励，确实曾对某些城镇建筑建造起到过刺激作用，诸如蒙尼加，现在的穆维，其大量以意大利普拉埃尼斯特的福图纳寺庙为模型的寺庙群拔地而起；

还有就是托莱图姆，现代的托莱多，建起了巨型的赛车场，用来比赛战车。但韦斯巴芗最终也没有同意在安达卢西亚的龙达山附近的萨沃拉征收额外的税收，用于建筑工程，因为他害怕萨沃拉人会抗拒征收税赋。这一点应该能够警示我们，授予拉丁人权利这一举动本质上并没有罗马化的动机。相反，不如说，看上去是皇帝觉得其位置不稳定，有必要取悦这个地区的地方贵族。他的授予保证许多当地显贵都能够成为罗马公民，这不过是显示他们想要获得地位，却并不必然表示他们所有人都已被罗马化或希望获得实质上的罗马化。

这个城镇展现出的民间生活，在很大的程度上与帝国其他地方的市民生活类似，韦斯巴芗授权之后，至少在理论上，此地是用罗马法而不是用当地法律来治理的。拉丁语是已发现的碑刻上使用的唯一语言，虽然很显然其他语言在有些地方与之共同使用——谋杀皮索的特米斯蒂尼斯说凯尔特-伊比利亚语，而最迟至公元 6 世纪的时候，巴伦西亚的某些人还讲本地语言。因此，罗马习俗渗入半岛的程度是千差万别的，罗马统治下的西班牙不可能是一个单一的文化实体。在那些与罗马接触最多的地区，诸如勒万特以及埃布罗河和瓜达尔基维尔河谷地区，产生了强烈罗马化的文化。这里我们可以在任何富裕的罗马 33
人家中发现马赛克和绘画，但在某些遥远的地区，例如阿斯图里亚斯，仍然保留着很多前罗马时期的形式。例如，墓碑尽管用拉丁语铭刻，但雕刻极其粗糙，带有罗马艺术少有的螺旋和玫瑰形饰物。动物、人物的刻画粗糙、形式化，有别于罗马艺术自然的形式。部落，而不是一个城镇，仍然是人们效忠的聚焦点。

在罗马帝国早期，西班牙产生了许多著名的人物，其中最为著名的是占据了罗马定居者共同体的塞涅卡家族。尽管如此，在这些人里面，只有演讲家老塞涅卡在西班牙度过了他生命中所有重要的时刻。尽管他出生在科尔多瓦，他的儿子小塞涅卡，尼禄皇帝和尤尼乌斯·加利奥 34
的老师、心腹、受害者，他的孙子和史诗诗人卢坎（后来被尼禄杀害），所有这些人都在其年幼时就迁居罗马，而且从此就没有回来。巴提卡的定居人群也为罗马贡献了两位皇帝，图拉真和哈德良，这两个人的家族

半岛的北部和西部相对来说受到罗马的影响要比其他地区少。这座墓碑尽管粗糙，但是用拉丁文雕刻的。不过，供奉给蒂曼尼死者的图案可能应该被看作当地人的死后的神灵，而不是罗马人的神灵。类似人形的石头和雕刻的风格完全不同于罗马人的。

都来自意大利人镇，马可·奥勒留可能是来自那里的第三个皇帝。众所周知，哈德良因为带有其省份的口音而遭到嘲笑，如果不是因为他们的演讲，这些行省出身的皇帝只能在罗马的贵族中默默无闻了。小塞涅卡的同时代人，乡村作家科卢梅拉也来自巴提卡。在更北部的地方，塔拉戈纳行省的卡拉奥拉（Calahorra）的本地人昆体良（Quintilian）被韦斯巴芗任命为罗马的修辞学教授，与此同时，因儿子图密善而知名的诗人马提雅尔因为出身土著，且不是定居区而极为自豪。他与许多著名的西班牙-罗马人不同，后来回归故土生活。

公元 1 世纪、2 世纪的巴提卡在当时是伊比利亚各个行省中最富裕的。这个行省主要的财富来源就是橄榄油，它经由瓜达尔基维尔河出口到罗马。在那里，整个蒙特-特斯塔西奥的山上都是打破的安达卢西亚的橄榄油土罐。鱼肉干是取自烤鱼的调味品，也是重要的出口品，在 3 个伊比利亚半岛行省的海岸都有出产。希腊作家艾利安在其《论动物的行为方式》(*On The Ways of Animals*)的书中保存着有关西班牙鱼肉干商人的故事，讲的是在意大利的达卡其亚，这些商人的货物遭受章鱼的袭击。尽管意大利是这些产品的主要市场，它们也在其他很多地方出售，包括不列颠。

采矿业仍很重要。蒙斯-玛丽安娜，得名于现在的莫雷纳山，是银和铜的主要来源。在西北部各个省份，开采黄金而不是白银，为塔拉戈纳行省的开支贡献非常大。普林尼告诉我们，在当时，这个地方每年产黄金 60 吨。其他经济来源包括出产于埃布罗河的酒，西班牙羊毛与羊毛纺织业以及加的斯的舞女。

到帝国的后期，这个地区财富减少了。公元 171—173 年，巴提卡遭到毛里塔尼亚的沉重打击。3 世纪初，进一步的打击接踵而至。与此同时，塔拉克南锡斯遭到从高卢而来的军队的破坏。这些外来的困厄并非绝无仅有。公元 193 年，伊比利亚半岛人支持失败者克劳狄乌斯·阿尔比努斯，获胜的皇帝塞普提米乌斯·塞维鲁斯反应敏捷，没收 35
南部很多橄榄油产业，报复这些支持他对手的人们。尽管这并没有损害生产，但它确实损害了这个地区的内部经济。这些当地贵族的炫耀的花费是罗马帝国市民文化的生命之血。这类攻击使得富有的阶层既没有能力，也不愿意为公共生活作出贡献。加上帝国总体上的不稳定、交通与贸易的中断，这次特定的打击更是雪上加霜。这个世纪的中期不满情绪发展到这样的程度，以至于西班牙各行省加入到持分离主义的高卢帝国，共同主张与罗马帝国断绝关系。这次分离看上去是一段彻底的混乱时期。人们窖藏硬币，不论大的还是小的，因此这也就反映了危机已经影响到了所有的社会阶级，达到了创纪录的程度。窖藏硬币的人当然没能回来重新捡起他们的财富——很多人在他们能够回来之前就已经丧生了。

公元 284 年，最终由戴克里先恢复稳定，但这是以更高程度的中央集权化和官僚控制为代价的，结果只会加剧帝国所面临的深层次问题。按照一般的趋势，塔拉戈纳行省这时被分割为3个较小的省份，它与另外两个伊比利亚的行省和北非的丁吉塔纳毛里塔尼亚构成了西班牙大区。每个省份都有自己的官僚机构，除此之外还有大区机构，后者可能以科尔多瓦为中心，而整个西班牙的大区牧师都在那里工作。这些变革给当地贵族造成更高的负担，却几乎没有什么好处。这些都使得当地精英转为内向，不像他们的前辈那样是当地无可争议的主人，乐于花费自己的钱财创造城市风景线，他们渴望逃避市民的责任，情愿浪费钱财，供自己挥霍。因此，3、4世纪半岛上的公共建筑大幅下降，高度奢侈浪费的城镇房屋和乡村别墅兴起。除此之外，尽管国家征收赋税，它已经不再提供安全保障，许多人都向围绕着他们的拥有当地别墅和巨额财产的大地产所有者们寻求保护。这些别墅也就变成了国中之国，经常供养着他们的私人军队。乡村和私人的奢侈之风与加的斯整体上的衰落形成了强烈的对比。西罗马帝国最富裕的城市曾经拥有500个骑士阶层成员，也就是罗马的地主阶级成员，到了4世纪的时候，在阿维努斯的笔下成了“一堆废弃的断壁残垣”。

这个趋势的进一步的推动力来自正在兴起的基督教。市民阶层建
36 筑的花费又被转移到了教会的手中。这是另外一种权力结构，而且是另外一种最终将会胜过世俗国家的权力结构。到底基督教最早什么时候传到伊比利亚半岛上，人们对这一点并不清楚。圣保罗曾经游历伊比利亚的传言也不像是真的。尽管如此，早期教会力量不断增长，科尔多瓦主教贺西乌斯早在皇帝将基督教信仰合法化之前，就已经是君士坦丁亲密的心腹。一座位于塔拉戈纳附近的森特西拉斯的墓葬，其圆
37 形屋顶上装饰着描绘打猎场景和旧约圣经故事的马赛克，可能就是君士坦丁大帝的儿子——君士坦斯皇帝——安息的地方，他在公元350年被谋杀。

半岛上不仅有了正式的教会结构，而且基督教其他令人羡慕的活动形式也开始在这里出现。阿维拉的普里西利安是一个有钱的地主，他谴责世界，并发起一个极端苦行的运动，结果在西班牙北部日益壮

老孔代沙(Condeixa a Velha)的康坦伯尔伯爵(Cantaber)的建筑。这座祭祀用的豪华房屋带有浴室,可能建于公元3世纪。它曾出现在帝国任何部分的贵族家中,显示半岛上的当地贵族接受罗马生活方式的程度。它标志着后期罗马帝国时期的潮流,贵族们开始用建立私人建筑的方式,展示他们的财富和强调他们在社会之中的支配地位,而不是像以前那样通过公共建筑。

大。尽管有其他基督教支派的抗议作为声援,诸如都尔的圣马丁。公元385年,普里西利安最终还是成了第一个死在基督教皇帝马格努斯·马克西穆斯手中的基督徒。名义上他被指控为异端,但普里西利安可能仅仅是被当时的权力政治给愚弄了。另外一个有钱的西班牙人马特努斯·塞尼吉乌斯,在任东方辖区近卫军长官的时候,出于嫉妒毁掉了异端的神庙。公元392年,帝国最后禁止异端是由当时掌权的西班牙人狄奥多西实现的。他就是狄奥多西大帝，统一罗马帝国的最后统治者。

对基督教的热情也反映在后期帝国时期这个地区形成的文献中。来自卡拉古里斯，现被称为卡拉奥拉的奥勒留·克莱门·普鲁登提乌斯(348—405 年)，写作了大量的高质量的献身诗篇，这些诗篇显示他熟悉异端的经典。他写作的某些赞美诗现在还在使用。另外一个出身高贵的西班牙人伊乌文库斯，撰写了由维吉尔的诗篇组成的关于福音的解释，以使得圣经能够被挑剔的读者们接受；而来自布拉加的保罗斯·奥罗修斯，圣奥古斯丁的学生，写作了第一部从基督教的视角出发的有关世俗世界的历史——《反异教史》(*Anti-Pagan History*)。基督教也为雕塑艺术提供了新的激情，就像我们可以从半岛上已发现的先特西拉斯的马赛克和精美的大理石石棺看到，它们明显地展示了基督教的主题。

最终，正在萌芽的帝国官僚机构尽管规模庞大，却已经没有能力掌控当地群体的忠诚。在公元 407 年，叛乱者君士坦丁三世的军队侵入西班牙，想把它从帝国的版图上分离出去，而西班牙当时由狄奥多西大帝的儿子洪诺留统治。君士坦丁三世几乎没有遇到什么抵抗，就进入高卢去攻打洪诺留。君士坦丁三世留在西班牙的军事指挥官吉仑提亚斯马上背叛了他，被当地西班牙贵族拥立为统治者，称为马克西穆斯，即“西班牙的皇帝”，建都塔拉戈纳。马克西穆斯的统治相当短暂。利用帝国的混乱，苏维汇人、汪达尔人和阿兰人等蛮族如潮水般涌入伊比
38 利亚半岛。与此同时，洪诺留打败了僭越者君士坦丁，却只能恢复塔拉戈纳行省的统治。马克西穆斯只能逃窜到刚刚控制了伊比利亚半岛大部分地区的蛮族人那里活命。尽管罗马还宣称拥有整个地区的主权，但罗马西班牙的版图事实上已经回缩到公元前 3 世纪时候的规模，而且还在缩小。具有讽刺意味的是，最后一个丢失的城市正是塔拉戈纳，西庇阿在半岛上建立的罗马的桥头堡。它最终在公元 470 年代中期落到欧里克的西哥特人手中，结果罗马帝国在这个地区近 700 年的介入也就告终了。

不能过高估计罗马对伊比利亚半岛的影响。15 世纪萨拉曼卡大学的教授马里努斯主张，“我们应该毫无疑问地确信，我们在半岛上碰上的任何有纪念意义的事物都与罗马有关”。他是夸大其词，但却并不是完全荒谬的。罗马已经给这里的风景线留下了永久的印迹，为运输、制造业和农业提供了一个赖以繁荣的框架。尽管如此，它带来的最深远的影响还是精神层面，而不是物质层面的。拉丁语言为这个地区的语言提供了赖以演化的基础以及与西欧其他地方沟通的关键联系，它与创造泛西班牙的概念有关，与一个纯粹的当地身份认同相区别，而且从这个意义上来说，西班牙本身是罗马的发明，西班牙的历史可以看作始于罗马时期。虽然有些地区受到罗马的影响要比另外一些地区小，可是，贵族，更重要的是晚期罗马的教士们继续这样做，在罗马结束在半岛上的统治之后仍然坚定认同罗马文化，把罗马的风格作为他们自己的风格。这种对精神的征服，在罗马军团离开之后，长期地保证了罗马的遗产仍旧是这个地区的核心。

第二章　西哥特王国时期的西班牙（409—711年）

罗杰·科林斯(Roger Collins)

39 在西班牙历史上，这个时期编年史上的分水岭是两次入侵。第一次是阿兰人、苏维汇人和汪达尔人的入侵。公元409年9、10月之间，他们穿越比利牛斯山脉，结束了罗马人对伊比利亚半岛大部分地区的统治。尽管蛮族征服过程要到公元470年代——罗马帝国最后的据点被攻占才真正结束，但409年比利牛斯山脉防御的崩溃开始了一系列日耳曼血统家族的国王统治西班牙的过渡时期。这一时期的终点是公元711年，来自南部、由柏柏尔人和阿拉伯人组成的入侵者军队导致了西哥特王国的覆灭。这一事件宣告了统治半岛大部分地区的统一王国结束。只有到了公元1580—1640年，葡萄牙在西班牙哈布斯堡家族统治下的时候，半岛才恢复了统一王国的统治。

409年的入侵者们和后来的西哥特人不应该被看作是只知道劫掠、破坏的游牧部落。他们所向披靡，虽然数量很少，却很精干。就物质文化的成就而言，他们非常类似于罗马各行省的人，有几个部落联盟具有长期生活在罗马帝国边缘甚或尚未开发的地区的经验。实质上，很多学术的讨论都是围绕着他们的群体的形成时间、如何形成以及构成要素，还有就是在西罗马帝国的衰落和崩溃过程中，他们究竟扮演了

什么样的角色。较早的时候,人们认为哥特人、汪达尔人和其他一些部
落族类凝聚力强,历史一直可以追溯到塔西佗甚或恺撒时期。现在看
来要大打折扣,看上去似乎更可能是有些部落联盟处在不断的形成和 41
变革之中,在吸收人口新要素的同时,失去了一些其他特征。这些部落围绕一系列原始神话,重新创造他们自己的族类身份。他们有一个延续的统治王朝发挥特殊的作用,其权威可能来自模糊的古典和神圣的血统。他们与当地人口的通婚在每个阶段都对混合族类的异质特征作出不小的贡献。

就西哥特人来说,他们共同的身份认同和共有的历史观的真正形成,可能是在 4 世纪后期的巴尔干半岛地区。公元 376 年,来自多瑙河领域的大量难民被罗马帝国接纳,仅仅过了两年,他们就因为遭受罗马帝国的虐待而反叛。尽管他们在 378 年的亚得里亚堡战役中获得了历史性的胜利,东罗马帝国皇帝瓦伦斯(328—378 年)被杀,他们还是不得不与帝国签订条约,因为没有罗马帝国的帮助他们难以生存下去。西班牙出身的皇帝狄奥多西大帝把他们当作主力打内战,但随着他的去世,他们在一系列国王的领导下,变得越来越独立。一个名叫波罗的人自称是古代哥特人的后裔,他带领哥特人穿越西欧的大部分地区,常在罗马皇帝的麾下效力。410 年,对罗马臭名昭著的劫掠就是因为新的罗马政府未能遵守以前的皇帝与哥特人签订的协定而造成的。

一般而言,蛮族部落联盟在 5 世纪的时候取代了原先帝国军队的角色,发挥了他们的功能,帝国军队的痕迹越来越少。在他们自己领袖的领导下,蛮族军队通过条约与帝国相联系,保护那些委托给他们的地方,通过帝国的税收体系获得不错的报酬。另一方面,他们在迁徙或政治动荡时期可以从途经的区域获得需要的东西,因此,409—418 年和 450—460 年的时候,他们在西班牙的上述行动造成了编年史中有记录的短暂破坏。

根据记载,伊比利亚半岛遭遇苦难的特定地区尽管游移不定,但这样的时期相当短。因此,409 年的入侵者较有可能与 410—411 年之间

在巴塞罗那登基的反叛者皇帝马克西穆斯缔约。结果是阿兰人和汪达尔人在巴提卡行省(现在西班牙的南部)和卢西塔尼亚行省(实质上是
42 葡萄牙的中部和南部)建国,苏维汇人占领了加拉西亚(现代的加利西亚和葡萄牙的北部)。条约究竟意味着什么,目前尚不清楚,因为罗马的宾客制(hospitalitas)体系的性质,是用来容纳在帝国领土边陲地区的范围内已经被接受的几乎所有民族,关于这一点仍然有争议。它本来包含重新分配从罗马地主那里剥夺来的土地,在这些土地上他们就可以定居,因而就能生存下来,或者它可能本来是一种财务的措施,这种税收按照罗马土地所有者财产的某个固定比例来收取,向“日耳曼人客民”直接支付。这种解释仍旧会把后者当作主要的驻军,而不是定居在土地上,这与5世纪早期西班牙的情形相同,各种入侵者都呈游移状态,他们很可能仍旧聚集为军队。

西罗马的合法政府当时以意大利拉韦纳为基地,通过与西哥特人缔约,在公元411—413年重新控制了高卢大部分地区。而这些西哥特人定都在纳博讷,在这之前已经是现在法国西南部大部分地区的主人。西哥特人作为皇帝的盟友在416年进入西班牙,重新树立合法的皇帝的权威,他们几乎全部消灭了阿兰人以及两个汪达尔人部落联盟中的一个。418年,他们撤退,在阿奎丹境内重新建国,因此这项任务没有完成。此后哈斯丁汪达尔人借助吸收阿兰人的余部和流散的汪达尔人,一度占领了半岛南部的大部分地区,抵抗罗马和西哥特人军队驱逐他们的努力。无论如何,429年,他们穿越海峡去了北非,在那里的罗马帝国行省肆意劫掠。这使得苏维汇人成为409年入侵西班牙的侵略民族中仍然留在西班牙的唯一一个民族。在国王雷齐拉(438—448年在位)和雷齐阿里乌斯(448—456年在位)的带领下,他们占据了西班牙南部原来汪达尔人的领地,而且定都罗马城市埃梅里塔-奥古斯塔(今梅里达)。雷齐阿里乌斯皈依了天主教,他是罗马帝国领土上第一

梅里达一个6世纪末期的装饰精致的壁柱,在9世纪被重新用作阿拉伯人通往蓄水池门口的要隘。诸如此类雕刻的壁柱是西哥特人统治时期在梅里达及其内陆地区形成的建筑风格的典型代表。 ➡

个皈依天主教的日耳曼人首领。他还开始向当时仍处于帝国直接统治下的地中海海岸地区扩张领地。

后来证明此举对于西班牙的苏维汇君主制政权是致命的。罗马人与居住在高卢的西哥特人国王提奥多里克二世(453—466 年在位)签
44 订协定,他率领军队进入西班牙,来结束苏维汇人的入侵。公元 456 年,雷齐阿里乌斯在阿斯托加(Astorga)附近被击败、俘虏并被处决。处在一些互不相让的战争首领统治下的苏维汇人,被赶回加拉西亚,他们原先占领的其余领地被西哥特驻军占领。在提奥多里克二世的兄弟欧里克统治下,进一步加快了这一进程,其军队在 470 年代中期攻入半岛的其他地方,主要是仍旧处在罗马帝国统治下的塔拉戈纳行省。这之后西班牙的所有领地,除了西北部残存的苏维汇人的领地之外,成了以高卢西南部为中心的西哥特王国的一部分。

西哥特人在 490 年穿越比利牛斯山脉,开始进入伊比利亚半岛定居,尽管他们从来也只占伊比利亚半岛上总人口的极少数,还没有人能够搞清楚哥特人定居点的真正性质。较早的观点,根据在西班牙中部不同地方发现的规模庞大但物品极少的墓地得出结论,认为哥特人在这个地区生活,这一点现在看来要打折扣。哥特人的贵族——这里是指这个社会能够有足够的财富和身份,以至于能够拥有随从的人——确实散布在整个半岛的所有地方。他们的家庭和随从应该伴随着他们,而且可能的假设是,他们开始构建当地的权力基础,在本地的罗马——西班牙的人口中招募支持者和盟友。目前还不清楚语言的差异是不是他们融入当地社会的障碍,因为根本就没有一点有关哥特语在西班牙使用的证据。西哥特人对西班牙的语言作出确定的贡献,只有在 10、11 世纪,西班牙语才显示出一些区别于拉丁语言的特征,这些可以归功于西哥特人贡献的少量冠词、大量人名,包括许多现在还普遍使用的名字,诸如阿方索。

紧接武耶战役败北,欧里克的儿子阿拉里克二世兵败身死之后,王室政府转移到了比利牛斯山脉的南边。获胜的法兰克人和他们的勃艮第盟友乘胜劫掠了西哥特王国的大部分高卢领土,除了纳博讷和卡尔

据说是莱奥维吉尔德国王建造于578年的雷卡波利斯城(瓜达拉哈拉省的索里塔·德·洛斯·卡尼斯)王宫地基的一角。阿拉伯人占领之后，只使用了较为有限的部分，这个地方在8世纪末或9世纪初被废弃了。

卡松附近被称为塞普提马尼亚的一块土地以外。只有当东哥特王国国
王狄奥多里克(493—526年在位)，阿拉里克二世的岳父统治时期才阻
止了进一步的损失。数十年之内，西班牙的西哥特王国处在东哥特王
国统治下，狄奥多里克首先从意大利开始统治，在其孙子短暂而平庸的 45
统治(公元526—531年)之后，是他的将军特迪乌斯(531—548年在
位)的统治。随着西哥特人又一次无比耻辱地被法兰克人打败，阿拉里
克在巴塞罗那被人谋杀，从395年开始几乎一直统治西哥特人的波罗
王朝告终了。此后，没有一个王朝能够设法建立一个不可挑战的统治
权，也没有一个王朝的统治能超过三代。

由于这个时期的文献资料数量、性质极其有限，主要还是考古提供

了 6、7 世纪不同秩序下的西班牙生活方式的最好证据，尽管它也受到相当的限制。与此同时，弃用或者重新使用罗马帝国早期的建筑可以
46 追溯到 2 世纪的时候，这正好与帝国时代后期新型公共建筑的出现相吻合，诸如教会、浸礼会、信徒旅店和医院。不论是从它的主教撰写于公元 630 年前后的叙述史中，还是从该地区建立于 6 世纪下半叶的某些教堂和其他建筑的遗存中，正如我们可以从梅里达的例子中推理出来的一样，这种发展在西哥特人统治下仍在继续。

我们需要把上述活动与这一时期主教在社会和经济活动中的重要性的普遍凸显——罗马西班牙的贵族日益脱离城镇生活的背景——联系起来看。城镇的大房子在 4 世纪的时候，很多情况下被粉刷一新或扩建，它们在西哥特人统治时期却被废弃或分割为无数的小房子。例如，在梅里达，西哥特人统治时期，有人被埋葬在原先属于早期帝国时期的城镇大房子的小屋子里面，这些屋子位于罗马剧场和圆形剧场附近，这是当时城市收缩的明显证据。尽管如此，另一座位于城市中心、4 世纪时属于一个家族的财产的别墅，在西哥特人统治时期却被 8 个家庭居住。因此，不能认为，城市收缩是诸如梅里达这样的城市人口收缩的症状或起因。另外一些地方，诸如巴伦西亚，也留有城市继续发展的痕迹，尽管新建筑质量比较早的罗马建筑要差，但也建造起来了。作家毕克拉尔的约翰(John of Biclar)作于公元 602 年的编年史记录了西哥特国王莱奥维吉尔德(569—586 年在位)建造的两个新城镇。其中一个位于巴斯克省的边缘，已经被认定是纳瓦尔的奥利特，但这并没有得到考古学上的证实。另外一个城镇叫作雷卡波利斯，是用他的第二个儿子和继承人雷卡里德(586—601 年在位)的名字命名的，它位于瓜达拉哈拉省的索里塔-德洛斯卡尼斯村附近，考古发掘已经发现了城堡、教堂和房屋，这些建筑似乎至少一直使用到 8 世纪晚期。其中一座建筑的地基被认为是西哥特人统治时期的宫殿。在罗马帝国晚期，许多类似的巨大的乡村别墅已经在 5 世纪的动荡中被废弃或毁掉，其他一些仍旧在用；某些特别富丽堂皇的新宫殿最早是西哥特人统治下开始建造的。其中一个别墅最近在巴伦西亚附近的普拉德纳达尔

(Pla de Nadal)出土,它侧面由塔连接着,或许说明了这时期乡村糟糕 47
的状况,盗匪在地方上横行和王室的行政权威导致了周期性的暴力动荡。这里的行政可能要依赖罗马西班牙的大庄园的资源。按照当时拜占庭历史学家普罗科比的记载,当时的特迪乌斯国王依靠其罗马西班牙妻子的私人军队来保卫自己的安全,这个私人部队是由奴隶组成的。

现在已经很难重构西哥特人统治时期的乡村生活组织。很清楚的一点是,在晚期罗马帝国时期,这里存在着数量巨大的、由仆人工作的大庄园。其中一些属于西哥特国王,不是他们个人的世袭财产,就是依靠官职占有的财产。654年公布的名为《法律论集》的7世纪法律条文,其与众不同之处,就是它对两种王室的地产作了区分。从文献资料和碑铭中也可清楚地看出,包括国王在内的大土地所有者在自己的领地上建立教堂,供他们自己及其附庸使用,这些房子在有些情况下是为了保证教士居住之用,他们一般居住在教堂主体部分附近的厢房里面。可能是期望他们的神圣能够帮助支持他们的赞助人。有几个这样的教堂在西班牙被发现,其中一个名为圣胡安·德·巴诺斯教堂很特别,从现存的一个碑刻上来看,是在公元661年遵照国王雷克斯文德(649—672年在位)的命令建造的。

考古学通过最近出土的几个村庄遗址,已经对西哥特人统治时期乡村社会的另一面有所了解。位于萨拉曼卡省的一个遗址已经揭示了当时存在着6个或更多的石头建造的房屋,每个都建有围墙,整个房屋被用石头建造的环形墙包围。这个地方也很重要,因为通过几个板岩上的文字,可以对西哥特人统治时期的许多乡村共同体的法制、经济甚至教育生活,投下匆匆一瞥。不幸的是,在这个例子里,这个遗址中发现的文档并没有搞清楚这个定居点的确切性质。它可能不过是小土地所有者和养猪者居住的独立村庄,或者可能这个村庄、它的居民和动物整体上是归世俗或教会大地主所有。

目前发现的带有文字的板岩有一百多片,时间都在6、7世纪之间。 49
它们有的是在考古发掘中出土,但也有些只是在许多不同的地方露天发现的,诸如萨拉曼卡省、阿维拉和卡塞雷斯等地方,由于刻在石头上

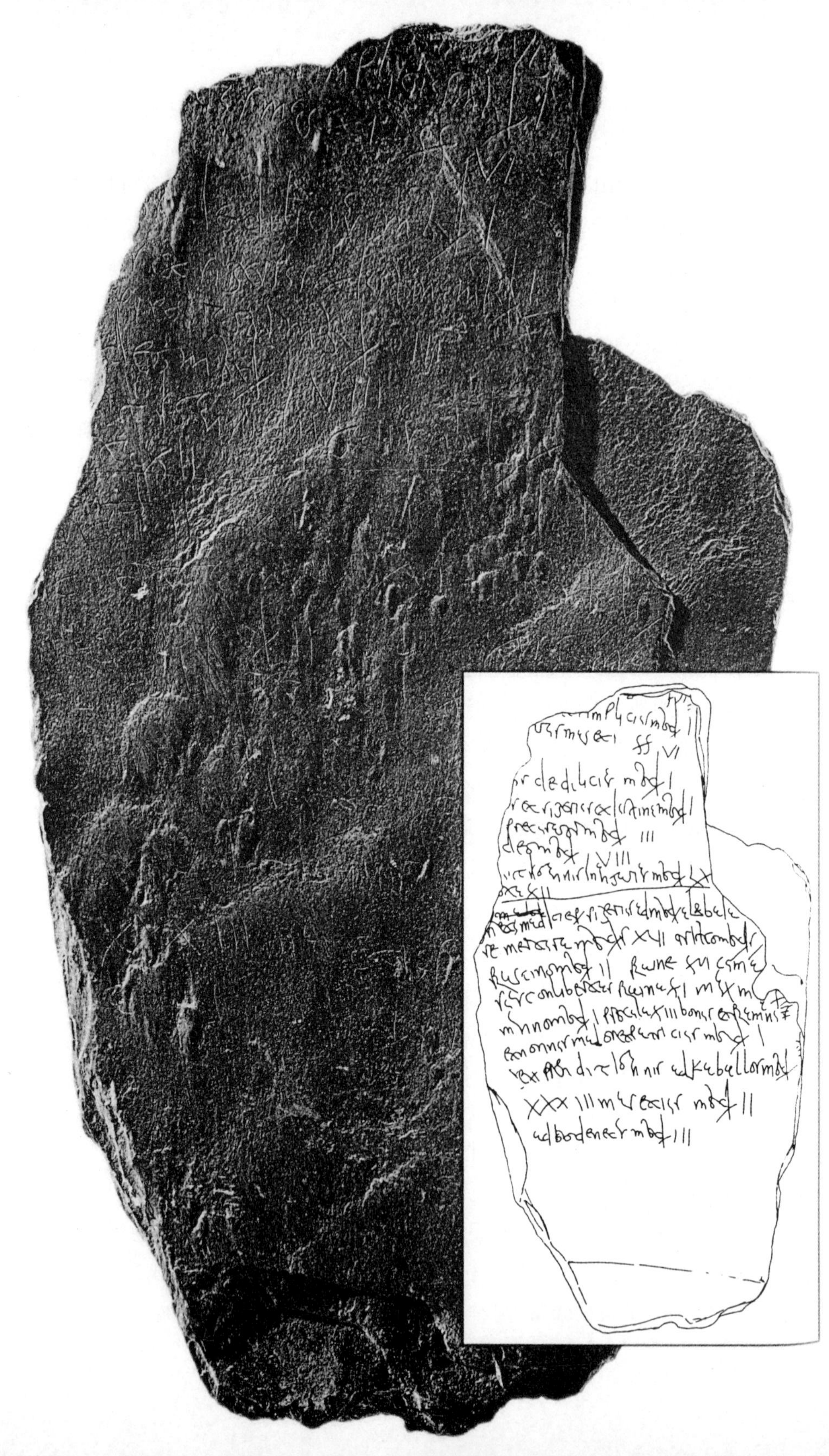

而保存了下来,不幸的是,由于板岩易碎,没有哪个文档是完整的。尽管如此,它们确实反映了,即使在乡村社会,记录和使用书面形式在所有形式的法规、商业交易中也是很重要的。这些法律争端、贸易和交易记录可以与 8 世纪以来保存的数量大得多的写在羊皮纸上的文档相媲美。使用程序和运用规则的相似之处,使得我们很清楚,在被阿拉伯人征服之后,基督教国家的司法、行政实践是如何在西哥特王国继续的。

在其他一些文档里发现的一些意义较为重大的、形式固定的记录,现在许多被解释为学校的练习。这些可能是最最简单的练习字母,也可能包括听写课本和其他各种各样的算术课本。尽管没有线索表明制作这些文档的确切背景,但这些文档加深了我们从文献资料中得到的印象:西哥特人统治时期的西班牙保持了相当高的识字水平。显然,由萨拉戈萨的主教布拉迪奥(631—651 年在位)主编的选集证明,不仅西哥特国王,其他世俗贵族都拥有私人图书馆。某些君主因为写作而闻名,如希瑟布特,他写作了《生活》,其内容与法兰克人主教维埃纳的迪西德利乌斯有关。该主教擅长写作有关日食主题的使徒诗篇。他的许多写给各种各样人物的书信现在还保存着。另外一个王族诗人是辛提拉(636—639 年),他写作的韵诗曾经作为礼物献给教皇洪诺留一世。

西班牙和意大利的哥特人信奉阿里乌斯教。它是 4 世纪时期产生于罗马帝国的异端,否认三位一体教义中主张的圣子的平等性和同等的永恒性。哥特人接受这些信仰,是他们在巴尔干半岛上皈依基督教
的时候,阿里乌斯教受到罗马帝国支持的结果。尽管这使得他们与他 50
们信奉天主教(即正统派)、被统治的臣民有着一些差异,但在公元 5 世纪 70 年代之前,这两个群体之间没有或几乎没有什么宗教冲突。这与非洲汪达尔人王国(442—533 年)的情况有着显著的差异,信奉阿里乌斯派的国王长期迫害天主教主教和教士。在 6 世纪早期,几个地区召

⬅出土于西班牙西部地区的 5 世纪到 7 世纪之间的许多农村遗址的刻字板岩。据测定这一片使用的时间是公元前 7 世纪,包含了名字和数量的列表,可能是谷物,但其确切的目的究竟是什么仍然不清楚。

开了宗教会议，尤其是在东哥特人统治下的东北部地区，西班牙的全体教会的小规模代表大会于527年或531年在托莱多召开了第二次大会，有8名主教参加。到该世纪末、公元589年召开的第三次托莱多主教会议意义更为深远、固定，会议活动项目规模也大得多，有62个主教出席会议，另外一些主教派资深的教士作为代表出席。这次会议是为了解决曾经深刻削弱了王国的一系列政治和军事问题而召开的，也是为了最终解决阿里乌斯派和天主教之间的分裂这一教会问题而召开的。

对于西哥特人君主制来说，6世纪中期是一个相当不稳定的时期。新国王提乌迪吉斯克卢斯(548—549年在位)像他的前任一样被谋杀，他的后任阿吉尔(549—554年在位)被科尔多瓦当地反叛者打败，还遭到塞尔维亚西哥特贵族阿塔纳吉尔德(Athanagild)的反叛。阿吉尔在梅里达被自己人暗杀，王国落到阿塔纳吉尔德(554—567年在位)的手中。在战争中，两位争夺王位者都向东罗马帝国或拜占庭帝国的查士丁尼一世(527—565年在位)请求帮助。来自君士坦丁堡的远征军在地中海沿岸从瓜达尔基维尔河谷到卡塔赫纳北部建立了帝国的领土，这些成了拜占庭总督的统治中心。尽管阿塔纳吉尔德的继承人进行了一系列的战役，直到620年，拜占庭的军队才最终被赶出了东南部最后的重要据点。

阿塔纳吉尔德是第一个定都托莱多的君主，他的前任倾向于定都塞维利亚和梅里达。接替他登基的是莱奥维吉尔德(Leovigild 569—586年在位)，他也引入王权的徽章、仪式，包括首次使用的王座，加深王权的印象。他还发行了一系列以自己名字命名的新式货币，而不是使用5世纪以来一直使用的君士坦丁大帝的货币。更为实际的是，他在5世纪70年代发动了一系列非常成功的战争，在西班牙北部和南
51 部，包括自从550年反抗阿吉尔的反叛活动后就一直独立的科尔多瓦，都恢复了王室权威。他还攻克了一些拜占庭帝国的堡垒，尽管直到620年这些以卡塔赫纳为中心的拜占庭帝国领地最终才被征服。584年，莱奥维吉尔德还征服并结束了加利西亚弱小的苏维汇人王国。这

52

西哥特国王莱奥维吉尔德(569—586 年在位)铸造于 5 世纪 80 年代的托莱多的新式硬币。上面刻有程式化的国王半身像，长发，但不论是正面还是反面，都没有其他王室的象征。环绕着国王头像的是国王的名字 LEOVIGILDVS REX IVSTVS 和紧接着的硬币的名字 TOLETO。

个王国在布拉加的马丁主教的影响下，于 570 年正式皈依天主教。

莱奥维吉尔德打算把自己的王国分给他的两个儿子。580 年，他立大儿子赫尔门尼吉尔德为南部西班牙的次级统治者，可能以塞维利亚为首府，而赫尔门尼吉尔德刚刚娶阿塔纳吉尔德的孙女、一位法兰克公主为妻。即便如此，赫尔门尼吉尔德还是在接下来的年月里反叛了，并很快寻求拜占庭帝国的支持反对其父亲。现在还不清楚赫尔门尼吉尔德的反叛是否还受到其改宗的影响，他脱离了罗马西班牙惯常的阿里乌斯派的基督教信仰，或者他是在叛乱爆发之后改宗，改宗是叛乱的结果。王朝政治可能也起了一定的作用，因为有资料认为，赫尔门尼吉尔德是被其继母——阿塔纳吉尔德的遗孀说服发动叛乱的。莱奥维吉尔德一直没有攻打其子，直到其子改宗并寻求拜占庭皇帝的帮助。在 53
583 年和 584 年的战斗中，他攻陷了西班牙南部效忠赫尔门尼吉尔德的城市，逼迫它们投降。赫尔门尼吉尔德被囚禁于巴伦西亚，585 年被杀，可能是他父亲下的命令。

这个插曲引发了一个问题，在中兴的、重新统一的王国内部，两个早就存在的互相敌对的教会如何共存。阿里乌斯-天主教的分裂与哥

SOROR MEA FLOREN
TINA ACCIPE CODICEM
QUEM TIBI COMPO
SUI FELICITER
AMEN

特人和罗马西班牙人的民族区分并不是一类事。580 年在托莱多召开的宗教会议上,在莱奥维吉尔德的说服下,萨拉戈萨的天主教主教改宗阿里乌斯教派。与此同时,日益众多的哥特人,尤其是南部的哥特人开始改宗天主教,其中有些人担任了教会的高级教职。他们抵制莱奥维吉尔德所有企图说服或强迫他们回归阿里乌斯教义的努力。这个问题的最终解决是随着新国王雷卡里德(586—601 年在位)在 587 年的改宗才告一段落,并随着 589 年第三次主教会议在托莱多召开而正式化。到这时,有关吸收阿里乌斯主教教区及其教士进入天主教教会的绝大多数实际问题都得到了解决,哥特人的阿里乌斯派主教及其平民支持者的最后一次反叛也在 590 年被镇压。自此之后,宗教的分裂结束了。

不应该低估这个问题最终解决的重要性,因为它,罗马西班牙人口,尤其是其教士和平民,才被允许集合在西哥特人的君主制体制之下。后者就其自己来说,重新统一了半岛上几乎所有的居民,也能够为教会提供政治条件,使得它能够在后来的杰出主教们——最初的塞维利亚主教、后来的托莱多主教的领导下走向繁荣。

塞维利亚的主教利安德(卒于 599 或 600 年)与反叛者赫尔门尼吉尔德及其较为成功的兄弟雷卡里德改宗天宗教一事牵涉甚深。利安德的著作一本都没有流传下来,因为它们主要攻击阿里乌斯教派。他的主教职位由其兄弟伊西多尔(Isidore 卒于 636 年)继承。他是西哥特王国时期著作最多也是影响最大的教会作家。他的 20 卷本书《词源》(*Etymologies*)是有关晚期古典时代学问的百科全书,这些著作在他过世后不久就在西欧广泛传播,并且在整个中世纪时期都是经典著作。
他的编年史著作《哥特人、苏维汇人和汪达尔人史》,把哥特人和他们的 54
历史放在罗马和圣经历史更广阔的框架内。伊西多尔写作这些著作是为了服务他当时的那几位西哥特国王。他还是当时教会的头面人物,负责为 633 年在托莱多召开的第四次主教会议掌握方向,还汇编了第

⬅塞维利亚主教伊西多尔(死于 636 年)及其妹妹佛罗伦蒂娜修女的肖像。他正在把他的著作《反对犹太人》(*Against the Jews*)献给他妹妹。这张图片来自一部写作于公元 800 年左右的法国东北部的手稿。

一版的《西班牙人》(*Hispana*)，这是一部有关普世的、非洲的、高卢人的和西班牙的教会会议艺术著作。

伊西多尔死后，西班牙教会的领导权传到一系列托莱多的主教手中，他们不但鼓励那些一般居住在城市中的世俗君主中央集权化手中的世俗权威，而且还适时地按照他们自己的理解，通过统一教会组织和规训王国的尝试来与中央集权化的世俗权威相适应。他们的著作没有完全保留下来，而许多主教的著作，尤其是伊尔德丰索(657—667 年在位)和朱利安(680—690 年在位)的，在下面一个世纪内，广泛传播到西班牙和比利牛斯山脉以外的地方。另外一个主教尤金二世(647—657 年在位)是一位著名诗人，像他的后来者一样，是一位给教会带来荣耀的宏富诗篇著作的主要贡献者。这一支的主教们，尤其是朱利安，还建立了托莱多教义对王国其他大城市和副主教们不可挑战的权威。主教们成功地确保新登基的国王，其王权的合法性必须通过如下程序取得：国王必须行涂油礼，接受唯有经过主教们的手、在托莱多举行的唯一加冕典礼。而在此之前，国王只要得到贵族和军队的支持即可。这些，即使不是在更早时候，也是在公元 672 年以后成为惯例。

7 世纪和 8 世纪早期西哥特王国的世俗叙述史并不是那么容易写的，因为必要的资料几乎全部空缺。与都尔的格里高利(卒于公元 594 年)的《历史十书》(*The Tens of History*)或比德的《英吉利教会史》(*Ecclesiastical History of the English People*)相比，前者描绘了如此多的法兰克人的历史，后者则有丰富的盎格鲁-撒克逊人的历史，伊西
55 多尔的历史著作太过短小，令人失望。托莱多的主教朱利安的《瓦慕巴史》(*History of Wamba*)，是一部简短的、辞藻华丽的著作，写的是国王瓦慕巴在 672 年登基，673 年发动攻打反叛的伯爵保罗的战役，除此之外，西哥特人王国的历史全部空白。直到阿拉伯人的征服，西班牙才有了历史文本。某些书追溯了 711 年之前的事情，但带有 711 年事件的强烈色彩。伊比利亚半岛南部和北部相对立的历史学传统都认为，不同的西哥特君主们和王朝应该承担责任，为那时将要降临在王国及其居民身上的灾难负责。

某些额外的信息可以从非西班牙语的资料中获得,诸如 7 世纪末法兰克人的《弗雷德加尔编年史》(*Chronicle of Fredegar*)和其他形式的痕迹,诸如铸币。举例来说,就后者而言,通过它可以得知所有文献资料上没有记载的两位西哥特国王伊乌迪拉和苏尼弗里德(Suniefred)。当时发生的某些事件可以从法律条文中发现,也可以从西班牙教会的地方议事会及其众多的行动中得知。从这类资料中可以获得托莱多的主教希塞波特阴谋反对埃吉卡(687—702 年在位)国王未遂的证据,关于这一点没有其他的记载。从这时期的编年史中或多或少可以获知一系列有关国王的世系表,它记载了他们统治的时间长度,但这些记载互相矛盾。

借助如此多样的途径,要在 589 年托莱多召开第三次主教会议到 711 年征服阿拉伯人之间,至少构建一个事件发生的时间梗概,是可能的。就雷卡里德而言,在他完成其王国及其哥特人的正式改宗之后,关于他的史料几乎出人意料地空白。601 年他的英年早逝使得其王位落到了幼子利奥瓦(601—603 年在位)手上,因由其继任者维特里克(603—610 年在位)领导的宫廷贵族内部的阴谋,他很快就被废黜、谋杀。而阴谋篡位者也很快反过来被他的大臣们谋杀。下一任国王因其军事指挥官——塞普提马尼亚的博尔加尔伯爵写给他的信件而闻名。 56
希瑟布特(611 或 612—620 年在位)是一个学识异常渊博的君主,他在神秘情况下死亡,留下一个幼子雷卡里德二世。有关他是如何死的,伊西多尔从未解释过。

在诸如利奥瓦二世和接下来的图尔哥(639—642 年在位)的例子里面,一个婴儿几乎没有什么希望能保住王位。一方面,按照传统,西哥特国王在战争中是领导其人民作战的领袖,这个角色要让一个儿童来履行,是令人难以置信的;另一方面,对于君主来说,贵族之间派系林立和对权力的竞争需要运用相当的政治技艺,君主不论是在宫廷中,还是在王国内部,都是最终的保护人。这个角色也不可能由一个过于年轻的统治者在人们中间树立权威。这样,除掉某个国王就成了为了权力而互相竞争的小派别的许多选择之一。甚至成年的国王即使在军事

一份丢失的西哥特国王瓦慕巴（672—680年在位）统治时期的手稿在10世纪的抄本，描绘的是轮换唱赞美诗、行涂油礼。仪式只能在托莱多进行，在那里接受涂油礼，成了7世纪后期西哥特王国国王产生的正式程序。

方面成功，也会发现在其社会中维持权力是困难的。因此，即便是取雷卡里德二世而代之的国王苏因提拉（621—631年在位），这样一位在希
57 瑟布特时代非常成功的将军，虽然成功地把拜占庭人从他们最后的要塞（公元625年）中驱逐出去，他本人还是被一场军事暴动给推翻了。

这场暴动由希森安德（631—636年在位）领导，后者从法兰克国王达格伯特（623—638或639年在位）那里获得援助，发动叛乱。这次援助的酬劳类似410年阿拉里克（Alaric）劫掠罗马城，战利品成了西哥特人王室宝藏的一部分。这些珍贵的物品不仅代表了君主制财政的储藏品，而且更为重要的是，它包含了这个民族的历史和传统。在这个特定的例子里，哥特人不会让希森安德拿走其许诺的报酬，而他也不得不以金币的形式支付报酬。有人认为，迄今在法国发现的6世纪末期、7世纪的窖藏硬币就来源于这次交易。

希森安德很清楚地意识到,他可能会遭受与他的前任相似的命运,因此,可能是在塞维利亚的伊西多尔的建议下,寻求为皇家官职添加精神屏障。他想要主教以超自然的惩罚来恐吓,以开除冒犯者教籍的形式反对阴谋。他因此成了自公元 589 年雷卡里德之后第一个召集西班牙和塞普提马尼亚完全教会会议的国王。尽管在希森安德的请求下,主教们可以聚集起来召开议事会,用诅咒来针对任何想要谋害国王及其家庭的人,但问题是一个合法的君主与篡权者之间的区别,只有等到叛乱的结果出来之后,才能弄清楚。用别人的话来说,只要一个反叛者能够成功地推翻先前的统治者,本身就表明他有神的帮助,因此就是一个合法的国王。

因此,对于同一个主教来说,即使他曾公开宣称反对阴谋篡权者的行为并威胁在精神上制裁他们,但这并不妨碍他又支持叛乱成功者,如辛达斯文托(642—653 年在位)。他推翻和囚禁了儿童国王,成功的结果使得新国王的行动合法化。辛达斯文托本人据称在他 80 岁的时候,采取世俗和直接的措施,试图强化对其本人及其王朝的保护。《弗雷德加尔编年史》称,他处决了几百个哥特人贵族,在与其继承人交接前,消除实际的和潜在的对手。他活着时还让其子雷克斯文德担任共同统治者,以保证王位能够顺利交接。这一点他确实做到了,但因其子缺乏继承人,意味着这个王朝随着其子雷克斯文德在 672 年的死亡而灭亡了,谁来继承王位就留给了宫廷贵族来决定。

辛达斯文托(Chindasuinth)和雷克斯文德(Reccesuinth)的统治仅 58
就他们的立法活动,就值得人们注意。西哥特国王颁布的第一部法典至少部分归功于欧里克名下的残篇,但也可能是其子阿拉里克二世的作品。506 年,后者确实颁布过一部删节版的罗马《狄奥多西法典》(*Code of Theodosius*)。尽管特乌迪斯的个人法律已经被发现,但直到莱奥维吉尔德的时代,都没有发现做过进一步的法典化工作。他对其前人的法典修正和扩大并没有留存下来,虽然有人认为他当时的版本被吸收进 654 年公布的大量的律例条文中,这被当作西哥特人的法典。尽管它是在 10 世纪以降由国王和城镇的其他建立者颁布的,但在

巴伦西亚附近的圣胡安·德·巴诺的教堂。高坛的拱门上现存的碑刻记录了国王雷克斯文德661年曾下令建造教堂,不过,最近有人认为,现存的建筑是利用原来的材料重建的结果。

由不同层次的政权实行时,其实际的运用会受到限制和修正。这部西哥特人的法典以本国形式的《判决法典》(*Fuero Juzgo*)为人所知,直到13世纪一直在西班牙大部分地区实行。这个法律的实体,在阿拉伯人征服之后伊斯兰教统治下的几个世纪,还在基督教共同体内部实行。

它分成12本书,对法律作了系统陈述,该法律的出现取代了之前所有的律例。人们把它视为第一部西哥特君主制的“领地”法令,因为它可以适用于王国边界之内的任何地方。较早的法令是这样解释的:法令不是适用于罗马人,就是适用于哥特人,但不能同时适用于双方。然而,关于这一点有很强的根据可以质疑,即所有这些律令能不能适用于所有的西哥特国王的臣民。这是雷克斯文德统治时期制定的律令,这点是确定的,因为他一直在寻求具有普遍性的律令。如果已经发现的案例未被个人法律所包含的律令覆盖,就必须经由国王作出裁决,而国王的裁决将来可能加入新版的律令。

雷克斯文德不仅因为他指定的法律和建造的圣胡安·德·巴诺教堂而受到纪念,令人印象深刻的还有他礼拜仪式时所用的黄金王冠,王冠装饰着次等的宝石,其底部还悬挂着国王的礼物清单,现存于马德里国家考古博物馆里。跟希森安德的王冠以及一些现存的、较小领主的小王冠和十字架一样,黄金王冠肯定曾被送到这个王国的某个教堂,或许就是在托莱多的教堂里。1849年正是在距离这座城市不远的乡村,
发现了这个珍宝。这类做礼拜用的王冠从未被戴过,却在某些特定的 59
节日,如复活节的星期天被挂在教会的祭坛上。尽管根据文献记载,这类黄金、白银的王冠,人们挂出来,是为了公开展示行善者的仁慈,在中世纪早期数量很多,却很少保存下来。雷克斯文德的王冠绝不是最精美的。

雷克斯文德似乎没有继承人。672年,他死后,宫廷贵族挑选了瓦慕巴登上王位,但他很快就受到了来自塞普提马尼亚的对手的挑战,其中最能干的是保罗伯爵。尽管托莱多的执事朱利安在保罗伯爵于673年失败后很快就认定了国王,但瓦慕巴与教会的关系并不好。人们认为,国王想要设立两个主教职位的做法是不符合惯例的,此后,在680年他生病了,并且很快就到了濒死的状态。正是同一个朱利安——不久前当选的托莱多城市的主教——把他从王位上赶了下来。尽管后来
有人认为,是朱利安向国王下毒来达到目的;看上去更为可能的是,瓦 60
慕巴确实生病了,在认定他将要死亡的情况下,朱利安按照习惯为他做了临终忏悔。尽管如此,瓦慕巴还是康复了,但由朱利安领导的教会按照法令认为,一个忏悔的人不能恢复世俗活动。他被迫退位进入修道院生活,与此同时,一个名叫埃尔维希(680—687年在位)的西哥特贵族被推举为国王。

681年,新的君主颁布了一部修订和扩充版的雷克斯文德律书,尤为著名的是,这部法典增加了大量有关西班牙犹太人的法律条目。雷卡里德保留了罗马帝国后期有关犹太人的某些法律,诸如禁止他们拥有基督徒奴隶等条目。不过,正是在希瑟布特统治时期,西哥特国王开始制定他们自己的法律,打算限制他们的犹太臣民的自由或迫使他们

改宗。对君士坦丁堡的皇帝希拉克略(610—641 年在位)的鼓励,希瑟布特本人可能已经作出答复,他尝试通过对西班牙的全体犹太人颁布法令,来迫使他们改宗。他死后,在托莱多的第四次主教会议(633 年)上,此举虽然遭到了主教们的谴责,但他们拒绝允许那些被迫改宗的犹太人恢复自己的信仰。

7 世纪西哥特王国对待犹太人的历史读起来有阴沉的感觉,不仅因为这段历史由世俗和教会立法者代代相传的规则和限制单独来书写。不像后面的若干世纪那样,这个时期没有证据表明,那些规定和禁止假如不是全部,那么是在多大的程度上转变为实际的做法,或在地方层面上,基督徒和犹太人之间的关系究竟如何？很清楚,按照针对他们施行的法律限制,越来越多的犹太人将会被迫改宗,即使没有采用希瑟布特那样粗鲁的、直接的方法。到 690 年的时候,那些仍然信仰他们宗教的犹太人被埃吉卡指控阴谋私通国外的信众,将被罚作奴隶或者被处没收财产。这项财政措施可能是为了使王室财政获益,但这项指控也可能反映了人们的忧虑,因为阿拉伯人正在原来东罗马拜占庭帝国的北非诸省快速扩张。

对埃吉卡的统治,我们知之甚少,他通过与前任国王的女儿结婚和
61 承诺保护他们家族及其支持者的利益,确保他能继承王位。他登上王位之后不久就抛弃了妻子和诺言,接下来,埃吉卡在托莱多主教希塞波特牵涉其中的阴谋中幸免于难。这次事件可能很快导致国王通过让其儿子维提扎担任共同统治者,来化解他自己身后的王位继承问题。当埃吉卡于 702 年逝世的时候,他儿子继承王位已没有什么困难。不过在 710 年,可能只有 20 岁出头的维提扎英年早逝,这导致了一次危机。一场各派贵族之间的内战随之而来。国王罗德里格控制了托莱多和南部大部分地区;与此同时,从其铸造的硬币上可以判断,与之相抗衡的君主阿吉拉二世(710—713 年在位)统治了巴塞罗那、纳博讷和埃布罗河谷。也可能存在着其他的王位竞争者。正是在这段混乱时期,已经于 698 年征服了罗马帝国北非地区的阿拉伯人,发动大部分由柏柏尔人组成的军队跨越直布罗陀海峡。尽管证据不清楚并互相矛盾,罗德

里格战败身亡、托莱多被攻占似乎是在 711 年之后，或可能是在 712 年。到 714 年的时候，穆斯林军队已经抵达萨拉戈萨，随着残存王国的阿吉拉二世的继承人奥多在纳博讷附近被征服，西哥特王国的最后一个据点陷落。同一时期，新的行政、财政结构由一系列阿拉伯统治者在西班牙推行到位，先是塞维利亚，后来是科尔多瓦，取代托莱多成了半岛上的行政中心，中断了西哥特君主制政府的传统。

如果不是更早，那么到 7 世纪末的时候，西哥特王国的罗马和哥特身份的分离意识已经不复存在了。在比利牛斯山脉两边的他们和他们邻居的档案和文字文本上，再也没有罗马人了，而是哥特人，半岛地区的居民并没有处在阿拉伯人统治之下的特征。人们通常认为，这是由于分离的、针对罗马人口的法制体系于 7 世纪中期被废除。尽管如此，看上去似乎更合理的是，如果不是更早，那么从欧里克时代开始，王室法律已经运用于社会的各个部分。实际上，罗马身份更多的是法制的，而不是伦理的，因为它起源于公民身份和职责观念。随着上面描述的发生在王国内的通婚和当地同化的过程，589 年以降教会给予君主制的热情支持，新的共同意识——哥特身份认同的产生，看上去随着 7 世纪的降临更容易被人们接受，至少在社会的上层是这样的。简而言之，哥特人本来能够被看作现代西班牙人的祖先，就像法兰克人之于法国人，盎格鲁-撒克逊人之于英国人一样。尽管如此，阿拉伯人和柏柏尔 62
人的入侵，对西哥特王国已形成的政治、文化统一，造成了致命的断裂，阻止了它的发生，开启了西班牙历史上一个全新的、更加复杂的篇章。

第三章　中世纪早期(700—1250年)

理查德·弗莱彻(Richard Fletcher)

63　8世纪早期,伊比利亚半岛处于伊斯兰教的统治之下,到13世纪下半叶,它又被基督教国家占领,除了格拉纳达埃米尔国的小块被包围的领土还岌岌可危地独立着,直到1492年。这500年长期以来都被西班牙人称为再征服时代(Reconquista)。围绕着再征服的戏剧组织他们的中世纪史,一直是西班牙民族自我印象的值得珍视的传统特征。人们能够围绕着他们祖先的天主教的、十字军的使命来编织一个潜在的民族神话。最重要的是,通过这样剧烈的简化,人们才能够理解万花筒般杂乱无章的西班牙中世纪历史。道德化紧接着简化而来。如果再征服是中世纪西班牙人的命运和责任,那么那些耽搁或阻碍这个过程的人或做法,就理应被批评、边缘化和贬低。

边缘化最主要的受害者,是那些后来占据支配地位的天主教西班牙人文化身份不同的人。推翻西哥特君主制的征服者们是处在阿拉伯人领导之下的、来自北非的柏柏尔人。他们作为穆斯林,与那些被征服的人不仅信仰不同,族类、语言和文化也不同。西班牙已经拥有了规模可观的犹太人社群,尤其是东部和南部的城镇,这些犹太人保持了他们的凝聚力和身份认同,尽管时不时(或者可能也正是因为这些迫害)会遭受一些零星的迫害。因此,这个半岛进入中世纪时,是一个三种文化

和宗教共存、互相重叠的土地。半岛上的阿拉伯人和柏柏尔人的大部
分殖民地处在靠近南部的埃布罗河和杜罗河的系统内,本地基督教和 64
犹太人口之间的通婚,犹太人、基督徒和伊斯兰教徒之间的宗教信仰改换,所有这一切都造成了彻底的文化混合。在西班牙北部,巴斯克人和坎塔布连人从山区散布到平原地带,他们受到罗马-西哥特人基督教文化的影响,要比南部的邻居少。中世纪早期,西班牙东北部继续与高卢南部保持着人员的流动和交流,就像一直以来那样。民族的迁徙、族类的混合和斑驳杂乱的文化地图,这些都是中世纪早期西班牙的基本特征。

直到 11 世纪,穆斯林都在安达卢西亚占据政治上的支配地位(正如他们新的征服经常为阿拉伯语世界所知一样)。他们在叙利亚的权力据点被敌对的阿拔斯王朝占领之后,倭马亚王朝——迁徙到西班牙的移民在这里以埃米尔(amirs,756—929 年)自居,接下来又以科尔多瓦的哈里发(929—1031 年)名义统治半岛上的大部分地区,除了北部供基督徒避难的小公国在外。这一次选择首都时,他们把西班牙的政治重心从塔古斯河向南转移到了瓜达尔基维尔河。这种转移并不是简单地反映了对环境的偏好,科尔多瓦接近直布罗陀海峡,使得人们注意到中世纪安达卢西亚的历史对于马格里布的重要性。非洲是可靠的财富来源,它可以为埃米尔的军队招募士兵,也可以穿越撒哈拉沙漠,从遥远的廷布克图运输黄金、找到奴隶。对于急于扩张或原教旨主义狂热的柏柏尔人来说,它可能是敌意的来源。不论是奇货可居,还是畏之如虎,连接着非洲,都是安达卢西亚的统治集团忽略其所处的边缘地位的原因,而这正是现代历史学家因其理解力为代价所忽略的。

倭马亚王朝的统治者 8 世纪在科尔多瓦原来基督教堂所在地建造大清真寺,在 9、10 世纪又经过扩建,是伊斯兰教的征服在建筑上的体现。许多本地人口都接受了征服者的信仰。人们改宗伊斯兰教是个渐进的过程,对于历史学家来说很难计算,但信仰伊斯兰教的人最多的时候,较有可能是公元 850—1000 年之间。就其影响的范围而言,城市及其郊区受到的影响与乡村地区相比,可能较为广泛而彻底。在遥远的

地区，似乎有数量众多的村庄或山谷的社群保存着基本的基督教，而没有受到伊斯兰教影响。保存下来的文字资料几乎没有任何有关被包围的小块基督教领地的记载；也几乎没有什么考古学家向我们揭示这些
65 领地的物质文化。改宗者和未改宗者一样都从他们的统治者那里借用了许多非宗教的文化，其中最为显著的是人们采用阿拉伯语作为日常生活用语。这就是为什么现代西班牙语从阿拉伯语里面吸收了很多借词的原因，诸如从 aceite 到 zoco 之类的词，还有很多地名来自阿拉伯-柏柏尔语，诸如阿尔坎塔拉、尼姆或瓜达尔基维尔。残存的阿拉伯文版本的基督教碑刻原文，就像镌刻着阿拉伯文字母的、有关逝者记忆的基督教墓碑一样，两者都是征服者的语言渗入本地文化的见证。

在 9 世纪和 10 世纪之间，中东伊斯兰文明、学识及其宗教和语言在西班牙扎下了根。贸易网络联系着安达卢西亚和遥远的伊斯兰世界的各个部分——埃及、伊拉克、伊朗甚至印度。来自大西洋沿岸的龙涎香销往巴格达，来自布哈拉的纺织品在西班牙行销。灌溉技术的引进，使新引进的农作物受益，诸如水稻、菠菜和甘蔗。舶来的美学和想要给游玩的显贵人物留下深刻印象的欲望，形成了瓜达尔基维尔河谷的宫殿和花园，其中最为著名的是哈里发阿卜杜·拉赫曼三世（912—961 年在位）建造的位于宰赫拉城的极其宏伟、优雅的宫殿群。在这位统治者及其儿子藏书家哈里发哈兹姆（al-Hakem，961—976 年在位）的开明的庇护下，倭马亚王朝的权力达到了顶峰，宫殿文化极为富丽堂皇、多姿多彩，诸如诗歌、历史编纂学、书法、音乐、植物学、医学、数学、天文学、象牙雕刻和金匠都盛极一时。

不论是中世纪还是现代的中央集权的和怀旧的历史学，都倾向于夸大科尔多瓦的哈里发创造那个时期官僚国家制度机器的统治力量达到的高度。毫无疑问，在首都一定范围内确实存在着这样的现象。但一个人旅行离开城市越远，哈里发的手管得就越少。甚至在距离科尔多瓦不远的西班牙南部地区，像乌奥马·伊本·哈弗逊一样，一个不服气的士兵都能够占山为王，在龙达附近的山上当一代山大王。哈里发宫廷精致的文化从来都不能经受战时严酷的环境。当时的人们称之为

阿尔-安达卢西亚的“门牙”。这些都是军事区,由城堡来防御,诸如戈尔马斯的城堡,是当时欧洲最先进的军事建筑。权力掌握在当地首领 66
的手中,他们联结成网,掌控着军事扈从们以确保自己的地位和安全:后人称其为酋长(caciques)。例如,东北的图吉比德家族就是这样,他们在萨拉戈萨附近的埃布罗河谷边疆区,从 9 世纪晚期一直统治到该王朝覆灭的 1039 年,该家族成员有什么打算、意图都独立于他们名义上的科尔多瓦的主子。

西班牙北部的基督教公国较之他们给人印象深刻的穆斯林邻居来说要逊色得多。他们的起源是多元的。西北部的阿斯图里亚斯的避难公国,在 8 世纪下半叶开始成形,他们宣称与西哥特的君主们有着微弱的血缘继承关系。西比利牛斯山脉的巴斯克公国是在一个较为困难的环境中出现的,尽管后来成为纳瓦尔王国。9 世纪早期查理曼和他的儿子在法兰克帝国的边缘共同组建了好多个郡,这些郡被称为西班牙马克,它们位于加泰罗尼亚的东比利牛斯山脉南侧。尽管名义上属于西法兰克王国的加洛林王朝,但这些郡实际上在 900 年就获得了有效的独立。

基督教身份的内核在安达卢西亚的边缘毫无察觉地成长起来,因为那里伊斯兰的存在几乎虚有其名。王国开始从这些据点向南部扩张。阿斯图里亚斯王国的扩张是最引人注目的。到大约 950 年的时候,它的一个边境已经与坎塔布连山脉接壤,吞并了加利西亚领地的西北部,还卵翼附属的边陲国家,某些时候这些国家在政治上难以控制,诸如东部的卡斯蒂利亚、西部的葡萄牙。传统的观点认为,这些国家的领土扩张在再征服旗帜的刺激下仍在继续,虽然现在没有以前认定的那样确定,但也不应该被全部否定。阿斯图里亚斯和莱昂的统治者们宣称他们是西哥特君主国的继承人。这个主张是意义深远的历史写作的主题,是宫廷赞助的,可能部分在阿方索三世国王(866—910 年)的支持下。一个编年史家赞扬阿方索三世的前辈阿方索二世(791—842 年),因为他在奥维耶多照着托莱多的原样恢复了哥特王国的仪式。这一时期现存于世的位于阿斯图里亚斯的有前罗马风格的、教堂有意再现过去的、西哥特人的纪念碑：例如，位于奥维耶多的、阿方索二世的圣朱利安·德·洛斯·德·巴尔德迪奥斯（或称桑图拉诺）教堂，或阿方索三世的圣萨尔瓦多·德·巴尔德迪奥斯教堂。管理阿斯图里亚斯-莱昂王国日常生活的法律是 7 世纪西哥特国王制定的《西哥特法典》（*Lex Visigothorum*）。10 世纪以后，阿斯图里亚斯和莱昂的统治者们断断续续使用元首、“皇帝”的称号，似乎有显示他们霸权的用意。他们的宣传者回顾在科瓦栋加（约 719 年）对穆斯林军队的胜利——可能实际上
69 是一次没有多大军事意义的遭遇战——当作解放西班牙这幕戏剧的开端。一部值得注意的著作——著于 883 年的《启示编年史》（*Crónica Profética* 或者 *Prophetic Chronicle*）——甚至乐观地预言穆斯林在西班牙统治的崩溃和基督教政权的恢复。这类鲁莽的观念必定带有某种求助国王、朝臣和教士们的诉求，其力量视时间和环境而定，但必须把它们放在较早的情境和不太持续的社会力量中来看。

人口的压力也是产生上述情形的原因之一。加泰罗尼亚中世纪早期幸存的丰富档案，使得历史学家能够展示东比利牛斯山脉在 9、10 世纪的时候人口已经密集到了生存都难以为继的程度。尽管证据较为零散，阿拉贡的山区、巴斯克诸郡、卡斯蒂利亚、阿斯图里亚斯和加利西亚情况也类似。因此，急于扩张、渴望土地，也就使得殖民者向人口相对稀疏的南部平原进发，以便能够在穆斯林和基督徒之间形成一个缓冲地带。人口的需求受到经济习惯的强化。中世纪早期西班牙的基督教共同体就像他们的穆斯林邻居一样，农业都占有压倒性的地位。就像科尔多瓦或塞维利亚，当时不是大城市，甚至也几乎没有地方可以配得上镇的称呼。除了日常必需品的交换，诸如盐、铁，其他的交换是罕见的。硬币流通缓慢，甚至很多地方流通中不使用硬币。流动的小贩、木匠、皮匠、金匠、为教士或贵族家庭服务的粮贩、肉贩是有的，但没有资产阶级或商人阶级。农耕经济是混合的经济，其中畜牧农业占主导地位。理想地说，根据季节的变化，牲口需要各种各样的牧场。领土扩张

戈麦斯的城堡矗立在索里亚附近的杜罗河谷，是 10 世纪时拱卫阿尔-安达卢斯北部前沿的所谓“门牙”。

加泰罗尼亚的圣佩德罗·德·洛达(San Pedro de Roda)有一个 11 世纪的教堂,是一座用来抵御人世间的敌人的,也是用来抵御超自然的敌人的修道院。

使得按照季节在山区和平原之间更换牧场的程序成为可能。这使得农业能够把粮食、葡萄、油等必需品的生产与猪肉、鸡蛋和苹果的生产连接起来。

多种来源的资料都显示了移民、殖民地和经济的互相联系之处。莱昂和卡斯蒂利亚的地名在 10 世纪的记录是加耶克斯(Gallecos)和巴斯孔塞(Villa Vascones),显示移民分别来自加利西亚和巴斯克的土地。943 年,布尔戈斯附近的卡德纳的卡斯蒂利亚修道院,在距离南部 60 英里的杜罗河河谷获得了牧场,这是跨地区迁徙牧场的明显证据。

在葡萄牙北部的布拉加主教教区,10、11 世纪教堂建造的频率证明了乡村定居点的密度大增。巴塞罗那多毛发的伯爵威尔弗雷德之女——拉斯阿巴德萨斯的圣胡安的女修道院院长爱玛——在 892 年到 913 年 70
之间大约 20 年时间里,拥有定居农村的 20 个村庄,有 1 000 人。978 年,卡斯蒂利亚的加西亚伯爵在科瓦鲁维亚斯,为其女儿乌拉尔卡建立一幢宗教建筑,赠予其包括供定居的土地和大牲口——500 头母牛、1 600 只羊和 150 匹母马。在这两个例子和其他例子里,有势力的贵族女性在组织殖民地活动中所扮演的角色是显著的。

艰苦的殖民活动常常充满危险。殖民者不仅容易遭受作物歉收的威胁,而且容易受到来自安达卢西亚的威胁,骑骆驼的掠夺者们打算用他们供应科尔多瓦的奴隶市场。因此,毫不奇怪,最初自由的农民虽然享受经济和司法的自由,还是倾向于依靠更为强大的保护者,因为后者可以保护他们免受困难和攻击。在加泰罗尼亚,教士地主所有者阶层——女修道院长爱玛就是一个好例子——从 10 世纪早期开始就一直在购买农民的小块土地,并把土地所有者转变为佃农。毫无疑问,世俗的土地所有者也在这样做,因为没有档案留存下来,所以不为我们所知。从大约公元 1000 年开始,档案中突然出现了“罪恶的用法”或“习惯”(mali usatici, malae consuetudines)。这类做法包括一些沉重的负担,诸如较重的地租,实行劳役,地主垄断下必要的、代价不菲的农业工序,比如磨面,把农民家庭束缚在土地上,结果他们就没有办法迁徙,而且可以被买卖或转赠,也可以因为通奸之类的行为惩罚他们。毫不奇怪,社会变化的节奏在不同时期和不同地方大同小异,使用的词汇却令人困惑而多样。10、11 世纪在加泰罗尼亚正要发生的,正是后来 11、12 世纪的莱昂平原和杜罗河河谷 12、13 世纪葡萄牙中部将要发生的事件。无论如何,如果作出一个粗略而有准备的结论,这种趋势大体是同一方向的,就长期而言,殖民活动获益的一方是教会机构,诸如主教、修道院和世俗贵族;受害者是农民阶级,领主阶级的要求对他们构成的压力越来越沉重。

现在仅存的 10 世纪的文献,不论是伊斯兰教或基督教作者写作

的，都集中于世俗精英在他们各自社群中的军事行为。因此，我们可以
71 知道，公元 924 年阿卜杜·拉赫曼三世大胆地袭击潘普洛纳，939 年他在锡曼卡斯又被莱昂的拉米罗二世击败，公元 985 年全知全能的曼苏尔军队突然洗劫了巴塞罗那，988 年又洗劫了莱昂。然而，公元 1000 年，边陲地带的文化并不是统一的，也不是毫无区别地敌对的。这个地带本身也是可以渗透的，基督教的骑士会在哈里发的军队里当雇佣军。在公元 1010 年，巴塞罗那和乌赫尔伯爵按照契约为安达卢西亚提供了 9 000 名士兵：穆斯林的编年史家把这一年记作“加泰罗尼亚之年”。10 世纪的高级教士罗森多、后来的蒙多涅多(Mondoñedo)和孔波斯特拉(Compostela)主教建立了加利西亚的塞拉诺瓦(Celannova)修道院，雇用了一位科尔多瓦厨师。犹太商人断断续续去往北方，销售丝织品和其他奢侈品，这些奢侈品是如此昂贵，莱昂和西班牙马克的基督教贵族都用它们作为象征身份的战利品。同时还有永久的移民。尽管按照《古兰经》的教义，伊斯兰教的统治会给予基督徒某些勉强的宽容，但从安达卢西亚移民前往友好的北方是个诱人的选择。例如，9 世纪中叶的时候，最初建于 7 世纪、位于加利西亚的萨摩斯修道院，在王室的鼓励下，由刚从安达卢西亚过来的修道士埃尔贺西乌斯重建。这些移民通常被称为穆扎赖卜人，也就是阿拉伯化的基督徒，给北部的基督教艺术和建筑留下了深刻的影响。最著名的是，他们富有启发性的手稿，强有力的、生动的、绘画似的颜色，一旦看过就难以忘怀。可能正是通过穆扎赖卜人的中介，有关安达卢西亚科学文化的模糊概念，才得以流入文化发展迟缓的北方。西方基督教世界现存最早的阿拉伯数字被确定为公元 976 年的时候写在一座纳瓦尔(Navarrese)的修道院中。9 世纪 60 年代，伟大的法国学者欧里拉克的吉尔伯特年轻时，想要学习数学，去的正是里波尔的加泰罗尼亚修道院。他在加泰罗尼亚，开始接触穆扎赖卜人基督徒和犹太知识分子，他们教他使用算盘，后来他把这个教

伊斯兰历 357 年(公元 968 年)，为哈里发家族成员制作的穆基拉(Al-Mughira)有盖瓶，是安达卢斯最精美的象牙雕刻制品。这类奢侈艺术品价格很高，很容易受到西班牙北部和比利牛斯山那一边的法国基督教精英的垂涎。 ➡

给了他的法国学生。算盘是个简单的设备，但在中世纪早期基督教国家基本的数学知识都相当匮乏的环境下，它具有的解放效果就像我们今天的计算机一样。

11 世纪的西班牙发生了影响深远的变化，这些地动山摇的动荡重塑了其文化风景。由科尔多瓦哈里发代表的、安达卢西亚的统一政权，
73 在一系列有争议的继承人和武装暴动的动荡中挣扎，最终走向解体。在 20 年的内战中，最后一任哈里发被处决。哈里发制度被许许多多的继承人国家所取代，狭小的国家通常只有一个镇及其周围的土地那么大。这些国家被历史学家称为塔伊法(taifa)国家，这个词来源于阿拉伯语词汇，意思是“部分或一派”。他们之间矛盾不断，就像那些古希腊人或文艺复兴时代的意大利人一样互相征战和冲突(还有类似的是艺术上的创造力)。这些自相残杀的冲突使得他们易于遭受损失，这些塔伊法国家自作自受，结果招致侵略。西班牙北部的基督教统治者迅速学会了如何拿捏他们的穆斯林邻居，他们成功地过上被称为受保护的花天酒地的生活。通过提供军事援助，换取被称为帕利奥(parias)的贡赋，以安达卢西亚的金币支付。有些时候，这些被安排以书面文本的形式固定下来，比如在纳瓦尔的桑乔四世与萨拉戈萨的塔伊法国家之间，于 1069 年和 1073 年签订的两个条约。桑乔每个月可以获得 1 000 个金第纳尔，总数非常可观。莱昂-卡斯蒂利亚的国王、阿方索四世以及巴塞罗那的伯爵，尤其是拉蒙·贝伦格尔一世是相当娴熟的玩家，他们很快就发家致富了。格拉纳达的塔伊法国家的统治者阿卜杜拉·伊本·布鲁金(Abd Allah ibn Buluggin)的出色自传，包含了如画般记录下来的，他与阿方索四世国王、伯爵讨价还价以从中获利的场面，把这种买卖的腔调生动地传递给我们。其中最著名的、但并非绝无仅有的是卡斯蒂利亚贵族罗德里格·迪亚兹(Rodrigo Diaz)，他被称为“熙德”(El Cid，卒于 1099 年)。他并不像后来传说的那样，立志把穆斯林赶

基督徒手上的穆斯林的黄金。这幅画画在 12 世纪后期的加泰罗尼亚手稿上，描绘的是巴塞罗那伯爵拉蒙·贝伦格尔一世(1035—1076 年)及其妻子埃尔穆迪斯(Almodis)支付金币，从贝济耶(Béziers)手里购买卡尔卡松和勒泽(Razés)郡。 ➡

Incipiunt carte
quas uenabilis

出西班牙，是一个基督教的英雄和卡斯蒂利亚的爱国者。11 世纪的现实并不是如此直截了当。相反，罗德里格是个巧取豪夺的士兵，在一系列雇主之间周旋、发财，不论是基督徒或穆斯林，只要自己最终收取贡赋。他后来成了地中海沿岸巴伦西亚的塔伊法国家的王公。

75 11 世纪穆斯林西班牙向基督教西班牙输出黄金有着深远的影响，有助于巩固世俗当局。例如，巴塞罗那伯爵利用其新获得的财富，系统地购买城堡、权利和领土，这使得其领土超过了想在西班牙马克争霸的其他任何对手。仅仅 10 世纪 60 年代这样的买卖就有 10 桩。莱昂-卡斯蒂利亚的费迪南德一世(1037—1065 年在位)和他的儿子阿方索六世用他们的财富获得了贵族们的服务，一些效忠者将会强化他们对遥远的王国领地——诸如加利西亚——的控制。他们花钱修饰首都莱昂，那时的许多纪念碑和珍宝现在仍然让人羡慕不已。他们还拿出一部分所得，给比利牛斯山脉以外的修道院。

8 至 11 世纪之间，基督教西班牙在某种程度上，尽管不是绝对的，却与加洛林帝国和奥托帝国正在发展的文化隔绝。当然，各个地方有细微的差别：西班牙马克的加泰罗尼亚诸郡，在行政上不再隶属于加洛林世界，之后很久，文化上仍旧是其一部分。用某些这类标准来考察，有一点总体上是不错的，如果一个人在那个时代的西班牙旅行，越往西走，文化上就越保守。一个细微但很有效的标志是：除了很少的例外，人们不会在诸如锡洛斯、萨哈冈或塞拉诺瓦之类的大修道院的屋子里发现加洛林文艺复兴产生的文字作品。虔诚点亮了这种机制，把西班牙从隔绝的状态中拉出来。表现之一是，去往基督教王国的圣殿朝圣的信徒。在 818 到 842 年之间的某几年，被认为是使徒圣詹姆斯的坟墓在加利西亚被发现的时间，这个地方现在刻着他的名字圣雅各(Sanctus Jacobus)、圣地亚哥(Sant' Iago)、圣地亚哥德孔波斯特拉(Santiago de Compostela)。他的祭拜受到教士和国王们的狂热推崇，其中著名的是阿方索三世。从 10 世纪开始，就陆陆续续有法国人从比利牛斯山脉来到他的神庙祭祀：勒皮(Le Puy)的主教于 951 年造访此地，10 年后，兰斯(Rheims)的大主教也来拜访。在 11 世纪和 12 世纪之间,来自西方基督教国家的人们开始像潮水般涌入。可追溯的、最早前往孔波斯特拉的英格兰朝圣者在大约 1100 年的时候前往这个神殿朝圣。教堂和圣詹姆斯镇除朝圣者的来往之外还吸引了很多其他人。 76
早在 10 世纪,劫匪就发现这个地方很值得他们跑一趟,例如公元 968 年的维京海盗、997 年曼苏尔的军队。到 12 世纪,经由国际旅游事业的随身物品的指南书,军人的装备,仪式和纪念品,歌曲和故事,巴斯克的词汇列表,昂贵的寄宿处和诈骗货币的交易者都可以查到,或知道这个地方。伟大的大主教迪亚哥赫尔米雷斯(卒于 1140 年)以最宏伟的规模重建了圣詹姆斯天主教教堂,这样设计目的是促进教徒大规模的朝圣运动。

虔诚的第二个表现是上述提到的慷慨举动。11 世纪中期,勃艮第伟大的克吕尼修道院成了最受喜爱的待客之处,因为莱昂-卡斯蒂利亚的王室家族用穆斯林的黄金作为修士祷告者的报酬。克吕尼修道院的殖民地开始在全西班牙成长起来,这些远道而来的克吕尼修士开始沿着那个时代的希尔德布兰德改革教皇体制的理想主义所描绘的、最时尚的路线,着手改革他们认为的陈陈相因、衰败的和落后的西班牙教会。这些改革者的指导精神来自伯纳德,他是法国人、克吕尼的修士,还是教皇乌尔班二世的同事与朋友。他曾担任过萨哈冈的修士(1080—1086 年)和托莱多大主教(1086—1124 年)。在伯纳德的一生中,很大程度上归功于他的管理,莱昂-卡斯蒂利亚的教会经历了法国教皇支系领导下的现代化。由伯纳德培养的法国教士们担任了主教职位,如杰罗姆(佩里戈尔的本地人),接连担任熙德治下的巴伦西亚主教,在 1102 年离开这座城市之后,又担任萨拉曼卡的主教,直到 1120 年过世。召开教会理事会谴责滥用权力并宣布优秀的标准。古代得到珍视的圣餐和礼拜仪式荡然无存。教规法的新版本开始得到传播。新手稿的法语书写本,也就是法语的加洛林草写小字开始取代较早的西哥特手写体。这时候与罗马教皇建立了空前紧密的关系。就我们所知,在 1067 年之前,罗马教皇派遣的使节还没有造访过莱昂-卡斯蒂利亚的教堂;而在接下来的 90 年里,有 9 个红衣主教作为使节造访,其中有 5 个红衣主教作为使节来过不止一次。教会政府的日常工作程序和工作制度、大教堂会议、主教管区大会、主教探访都是从法国引进的。

与比利牛斯山脉以外的西方基督教世界联系的强化，不仅仅限于莱昂-卡斯蒂利亚王国。人们可以在纳瓦尔和葡萄牙见到法国的主教。
77 在加泰罗尼亚战斗的诺曼武士，12 世纪甚至在塔拉戈纳建立了两代半独立的公国。当阿拉贡的国王从他们以山区的以哈卡为核心的基地、扩张到埃布罗河谷地带的时候，得到了来自普瓦图和贝亚恩的法国贵族冒险者的帮助，并与这些人通过通婚联系起来。他们希望使人重新住入乡村和半废弃的城镇，诸如萨拉戈萨，正是从法国找来殖民者的。法国宗教团体，西多会的修士、奥古斯丁教团的教士、普雷蒙特雷修会，在西班牙建立了新的宗教秩序。人们可以在朝圣者经过的路线上，诸如潘普洛纳、洛格罗尼奥、布尔戈斯、莱昂、阿斯托加和卢戈等地，发现法国企业家——店主、手艺人、旅馆经营者的身影。统治者从法国进口权威的技术，诸如书写规则或训令的使用，有时，甚至包括代表着国王利益的官僚，诸如博韦的杰拉尔德，他从 1135 到 1149 年管理阿方索七世的文秘办公室。1078 到 1124 年之间，法国建筑设计师设计了圣地亚哥德孔波斯特拉的新教堂，法国的显著影响可以从西班牙的罗马式雕塑中看出来。著名的法国行吟诗人马克布伦拜访了阿方索七世的宫殿，用他的诗歌《拉瓦多尔》(*Lavador*)，赞美西班牙是一个使人圣洁的地方，法国武士可以在反对基督的敌人的战争中获得精神价值。古代法国的史诗影响了西班牙伟大史诗《熙德之歌》，该史诗或许作于 12 世纪的最后 25 年。

毫无疑问，从法国来的移民不仅带来了技术和时尚，而且带来了思想。在 11 世纪，有关反对基督教教会敌人的圣战观念正在成长。在 1095 年由教皇乌尔班二世发动的十字军东征运动中，思想还转变成了行动。这样，基督徒倾向于以一种令人困惑的、缺乏好奇的态度看待伊斯兰教，并逐渐代之以军事敌意，结果西班牙就像叙利亚和巴勒斯坦一样成了宗教战争的战场。

11 世纪贡赋的收取依赖于基督教和穆斯林社会在西班牙共存这

一现实,因为简单而又现实的理由,贫困的统治者不希望杀鸡取卵。共同存在的和谐并不是一成不变的,获取领土的考虑,作为收取货币的另外一种选择,也并非从未存在。费迪南德一世于 1064 年征服了科英布拉。阿方索六世于 1085 年攻占了托莱多,作为西哥特国王的古代首都,这一举动自有其特殊的共振。发生的这些事情在直布罗陀海峡两岸的阿拉伯人看来充满了沮丧。11 世纪中叶,在地图南端原教旨主义 78
的阿尔摩拉维德人开始崛起,其控制的范围逐渐扩张到摩洛哥北部。要命的是,这些塔伊法国家并没有注意到这些发展。阿尔摩拉维德人首领朴素、直白,只看到在安达卢西亚,通过向异教徒缴纳贡赋,伊斯兰法律正在被丑陋地亵渎。1086 年,阿尔摩拉维德人军队穿越直布罗陀海峡,在巴达霍斯附近的萨格拉哈斯重创阿方索六世的军队,而后采取措施,逐渐废弃塔伊法国家制度。在几十年内,所有南西班牙的塔伊法国家都消失了。阿尔摩拉维德人俘虏了格拉纳达的阿卜杜拉(Abd Allah),将其废黜后囚禁于摩洛哥,而他在那里写下了回忆录。安达卢西亚再一次统一,但这次处于伊斯兰军事首领的严苛统治之下。

在这种情况下,11 世纪晚期和 12 世纪早期,在西班牙对立的基督教和伊斯兰教之间宗教敌意日益加剧。其中一个征兆是西班牙的军事体制。当时的宗教团体由宣誓把自己的生命献给在精神上值得称赞的、反对伊斯兰教战争的男人组成,如僧侣等,这是十字军时代的特殊产物。这类团体中最有名的是圣殿骑士团,这样称呼是因为其总部在耶路撒冷,他们坚信那里曾经矗立着所罗门国王的庙宇。圣殿骑士团开始招兵买马,12 世纪下半叶开始在伊比利亚半岛进行军事征服。当地人模仿他们的制度来创建团体的时间要稍晚一点。在莱昂-卡斯蒂利亚,卡拉特拉瓦骑士团创建于 1158 年,圣地亚哥骑士团创建于 1170 年——圣詹姆斯因此获得了一个新角色,作为反伊斯兰教的基督教战争的神圣庇护人——而阿尔坎塔拉的骑士团创建于 1175 年。在阿拉贡,蒙乔伊的骑士团和葡萄牙的艾维斯骑士团也是在 11 世纪 70 年代早期创建的。他们的军队将会为光复运动的战役作出意义深远的贡献,而他们的城堡则将起到稳定由基督徒控制的新领土的作用。正如

武士圣詹姆斯，他参与了保护基督教、抵抗伊斯兰教的战争。圣地亚哥·德·孔波斯特拉(Santiago de Compostela)的这座大教堂里面的罗马风格的打鼓室，雕刻于1200年，是现存最早的圣地亚哥·马塔莫洛斯(Santiago Matamoros)，也就是“摩尔人的屠夫圣詹姆斯”的代表。

我们看到的那样，他们获得的报酬使得他们富裕和强大。

阿尔摩拉维德人的政治权力并没有持续多久。由于脱离了摩洛哥的本土，他们迅速屈服于较为舒适的环境的诱惑，因此，形成了柏柏尔人文化进化的循环类型，这最初由14世纪伟大的突尼斯学者伊本·赫勒敦所描述。从1120年开始，他们同时遭到来自摩洛哥的另一股原教旨主义派别的挑战——称作阿尔摩哈德人——一个令人困惑的名字；而且接下来安达卢西亚本土人也开始暴动，反对他们占领西班牙。历
79 史在某些方面看似在重复。当阿尔摩拉维德人在安达卢西亚的统治崩溃之后，政权再次转变为狭小的国家，被历史学家称为第二轮塔伊法国家。基督教统治者再次利用他们的弱点，不是通过收取贡赋，就是攻城略地，扩张领土，甚至双管齐下。莱昂-卡斯蒂利亚的阿方索七世孤军

深入安达卢西亚,于 1146 年征服了科尔多瓦,1147 年征服了阿尔梅里亚——中世纪城堡中通往地中海的第一扇窗户。他那个时代的无名氏写诗赞颂他,把他称为《旧约》里的国王,带领着一个选民民族为圣战而战。但 12 世纪中叶的基督教扩张运动被阿尔摩哈德人对西班牙事务断断续续的干涉所打断,随后,1173 年他们攻陷了安达卢西亚全境。阿尔摩哈德人的力量继续逞强了一代人的时间,在这以后,像以前的阿尔摩拉维德人一样衰落了。1212 年,卡斯蒂利亚的阿方索七世在拉斯 80
纳瓦斯-德托洛萨获得了基督徒的决定性胜利。此后,在三个基督教王国强力推动的征服下,到 1250 年,伊斯兰领地已经局限于格拉纳达的酋长国。

这三个基督教国家的君主分别是阿拉贡国王、卡斯蒂利亚国王和葡萄牙国王。纳瓦尔在 16 世纪前就一直是个独立的君主制国家,但其地理位置排斥了其参与再征服运动。政治的碎块化是中世纪早期主要的政治遗产。以后再也没有这样,除了 1580 到 1640 年之间的短暂时期之外,伊比利亚半岛上的所有土地都处于单一政权的统治下,就像基督纪年开始后的最初 7 个世纪一样。最后一个自称为皇帝的是阿方索七世国王,这个暗含着霸权的称号此后被悄悄地去掉。按照分割土地的条约,在基督教统治者内部均分预期将要征服的穆斯林领土。第一个这样的条约签订于 1150 年,这使得大家把政治上的分割视为惯例。多元的体制设计——法制的、财政的、市政的——固定化,是政治分裂的后果。在后来的世纪里,这将会给雄心勃勃的、中央集权化的卡斯蒂利亚官僚机器,留下令人生畏的障碍。

在这三个君主国之中,葡萄牙是最不起眼的。葡萄牙——大致是现代葡萄牙国家北部的三分之一——在 1125 年至 1150 年之间,从其父母国莱昂-卡斯蒂利亚之下分裂出来。它独立后第一任统治者是阿丰索·恩里克斯。他于 1140 年称王,随后获得教皇的承认,其侄子阿方索七世也勉强承认。1147 年,他在盎格鲁-佛莱芒海军力量的帮助下,攻下里斯本——征服之后第一任主教是英格兰人——而且积极对其新获得的葡萄牙中部领土进行殖民活动。这一活动得到阿尔科巴萨的西多会僧侣和以托马尔为基地的圣殿骑士团的帮助最多。到 13 世纪中叶，阿尔加维已经光复，这时葡萄牙已经获得的领土轮廓，自此以后基本保持下来，后来只是略有变动。葡萄牙的军舰开始探索马格里布地区的大西洋海岸，在此过程中，开始伺机劫掠或贸易。这些作为先驱的活动，后来产生了一个世界范围的帝国。1230 年，经过与莱昂王国决定性地合并后，卡斯蒂利亚王国成了西班牙诸王国中最大的王国。费迪南德三世利用拉斯纳瓦斯的胜利，把安达卢西亚广大动荡的乡村地
81 区置于其统治之下。这些地盘包括几十个或大或小的城镇和拥有南部海岸线的两个港口，在地中海沿岸的是卡塔赫纳，在大西洋沿岸的是加的斯。费迪南德的征服经由他的宣传者诸如历史学家和神话制造者托莱多的大主教罗德里格(卒于 1247 年)的包装，成了英勇的十字军征服者。尽管如此，国王若是只追求荣耀，从来都不会富裕。卡斯蒂利亚国王选择扩张领土，就失去了来自贡赋的收入，却要自己承担再殖民的责任带来的沉重负担。卡斯蒂利亚的统治者并没有像英国、法国那样，发展出一个较为成熟的官僚机构、财政和司法机器，后者能够从他们臣民那里获得收入。他们过去也不需要这样做，因为他们长期以来一直习惯“烧杀抢掠”的公共财政政策。由于现金空前缺乏，他们竟然劫掠自己的臣民，其中最为突出的受害者是教士。费迪南德三世逼迫卡斯蒂利亚的教士为他的征战缴纳很多钱，而他给予他们的回报却微乎其微。有一个古老的神话：随着光复运动的掠夺，卡斯蒂利亚的教士阶层逐渐羽翼丰满，事实恰恰相反，教会为了替光复运动搞钱，流血流到满脸苍白。一个一贫如洗的被其世俗保护者欺辱的教会——这确实是对西班牙历史最为辛辣的讽刺，费迪南德三世最后居然被封为圣徒——是无法高效地执行其基本职能的。按照 1215 年第四次拉特兰公会上教皇英诺森三世和聚集的基督教界主教们宣称的标准来判断，13 世纪卡斯蒂利亚的教会处在令人惊叹的境况之中。

王室贫困的另一个后果是，他们寻求获得同意来征收超出常规的赋税。长期以来，人们一直认为国王通过与较多的臣民商议来进行统治是令人满意的，如果有必要，可以有克制地商议。12 世纪以后，在财

政压力和重新兴起的罗马法研究的影响下,寻求一致变得较为常见,一致者的圈子也逐渐扩大,最突出的包括来自城镇的代表。现在确信,城市代表出席宫廷这类会议的最早记录是在 1188 年的莱昂。而基督教西班牙正要开始发展的阶段也与其他西欧君主制国家大体类似,人们对大会宣誓活动的称呼各种各样,如等级会议(estates)、大会(diets)、议会或诸如此类。"科特"(Cortes,加泰罗尼亚人称为 corts)作为这类会议机构开始在西班牙王国内为人所知,虽然它在这个时代没有彻底成为正式化的体制,但它已经开始展示其有能力在宪政中承担意义深远的角色。

安达卢西亚的郊外人口稀疏,城镇和城市由于难民迁徙而被掏空 82
了,有时——正如 1248 年塞维利亚的例子那样——由于故意全部驱逐穆斯林君民而使人口大减。西班牙的国王长期以来习惯于给每个城镇颁发市政特权(福埃罗,葡萄牙人称为 forais,加泰罗尼亚人称为 furs)的特许状,目的是为了鼓励和管理再殖民的过程。13 世纪,安达卢西亚的习惯法并不罕见,但就其吸引定居者(也包括他们打算带过去的定居者)的条件来说,听上去却令人失望,所提供的让步条件仅起到了削弱王室统治权威的作用。有关习惯法的证据显示,在 13 世纪吸引人口定居要比之前困难。这就有点奇怪了,假如历史学家把 12、13 世纪认定为西欧人口稳定增长的时代是正确的。这些证据可能需要经过批判地再检验。退一步来讲,可能是较早的、再殖民的西班牙南部和葡萄牙南部的人口来源,在 1200 年的时候已经枯竭。1150 年以后,北部山区已经不再产生过剩的人口,来自法国的移民进入的速度似乎也放缓了。

在这样的环境中,专门从事非劳动密集型的行业是最经济的。13 世纪以降,牛、马和羊的大规模养殖是由那些收拾完安达卢西亚、阿尔加维的再征服运动的军事团体和贵族们发展起来的。1169 年,葡萄牙国王阿丰索许诺把塔古斯河以南征服的土地的三分之一分给圣殿骑士团。1174 年,卡斯蒂利亚的阿方索八世作出让步,把他们将要征服的土地的五分之一分给卡拉特拉瓦骑士团。大量财产的聚集正是来自诸如此类的让步、妥协。在埃斯特雷马杜拉南部,阿尔坎塔拉、圣地亚哥和圣殿骑士团各获得了 25 万英亩的土地(300 000 公顷)。卡斯蒂利亚的大贵族们——拉腊、卡斯特罗、古斯曼及其他家族——也在南部聚敛了非常广阔的土地。这些农场主着手建立自己的联合体——梅斯塔(Mesta)——以便保护自己的利益,尤其是保护牧场(Cañadas reales)上他们自己的畜群和牧羊人,该牧场自埃斯特雷马杜拉的冬季放牧带一直绵延到老卡斯蒂利亚高地领土的拉曼查的夏季草场。美利奴细毛羊可能是在 1250 年左右从马格里布地区引进的,这种羊羊毛粗糙,在干燥、炎热环境中生长很好,质量高。这个地带形成了国内的纺织品工
83 业,并很快在佛兰德斯和英格兰也发展起来。美利奴羊毛的出口很快成为卡斯蒂利亚占主导地位的商业活动。

阿拉贡是阿拉贡王国的简称,这个称号所指的不是一个单一的君主制国家,而是一个联邦。这个联邦在 12、13 世纪才刚刚成立。巴塞罗那的加泰罗尼亚通过 1137 年的王朝婚姻,被置于阿拉贡王国的统治之下。13 世纪的军事行动由其国王詹姆斯一世的《事迹书》(*Book of Deeds*)或者说是他的自传记录了下来,它生动、充满感情,多有夸大。巴利阿里群岛于 1229—1235 年被吞并,巴伦西亚王国在 1238 年被吞并。

没有人试图统一或规范这个联邦各个分离成员的制度。阿拉贡、加泰罗尼亚和巴伦西亚的统治者的权力、力量和行事模式各不相同。然而,或许由于其多样性,联邦整体上还是成功地走到了一起。阿拉贡本土是农业占压倒性地位的地区。与之形成鲜明对比的是安达卢西亚或阿尔加维,尽管逐渐为基督教文化所同化,它们的领土一直到埃布罗河以南地区都保持了 12 世纪被征服之后的穆斯林农民阶层,因此,减轻了国王再殖民的负担。巴伦西亚城体现了另一种鲜明的反差。1238 年,就像十年之后的塞维利亚一样,虽然其乡村腹地的穆斯林农民阶层原封未动,但巴伦西亚城本身的穆斯林居民被清除一空,数量远多于穆斯林居民的基督教殖民者从更北的地区迁徙入城。这里,基督教统治下的穆斯林居民被历史学家称为穆迪扎尔人(Mudejars),伊斯兰教信仰和阿拉伯语继续繁荣了几个世纪。这里不存在像卡斯蒂利亚或葡萄

牙的贵族或宗教团体占有大量土地和田产的问题。

12、13世纪巴塞罗那城的扩张是当时加泰罗尼亚经济和社会历史上最为引人注目的特征。在这一时期,它作为中世纪最成功的城市而崛起,可以与热那亚、威尼斯相媲美,尽管不幸的是,它获得的关注要比历史学家溺爱的意大利城市少得多。其最初的发展得益于11世纪塔伊法国家进贡的黄金,后来的发展又得到该城镇内部农业出口的帮助。从1020年开始的几个世纪,巴塞罗那一直是西欧第一个铸造金币的城市。对其经济成长的阻碍首先来自阿尔摩拉维德人,其次来自热那亚人,后者由皇帝阿方索七世许诺给予其在地中海沿岸从事贸易的特权, 84
作为他们提供海军帮助皇帝在1147年征服阿尔梅里亚的回报。然而,阿尔梅里亚并不容易占领,而且热那亚的几个大商人家族由于过度投资,没能得到回报,遭受了重大损失。有关他们的、现存的丰富档案告诉我们,他们是多样化的、活跃的——不论男人还是女人,而且社会开放、流动性好——不论是企业家、手艺人、资产开发者和银行家,还是国王、教士、大资本家。阿拉贡-加泰罗尼亚海上帝国扩张——到1300年,已经包括撒丁岛、西西里和马耳他,而且很快就要吞并希腊某港口——为船主们提供了基地。这些船主的活动范围超过整个地中海,甚至进入了黑海。巴塞罗那会计室里的男男女女们像关心天气一样,关心远到突尼斯或特拉布宗的市场。

就其文化上的多元意义来说,中世纪早期的西班牙文化是多样的,这片土地上不同的文化共存,但这不是在实现文化整合的意义上说的。按照古兰经的教诲,对基督徒和犹太人应按照圣经之民来宽容。但在实际上他们是受到限制的——伊斯兰教统治下的基督徒被禁止建造教堂、敲教堂的钟、公共集会——某些时候,教堂干脆被关闭。1066年,格拉纳达发生了一次大屠杀,犹太社群遭到了屠杀。1126年,成千上万基督徒被卖到摩洛哥去做奴隶。时常可以在有关安达卢西亚的阿拉伯语文献中发现对基督徒和犹太人彻底轻蔑的态度。正是现代自由主义的想象,才认为中世纪伊斯兰教的西班牙在我们今天承认的任何意义上是个宽容的社会。

一位基督教武士趾高气扬地在一位被打败的顺从的穆斯林面前骑着马。1200年的这幅雕刻画来自纳瓦尔的图德拉，是关于中世纪西班牙跨文化关系最生动的写照。

基督教统治下的穆迪扎尔人和犹太人的命运也好不了多少。他们之所以勉强被宽容，不是出于原则，而是出于实用：因为他们有用。塞维利亚提供了一个有启发意义的例子。1248年，费迪南德三世的族类清洗是为了使他的国度成为一个单一的基督教之城。尽管如此，多少年以后，当人们发现已经不可能单一地让基督徒殖民者重新进入该国家，这时穆斯林和犹太人被允许进入居住。我可以用塞维利亚的 *Libro de repartimiento* 来说明这个过程，它字面上的意思是“分割之书”，是有关城市财产的登记表，显示了基督徒在加强统治之下，是如何重新划分财产的。城市习惯法认为，宗教少数派要遭受所有的歧视正是为了保持他们的被统治地位。例如，对穆迪扎尔人来说，向基督徒索
85 赔是不可能的，而一旦他们犯同样的罪，总是会遭到比基督徒重得多的

惩罚。对穆斯林和犹太人的极端轻蔑态度展现在诸如詹姆斯国王的自传等文献和艺术作品之中。

很难考察中世纪西班牙对立宗教间的关系,因为很多这类证据都是司法的规定,未必是当时日常社会现实的真实写照。如果特权规定基督徒、犹太人和穆斯林必须在一周的不同日子使用浴室,我们是否能够假设,历史上确曾发生过不同程度的卫生隔离,这是一个不错的看法。仅在很少的时候我们发现规定与现实不符合。有证据表明,9 世纪时科尔多瓦曾建造过基督教教堂,尽管很早就有规定禁止建造教堂。我们有证据表明,尽管习惯法禁止,但穆斯林和基督徒之间确曾发生过性关系。我们还听说基督徒陪伴着伊斯兰教徒或犹太人朋友步入清真寺或犹太会堂。我们可以罗列出许多给基督徒病人看病的犹太医生。 86
当费迪南德三世的母亲贝伦加丽娅王后因病于 1246 年去世后,她的头长眠在一块深红色的丝绸枕巾上,修饰着这块枕巾的阿拉伯字母带有伊斯兰教虔诚的含义。我们由此知道,穆斯林的服饰时不时地在基督教的小圈子中间流行。诸如此类的例子告诉我们,下结论、归纳的时候要小心。尽管如此,我们认为这样下结论是合理的:在这一时期,占支配地位的当局,不论是伊斯兰教的还是基督教的,都会采取能获得支配地位的措施。宗教或文化上的少数族裔会因为他们的技艺而被利用,而在其他方面则被死死地踩在脚下。

穆斯林与基督徒对对方根本没什么兴趣。伟大的科尔多瓦诗人和学者伊本·哈兹姆(994—1064 年)创作了一部著作:《宗教流派之书》(*Kitab al-Fisal*)。这是一部展现和歌颂伊斯兰教正确性的著作。他从阿拉伯语版本的基督教文献中学习了很多基督教知识,但其学习的目的只是为了批判它。伊本·哈兹姆的态度与一个多世纪之后宗教对立的另一边的态度能够很好地相对应。克吕尼修道院修士、受人尊敬的彼得在访问西班牙途中接受委托,把《古兰经》和其他伊斯兰教文献翻译成拉丁语。他这样做,不是出于对伊斯兰教的同情,而只是为了攻击它。他的著作《萨拉森人讨厌的异端或支派》(*The Abominable Heresy or Sect of the Saracens*)是其得意之作。

彼得雇用的译者是在西班牙工作的两个外国学者，凯顿的英格兰人罗伯特和卡林西亚的德意志人赫尔曼。他们来西班牙工作的初衷是寻找阿拉伯语著作中有关天文学、几何学和数学的著作，并把它们翻译成拉丁语。他们追随着欧拉里克的吉尔伯特的足迹来到这里。罗伯特和赫尔曼只是12、13世纪被希腊-阿拉伯哲学、科学著作和技术吸引而前往西班牙的大量学者中的区区两人。这些学术向西方基督教国家的传播，尤其是附有安达卢西亚术士伊本·鲁世德（1125—1198年，以作
87 为阿威罗伊[Averroes]而著称）评论的亚里士多德著作的传播，对13、14世纪欧洲知识文化的发展有深远的影响。

中世纪早期的作家一般使用伊斯帕尼亚（Hispania）这个词来指代——阿拉伯人称为安达卢斯——伊比利亚半岛上处在穆斯林统治下的那块土地。但是除了格拉纳达之外，1250年，伊斯帕尼亚已经被基督教国家重新占领，它甚至丧失了它在罗马人和西哥特人统治下时所具有的那种文化同一性。其中有上面讨论过的政治和制度的分歧，也有令人不安的宗教-文化的纽带和基督教、穆斯林、犹太人之间的互相交叠。随着阿拉伯语人口的混入，巴斯克语的扩散和前罗马时期的高卢-葡萄牙人、卡斯蒂利亚人、加泰罗尼亚人的分散化，语言的多样性在1250年要比700年时复杂得多。法国文化时尚在建筑、艺术、文学、贵族价值和行为举止等方面与当地传统混合到一起。这里存在着多种张力线条。随着巴塞罗那的崛起和大西洋与比斯开湾的航海冒险活动兴起，伊比利亚半岛上一年四季长期存在的中央与边缘之间的张力已经变得更加紧张。翻译成社会学术语的话，从农场聚敛大量财富的军事土地贵族与巴塞罗那、毕尔巴鄂、巴伦西亚或塞维利亚等城市中的商业资产阶级之间最初就存在着价值冲突。我们用略微不同的方法，就可以在光复运动向南推进的过程本身中发现这种类似的紧张。当卡斯蒂利亚的王室行宫日益偏好居住在托莱多、科尔多瓦或塞维利亚时，诸如

由塔伊法国家制作的天球仪，可能制作于阿方索六世，1085年征服托莱多前不久，包含了伊斯兰世界精深的天文学知识，它吸引西欧学者去往12、13世纪的西班牙学习。 ➡

奥维耶多、莱昂很快就落在了后面，从此以后沦落为被征服的死气沉沉的省份，阿拉贡的王室也一样。种族、社群和文化的混合对于教会和国家来说是紧张的来源。穆斯林臣民可靠吗？会效忠基督教的君主吗？犹太教或伊斯兰教信徒的改宗是真的吗？他们是不是假的或秘密改宗者，可能改信原来的宗教？就粗糙的物质资料而言，国王都被光复运动弄得穷困潦倒。费迪南德三世没有他的前辈阿方索六世有钱。对于国王来说，那些发财的人们——军事团体、某些贵族家庭和某些城镇，没有那么容易控制，管理起来会比较困难。教会和农民一样，以不同的方式经历了难以承受的压力，这种压力遏制了自由和主动精神。

本章开头强调的中世纪伊比利亚社会的完全多样性，使我们很难作出有用的概括。中世纪西班牙被称为一个为了战争而组织的社会，
89 一个“殖民的”或“边陲的”社会。如果运用这些概念理解或描述一直变迁的边陲地带，可能有点用，如果运用到描述这条线后面变得越来越广阔的地区，那就没有那么肯定了。有人可能会质疑，是不是可以说，潘普洛纳为前往圣地亚哥的朝圣者提供服务的经商民族，会不会认为自己是为了战争而组织的社会的一部分？或者，加利西亚大西洋海岸边遥远的塞尼斯的修女们会不会这样想象？巴伦西亚灌溉冲积平原的园丁们，或者那些在萨拉曼卡青年大学讲解神学和法律的指导老师，会不会这样想象：他们到底是不是生活在哈里发、塔伊法国家、熙德先生、阿尔摩拉维德人或詹姆斯一世国王的统治之下？

伊比利亚社会已经太过复杂，而难以使用如此简单的分类。在13世纪的伊比利亚半岛，有着太多的多样性和活力。或许活力要比和谐多。从某种观点来讲，尽管付出了沉重的代价，职责总算尽到了。人们在后来的岁月可能会不得不捡起这张账单。

第四章　中世纪晚期（1250—1500年）

安古斯·麦凯(Angus Mackay)

除了收藏在王室、领地、教会和城市档案馆中的文档，研究西班牙 91
13世纪中期到天主教徒国王费迪南德和伊莎贝拉登基这段历史的历史学家手上还有数量壮观的编年史。上述所有作者几乎都把注意力集中在王室宫廷的事件和国王或他们敌人的事迹上，要么是因为他们的薪俸是君主们给的，要么是因为他们从属于某个政治派别。所以，我们必须小心谨慎地对待这些著作所提供的证据。这类编年史家的突出代表大概是卡斯蒂利亚的编年史家佩德罗·洛佩斯·德·阿亚拉(1332—1407年)。他反对国王，支持国王的对手。当后者篡夺王位之后，阿亚拉在其编年史著作中，充满技巧地为其反抗行动作辩护。他提供的有关这个被打败的国王的个性和僭越的行为举止，难道还能相信吗？当然，总有一些编年史家与王室并没有太多的瓜葛。例如，卡斯蒂利亚的治安官米盖尔·卢卡斯·德·伊兰佐，他从王室宫廷退休，定居在哈恩镇。米盖尔·卢卡斯·德·伊兰佐的编年史包含了比赛、娱乐、戏剧和边陲军事活动等，能够很好地表现这个小镇及其周边地区历史的精彩记录。

在探研这一时期的西班牙历史时，需要考虑一些明显的主题。其中之一是再征服运动，这是指穆斯林于711年侵入并占领了伊比利亚半岛大部分地区之后，基督徒试图夺回被穆斯林占领的领土的过程。光复运动的开始远远早于本章要描述的时期，在中世纪晚期，光复运动
92 看上去似乎停滞了。然而有关西班牙的“天定命运”（指再征服的任务）的理论并未丢失。甚至连外国人都在帮助完成这项神圣的任务。例如，1329年6月，苏格兰独立战争的英雄罗伯特·布鲁斯虽已奄奄一息，但他一直想参与对异教徒的十字军战争，此时，他计划死后也要参战。他的心脏经过防腐处理，被放入一个匣子里面，由一位苏格兰武士携带着去参与反对异教徒的战争。这次由道格拉斯爵士率领的苏格兰武士来到了西班牙。在安达卢西亚的阿达莱斯的特巴镇战役中，道格拉斯把这个匣子扔到了穆斯林军中，苏格兰武士下令夺回这个匣子。他们几乎都阵亡了，但匣子还是被夺回来了。这个匣子安葬在苏格兰的梅尔罗斯修道院。罗伯特·布鲁斯实现了他的愿望，但他是在安达卢西亚实现这个愿望的。安达卢西亚是另一个圣地，是另一个耶路撒冷吗？乔叟笔下虚构的骑士参加了1344年对阿尔及利亚的征服，跨过海峡去北非的马林王朝征战。

或许西班牙确实提供了另一条可供选择的去往耶路撒冷的路线？当时确实有这样一种信仰，世界末日的时候，皇帝会在耶稣基督被钉死的地方，直接向上帝交出他的帝国。在西班牙，这种传统受到约阿希姆神秘主义(Joachimite)思想和塞维利亚先知圣伊西多尔预言的影响，产生了西班牙弥赛亚国王、被称为隐藏者(Encubierto, the Hidden one)或蝙蝠(Murciélago, the Bat)的世界皇帝和新大卫。每次有皇帝登基都会激发起末世的期待。新国王是不是能够打败安达卢西亚反基督分子的世界皇帝呢？他能不能带领我们从穆斯林手中夺回格拉纳达，然后跨过海峡，打败所有的穆斯林，征服耶路撒冷的圣城，成为世界的最后一个皇帝？什么时候这个隐藏者国王会向大家显身？

问题是现实不得不与末世的期望相匹配，而这种巧合从未实现，直到本章将要讨论的时间的最后阶段：1480年。在1480年与1513年之间，当时发生的事件突然使得末世学可信了，人们的信心陡然大增。随

着天主教徒国王、阿拉贡的费迪南德和卡斯蒂利亚的伊莎贝拉的胜利，带有启示性的原文、评论甚至民歌也随之认定费迪南德就是隐藏者国王，他将要带领人们征服耶路撒冷，然后征服整个世界。不要以为所有这些都是朦胧的、卑劣的幻想。正如我们可以从伟大的加的斯侯爵唐·罗德里格·德·莱昂启示书信中看到的，它是最高层的人士公开、详尽地阐述了上述观点，并于 1486 年将其传播到了卡斯蒂利亚的大贵族中间。他借助神秘主义揭示了这一秘密，或者说真相，它是什么？

> 杰出的、无敌的、伟大的王子，国王费迪南德，卡斯蒂利亚、阿 93
> 拉贡和西西里王国的国王，他出生在最高和最广博的星球上。在这个世界上没有什么能够抵抗他的威力，因为上帝赐予其所有的胜利和荣耀，因为费迪南德是隐藏者皇帝……他将会征服陆地上的所有王国，他将会摧毁西班牙的所有摩尔人；所有变节者都会被彻底、残酷地摧毁，因为他们嘲弄、轻视神圣的天主教信仰。他不仅会征服格拉纳达王国，还会征服非洲，征服非斯、突尼斯、摩洛哥、贝那马林(Benamarin)等王国……他还会征服耶路撒冷的圣殿……他将用他自己的手，在耶稣受难的山上升起阿拉贡的旗帜……他将要成为罗马的皇帝……他将要使罗马人目瞪口呆三年，那时，按照上帝的意志，他将要设立一个天使般的教皇……他不仅会成为皇帝，而且会成为全世界的君主。

这样，西班牙便为通往耶路撒冷提供了一条备选的路线。当然，圣城离人们的心灵并不遥远。罗伯特·布鲁斯死于 1329 年。1516 年，费迪南德国王在他死前不久，就收到了上帝传给国王的消息。这个消息通过杰出的女幻想家、受赐福之女贝娅塔，使他确信，在攻占耶路撒冷之前，他不会死。

鉴于费迪南德和伊莎贝拉的胜利，毫不奇怪，人们传统上把他们设想为早期现代的君主，建立了文艺复兴国家和所谓统一的西班牙，尽管卡斯蒂利亚王国和阿拉贡王室保持了他们与众不同的制度和习惯。相

比之下,中世纪晚期因为分裂、内战和混乱而被妖魔化。例如,尽管光
复运动开始的时间要早得多,它在 13、14 世纪的大部分时间看上去却
像陷于停滞之中,直到 1492 年,格拉纳达的穆斯林王国被征服,才宣告
了光复运动的胜利。这经常被当作是西班牙的“奇迹的年代”(annus
mirabilis),因为不仅格拉纳达被征服了,光复运动结束了,而且同一年
克里斯托弗·哥伦布发现了美洲。不幸的是,1492 年也是天主教徒国
王把犹太人驱逐出西班牙的那一年。就本章将要讨论的这段时间而
言,时间见证了西班牙卷入了欧洲的百年战争,和睦相处(一种相对的
宗教宽容的形式)结束了,阿拉贡王国和卡斯蒂利亚王国内部出现了反 95
差强烈的立宪倾向,面向大西洋和地中海的海洋和领土的扩张活动开
始了,有着超凡活力和利益的文化得到发展。在吸收政治事件作为叙
述结构的同时,本章将会尝试公允地对待这些重要的主题。

这段时期的开端,阿拉贡的詹姆斯一世(1213—1276 年)和卡斯蒂利亚的阿方索十世(1252—1284 年)统治的成败,造成了强烈的反差。阿拉贡的詹姆斯一世,这位“征服者”就像其作品《契约书》(*Book of Deeds*)所说,对自己的评价甚高。鉴于他对西班牙的异教徒曾经取得的彻底胜利,他或许担得起这样的称呼。确实如此,教皇英诺森四世对之印象深刻,以至认为他作为基督教世界的捍卫者,将会光复巴勒斯坦和圣地。

1229 年,詹姆斯一世征服了穆斯林的马略卡岛,然后获得了巴利阿里群岛的另外两个岛:梅诺卡和伊维萨,1238 年又攻占了穆斯林的巴伦西亚王国。尽管如此,这些成功在很大程度上要归功于詹姆斯一世愿意与这些穆斯林妥协,允许他们保留一些他们自己的市政、宗教制度。这对于巴伦西亚王国来说尤其贴切,即使其后穆迪扎尔人的叛乱曾导致穆斯林人口被大批驱逐。一般而言,王国北部的穆斯林人口几乎被驱逐殆尽,但王国中部和南部,除了巴伦西亚城及其郊外,仍然是

⬅14 世纪巴伦西亚祭坛上的装饰品表现了阿拉贡的詹姆斯国王在十字军守护者、圣徒圣乔治的帮助下,与穆斯林作战。他的胜利使教皇英诺森四世将其看作是可能光复圣地的基督徒先锋。

穆迪扎尔人占绝对多数。哈蒂瓦提供了一个很好的例子。这座城的穆斯林军事总督及其成百上千的小头目都效忠于詹姆斯一世，并成了他的附庸。这里和其他地方的穆斯林保留了许多清真寺，实际上在某些时候，国王甚至抱怨，他的睡眠被附近报告祷告时刻的人的喧嚣声音所打断。最重要的是，这些穆斯林仍旧沿用他们的农业制度和人力，郊外主要由穆迪扎尔人租佃。许多地方精细的灌溉技术使得农业经济受益，最突出的是巴伦西亚城周边的郊区，而在哈蒂瓦，詹姆斯自己把这儿的居民都依靠的灌溉农业、村庄和水道或沟渠描述为拼拼凑凑的风
96 景线。1270年，詹姆斯一世抱怨缺乏基督教殖民者来完成再引入人口的任务。这里有几座城市主要由基督徒居住，也有穆斯林和基督教徒混居的城镇，其郊区的田地主要由居住在摩尔人村庄的穆迪扎尔人租佃。

卡斯蒂利亚王国情况则大不相同。1236年，费迪南德三世包围了原先穆斯林哈里发的都城科尔多瓦；1248年，他又获得了塞维利亚城。在描述完塞维利亚的征服之后，编年史家继续解释这次事件为什么如此重要：

> 除了我们已经描述的之外，塞维利亚还有许多高尚、杰出的特征。世界上没有城市比它更舒适或美好。它是个轮船每天都从海

> 上上溯到内河的城镇。轮船、狭长船和其他海船停泊在那里，带来世界各地的商品。来自四面八方的船只经常到达丹吉尔、休达、突尼斯、贝贾亚、亚历山大、热那亚、葡萄牙、英格兰、比萨、伦巴第、波尔多、巴约纳、西西里、加斯科尼、加泰罗尼亚、阿拉贡，甚至法国和其他可以从海上到达的地方，包括基督教和摩尔人的领地。所以这样一个如此完美和富裕的城市，货物如此丰富，怎么可能不算优秀，不值得褒奖？它的橄榄油通过海路和陆路行销世界各地——在这里可以发现很多东西，详细叙述不免会有些单调乏味……

太多的其他成就难以细细描述。要点是基督徒们现在几乎已经是所有西班牙领地的主人，除了格拉纳达的穆斯林王国，即使这个王国，它的统治者也成了卡斯蒂利亚的附庸，答应每年缴纳大量金钱作为赋税(parias)。虽然穆斯林的格拉纳达延续到了 1492 年，但在许多方面，它的独立已经被大大地削弱。甚至今天有见识的旅游者只要观看格拉纳达的阿尔汉布拉(Alhanbra)宫殿中正义殿三个穹顶的画作，就可以

这是不是对穆斯林统治下的格拉纳达的文化入侵呢？阿尔汉布拉(Alhanbra)国王宫殿天花板上的这些景象里面，穆斯林、摩尔人贵族和贵妇人正在如同骑士一般战斗、打猎、下棋。伊斯兰教禁止形象艺术，然而这些却是伊斯兰教的统治者的所作所为；这个标志着在 1350 年，即最后伟大的摩尔人宫殿建成时，两大宗教的宽容共存是可能的。

明白这一点。这些壁画创作于14世纪,但它们所要揭示的是,穆斯林在西班牙的最后一个要塞在某些方面已遭到了侵略。伊斯兰教反对用艺术表现有生命的活物,然而这些景观描绘的却是在基督教欧洲才会发现的骑士传奇,这些尤其令人困惑。事实上,格拉纳达的“入侵”让人们对有哪些艺术家参与其中产生了怀疑。是不是穆斯林在借鉴北方的哥特风格?是不是有法国或意大利的艺术家参与其中?无论如何,这些场景起源于北方的亚瑟王的传奇、故事,包含了特里斯坦、伊索尔德、恩雅斯和兰斯洛特这样的人物。

98 当然,在费迪南德三世征服塞维利亚之后,在一些短暂的时期穆斯林苏醒了。例如,1264年,安达卢西亚的穆迪扎尔人、格拉纳达的穆斯林和来自北非马林王朝的军队发动了大规模的叛乱。这些叛乱虽然失败,其后果意义深远。先前,科尔多瓦和塞维利亚的抵抗导致了穆斯林被驱逐,但其他许多地方迅速地向基督教国家有条件地投降,使得这些穆斯林居民能够保留他们的土地和习惯。尽管如此,1264年的叛乱导致了卡斯蒂利亚政策的大幅转变,穆斯林被大批驱逐出很多地方,只留下了数量很少的定居点(morerías)。结果,基督教殖民者重新对这些土地进行殖民的需要变得尤其尖锐,因此实行了分配政策,也就是在殖民者中间有秩序地分配土地。例如,埃西哈的分配是一个深思熟虑的尝试,意在使人口重新进入这个被废弃的城镇,并在其乡村地区建造村庄、农场,但仍明显缺乏人力。赫雷斯[1]可分配的房子要比殖民者多,在许多例子里,很多已经殖民的地方再一次被放弃而荒芜了。而向南去的光复运动意味着,自从13世纪以来,卡斯蒂利亚王国内部可用的土地的增加要远远比人口增加得快,这导致了畜牧业增长和羊的数量激增。这些牲口必须在夏季和冬季的牧场之间迁徙,这种随着季节在山地和平地之间的迁徙正好适合南北之间三条主要路线和许多附属路线。这些路线都由每隔100米一根、1.5米高的石柱子来标出。13世

① 赫雷斯·德·拉弗朗特拉(Jerez de La Fronttera),西班牙城市,以出产赫雷斯(泽尔士)葡萄酒而闻名。——译者注

纪,王室设立了一个得到他们承认的牧羊人协会,称为梅斯塔,通过对羊群的迁徙收税,王室获得了不菲的收入。

正如我们看到的那样,塞维利亚这座城市对于上述所有情况来说,都是个引人注目的例外。新居民共引入了 24 000 人,使得它成了半岛上仅次于巴塞罗那的第二大城市。它的人口是世界大都市级别的:大量的殖民者来自北方的卡斯蒂利亚,诸如布尔戈斯和巴利亚多利德,来自加泰罗尼亚来的人也相当多,还有较多来自阿拉贡、加利西亚、葡萄牙、热那亚和其他意大利地区的人口,也有来自法国、布列塔尼、德意志的人。一些小的定居点继续存在。许多犹太人也在这座城市再次被征服之后到来,他们的社群后来成了半岛上最为繁荣的犹太社群之一。

卡斯蒂利亚的阿方索十世在政治上并不成功。他花钱很多,无休
止地向臣民征税、铸造货币。他好大喜功却以失败告终;他疏远其家族 99
成员、贵族,许多人都住在镇上,到了危机的程度。例如,他投入很多时间、钱财,无谓地想要获得神圣罗马帝国的称号。他还徒劳地想要夺取加斯科尼,最终把他的权利给予了其妹妹蕾奥娜,她后来嫁给了英国王位的继承人。他努力把他的主权扩张到纳瓦尔。他还与其小儿子、未来的继承人桑乔四世(1284—1295 年)因王位继承权而争斗。

然而,这些政治灾难得到了阿方索十世(1252—1284 年)杰出文化成就的平衡,这些成就给予他智者或学识渊博的人的称号。在很大程度上,这些成就依赖于对源自古典的、阿拉伯的、希伯来的知识的传承。当然,这样的过程开始要早得多,尤其是 12 世纪的翻译中心,其中最为著名的在托莱多。不过,正是阿方索十世为这件工作的复兴,提供了必不可少的皇室庇护。从历史到国际象棋,每件事物都能吸引国王的注意,但他看上去似乎是在故意推动本国语,而不是拉丁语。卡斯蒂利亚语是法律、历史和官方的大法官法庭文件的用语,但这绝不意味着会限制前面概览的文化场景,正如《西班牙史》和未完成的《世界史》所展示的。著名的法典《七法全书》(*Siete Partidas*)系统地处理政治、社会生活的每个方面,受到罗马法的强烈影响,是更加庞大的工程。这部法典遭到贵族、城镇势力的抵制,因为贵族、城镇势力效忠于特定区域、当地

和社会的习惯法，直到阿方索十一世统治时期的末期，这部《七法全书》才被当作土地法公布。

不过，在有些方面，过于夸大阿方索十世的现代性、科学尝试和博学是错误的。尽管他使用卡斯蒂利亚本地语言写作编年史、法庭记录，卡斯蒂利亚语在后来很晚的时候才成为帝国的语言。他使用高卢-葡萄牙语写作诗歌，但其对科学的兴趣与他对圣母玛利亚的狂热不相上下。如果有人认为他太博学甚至是个异端，那么应该记得的是，他对圣母玛利亚的虔诚是天主教信仰必不可少的要求，这一点后来受到新教改革派的质疑，却得到天主教教会的肯定。

100 所有这些矛盾都可以通过这些华丽的细密画和高卢-葡萄牙诗歌《圣母玛利亚的颂歌》图文并茂地展示出来。图画上的男男女女们，巴黎的小偷、怀孕的女修道院院长、杀人犯，甚至杀婴犯，都从最为令人生畏的困境中被解救出来。颂歌如何能够解释这种不可思议的从令人诅咒的环境中脱险？每个例子里面罪恶的人(即使他是一个强盗、醉酒的赌徒甚或是怀孕的女修道院院长)都被他或她对圣母玛利亚的虔诚所拯救。巴黎的小偷埃尔博(Elbo)就是一个不错的例子。每次晚上出去行窃，他都会向圣母玛利亚祈祷，他的信仰足以拯救他的唯独善意。这个短语“唯独善意”当然让人回想起马丁·路德及其宗教改革。可在宗教改革之前，颂歌是很清楚的：由于面对的是一个严厉的父亲(上帝)，一个人必须通过求助于耶稣基督的母亲(圣母)，来影响耶稣(圣子)。经典的例子是特奥菲洛(Teófilo)。要当主教，特奥菲洛必须与撒旦订个契约(封建的契约)。他甚至下到地狱去宣誓其忠诚，不过全能的圣母玛利亚为了拯救他，会在那里出现。

阿方索十世长子的过世导致了法理的、王朝的危机。谁将会继承王位，过世的儿子的长子阿方索，还是长子的兄弟桑乔？后者仗着过去的习惯，利用议会来主张权利。他即位为桑乔四世(1284—1295 年)，但很快面临着复杂的问题。与阿拉贡结盟之后，他很快不得不准备抵抗摩洛哥的马林王朝，他们由埃米尔阿布·雅库布率领，于 1291 年 9 月在西班牙登陆。由于意识到控制海峡是最重要的，桑乔四世发动了对

101

《圣母玛利亚的颂歌》是由博学的国王卡斯蒂利亚的阿方索十世创作的。圣母玛利亚的神奇力量是大约100幅绘画的主流主题,混杂着基督徒、犹太人、穆迪扎尔人和穆斯林的世界的日常生活以及服饰、武器、建筑和风俗等细节都被忠实地记录了下来——这是关于社会历史的独一无二的资料。

塔里法的围攻，攻占了它，并成功防御了穆斯林以后的进攻。对北方，他的问题是要么与法国结盟，要么与阿拉贡结盟，而他宫廷中的贵族们反对与任何一方结盟，使得事态变得复杂化。

在阿拉贡的王室内部，阿拉贡的贵族已经保卫了他们的利益，并迫使詹姆斯一世于1265年在埃赫阿议会上作出让步，他们奠定的强大的“联盟”在彼得三世时期（1276—1285年）几乎成了政府的体制。彼得三世加强王室权力、抑制贵族的尝试，如果没有1282年远征西西里岛带来灾祸的话，本来可能成功。教皇将其开除教籍，教皇号召对他发动
102 圣战，把效忠于他的贵族们解放出来，把王位给予法国国王的儿子——瓦卢瓦（Valois）的查理。彼得三世为了避免被入侵和摆脱内战的危险，向对手妥协、让步。1283年在萨拉戈萨召开的阿拉贡议会上，他不得不赞同普遍的特权，宣誓自己一定尊重阿拉贡与巴伦西亚贵族和市民的特权和习惯，接受这样的规定：议会每年都要召开一次，拥有比以前更大的权力。就加泰罗尼亚而言，彼得三世在三个月后在巴塞罗那召开的议会上，停止抵抗这些要求。这些决定本质上远不是权宜之计。阿方索三世（1285—1291年）与阿拉贡联盟冲突，除此之外，还面临军事威胁和国库收入的减少，他不得不作出更多的让步——《1287年的联盟特权法》。

103 在卡斯蒂利亚，因费迪南德四世（1295—1312年）的年幼导致了混乱。他的叔叔胡安通过宣称费迪南德四世为非法，实现了其登上王位的企图。阿拉贡的詹姆斯一世与年轻国王的敌人结盟，甚至声称阿拉贡应该分裂。1296年，阿拉贡四面受敌，但费迪南德及其精力充沛的母亲玛利亚·德·莫里纳打败了入侵者，这个成功在其儿子1301年成年的时候，并没有得到多少感谢。1308年，他与阿拉贡的詹姆斯二世结盟，这个盟约瓜分了将要被征服的穆斯林领土。格拉纳达留给卡斯蒂利亚来征服，而先前的条约规定整个穆斯林王国都归卡斯蒂利亚征服，重要的港口阿尔梅里亚留给阿拉贡来征服。基督徒围攻阿尔赫西拉斯和阿尔梅里亚未果，不过费迪南德四世确实在1309年攻占了直布罗陀（1333年又失陷）。1312年费迪南德在28岁时英年早逝。

西班牙的风景线仍然反映了几个世纪以来西班牙遭受的暴力和冲突。海拔 3 400 英尺的阿维拉(Avila)城建有由 88 座楼塔加固的厚重巨大的城墙，是一座于时起时落的战争中，保护当地人口的坚固城市。中世纪的时候，更多精力和努力花费在对付叛乱和私人战争上，而不是投入到与穆斯林的对抗之中。

在阿拉贡，理想的年度议会会议在实际操作时被证明是不可能的。1301 年加泰罗尼亚议会规定每三年召开一次会议，相同的原则也被应用于巴伦西亚议会，六年后，詹姆斯二世和阿拉贡议会同意两年召开一次议会大会。不过，尽管年度会议的理想失败了，借助设立议会歇会期间照常运行的常设委员会制度，阿拉贡联盟议会的权力大增。这项制度被称为代表委员会制度，直到 1412 年和 1419 年，才分别在阿拉贡和巴伦西亚出现，而在这两个地方都没获得与加泰罗尼亚的代表委员会制度相同的政治重要性。

加泰罗尼亚的代表委员会制起源于 13 世纪晚期，当时的地方议会在代表会议之后，选择代表继续处理重要的问题。他们主要的任务是征收议会投票决定的赋税，并保证按照议会同意的特定目的使用所获得的收入。1359 年，临时委员会成为一项正式的制度，从 1365 年开始它把总部设立在巴塞罗那。当时它由七位代表组成：两位教士、两位贵族、三位市民。尽管如此，如果认为阿拉贡王国的议会以及诸如加泰罗尼亚的代表委员会制度具有真正的代表性，那将是错误的。他们仅仅代表享有特权的社会群体，也就是城镇和乡村的寡头政治执政者，而这意味着实际上大约三分之二的人口被排除在外。

卡斯蒂利亚的阿方索十一世(1312—1350 年)的统治是以下列事
104 件为特征的：令人印象深刻的对穆斯林的胜利，实现对城镇的更大控制，改革司法部门和在他死后最终部分导致严重的王朝和国际危机的贵族们的阴谋。最为彻底的成功是 1340 年的萨拉多河(Salado)战役，这是基督教国家最著名的胜利。摩洛哥的马林王朝在攻占阿尔赫西拉斯和直布罗陀后，发动了对塔里法的围攻。阿方索十一世在西班牙其他王国的武士和甚至来自海外的武士的帮助下，迫使穆斯林放弃围攻塔里法，然后在萨拉多河岸的一场血战中决定性地击败了他们，俘获无数。但更深远的影响是这场战役阻止了摩洛哥人的侵略，标志着西班牙再征服战争中的一个意义深远的转折点。实际上，阿方索十一世及其盟友很快就发动了对阿尔赫西拉斯的围攻，这座城市最终于 1344 年向基督徒投降。

阿方索十一世与其堂兄胡安·曼努埃尔的女儿订婚。后者是个大政治阴谋家，打算通过文学创作获得名声。他甚至故意使用一种矫揉造作的诗歌风格，小心地将其著作存放在一个修道院里，以便它能够长期保存下来。他最著名的著作是《卢卡诺尔伯爵》(*Libro de los enxemplos del Conde Lucanor et de Patronio*)，一部阿拉伯、基督教和犹太人的故事、寓言集，但他还写作有关打猎及用编年体记载当时事件的书。

阿方索解除了他与胡安·曼努埃尔女儿的婚约，并与葡萄牙国王的女儿结婚。尽管如此，他还是讨厌他的妻子，公开炫耀他与古斯曼的莱昂诺尔长期的风流韵事。他的妻子给他生了唯一合法的儿子，即后来被称为残忍者的彼得，但他的风流韵事则给他带来了十个儿子，这本身不会带来任何麻烦。国王和王子通常都要听命于为王朝考虑的包办婚姻，他们几乎都期望发生婚外情，因为真爱总是在包办婚姻之外。除此之外，这个世纪是《真爱之书》(*Book of Good Love*)的世纪，这部书的作者胡安·鲁伊兹是伊塔的大祭司，他用其诗歌杰作来叙述这种欢闹、淫秽的冒险活动，有关圣母玛利亚的宗教咏叹文章，表达对教士们非法纳妾的讽刺，其作品故意利用“上帝之爱”的概念，将其理解为既是上帝之爱，又是寻求性爱。但就为了王朝联姻目的的包办婚姻而言，阿方索十一世与古斯曼的莱昂诺尔缔结姻缘具有划时代的意义。

彼得一世是一个独断专行的国王，而且正是他的野蛮行为为自己
赢得了“残忍者”的绰号。由于彼得受到以其私生子兄弟亨利·特拉斯 105
塔马拉为首的贵族联合集团的挑战，王国迅速陷入内战之中。由于双

一个西班牙犹太人穿着红色紧身衣，佩黄色徽章作为身份的确证，出现在塔拉戈纳的圣卢西亚(Santa Lucia)的小礼拜堂。在中世纪早期，犹太人受到宽容，并作为社群的一部分被接受，随着1391年的大屠杀，他们开始遭受严酷的迫害，最终被驱逐出了半岛。

方都寻求王国之外力量的帮助，卡斯蒂利亚逐渐成了百年战争延伸出的欧洲冲突的主要战场，英国帮助彼得及其继承人，而法国帮助亨利·特拉斯塔马拉及其继承人。亨利带领一支职业雇佣兵入侵卡斯蒂利亚，并于1366年称王。彼得逃亡巴约纳，在英国的帮助下，再次打进卡斯蒂利亚，并于1367年打败了亨利·特拉斯塔马拉，夺回王位。但他的胜利很短暂，他最终被打败，1369年在蒙蒂尔被亨利处死。后者成了国王，称亨利二世(1369—1379年)。

内战期间，亨利·特拉斯塔马拉别有用心地运用反对犹太人的宣传攻势，结果犹太人的社群损失惨重。事实却是，亨利二世及其特拉斯
106 塔马拉王朝的继承人要继续依赖犹太人和犹太改宗者(这些犹太人要么是自愿改宗，要么是被迫改宗)的才能。但尽管王室对这些少数民族有一些保护措施，反犹的恶性事件仍屡屡发生。这些事件中最严重的是发生在1391年的大屠杀。这场大屠杀于该年6月始于塞维利亚，迅速传遍了整个安达卢西亚的城镇，很快蔓延到了托莱多、巴伦西亚、马略卡、巴塞罗那、赫罗纳、洛格罗尼奥、莱里达、哈卡，甚至包括佩皮尼昂(Perpignan)。杀戮和害怕被进一步迫害导致了犹太人大规模的改宗活动。例如，在塞维利亚，犹太会堂被迫改成了基督教教堂，该城市的犹太人聚居区全部消失了。后来从1449年开始，一系列反犹主义的屠杀活动毁坏了很多城镇，也为1473年始于科尔多瓦并扩散到整个安达卢西亚的犹太人大屠杀事件埋下了种子。

1371年，兰开斯特公爵、冈特的约翰与“残忍者”彼得的女儿结婚，并声称其对卡斯蒂利亚王位的继承权。这是约翰一世在位(1379—1390年)时特拉斯塔马拉王朝所面临的最严重威胁。1381年兰开斯特公爵的兄弟在葡萄牙领导了一次未遂行动。葡萄牙的王位继承人比阿特丽斯与卡斯蒂利亚的约翰一世结婚，而当葡萄牙的费迪南德一世去世后，卡斯蒂利亚国王宣称其有权登上邻国的王位。这演变成了一次灾难性的运动：阿维斯(Avis)的首领于1384年登上葡萄牙的王位，葡萄牙人在英国弓箭手的帮助下，赢得了著名的对卡斯蒂利亚人的阿尔茹巴罗塔战役(1385年)的胜利。

阿尔茹巴罗塔的灾难刺激约翰一世在卡斯蒂利亚议会的合作下，进行了制度、军事的改革。1386 年，兰开斯特公爵在拉科鲁尼亚登陆。这次事件证明他的入侵是个惨败，卢林汉姆和蒙桑的休战协定(1389 年)结束了百年战争的西班牙阶段。冈特的约翰放弃其对卡斯蒂利亚王位的诉求，作为交换他获得了巨额赔偿，一份巨大的年金，他的女儿卡特琳娜嫁给了约翰一世的王储——未来卡斯蒂利亚的亨利三世(1390—1406 年)。

法国继续从卡斯蒂利亚的海军力量那里获得好处。1372 年，一支与法国军队联合作战的卡斯蒂利亚舰队在拉罗谢尔击败了英国人，三年后卡斯蒂利亚人进攻布尔讷夫湾，并烧毁了那里的英国船只。卡斯蒂利亚军舰还攻击了拉伊、刘易斯、怀特岛、普利茅斯、黑斯廷斯(Hastings)、朴次茅斯、达特茅斯、温奇尔西，甚至沿着泰晤士河溯流而上，焚烧了格雷夫森德。迪亚斯·德·加姆斯写作的壮观的编年史《胜利纪》(*El Victorial*)，提供了目击者关于卡斯蒂利亚海军行动的描述，包括他们沿着圣伊夫斯到南安普顿攻击英国海岸和在地中海的冒险活动。

卡斯蒂利亚的亨利三世于 1406 年去世，在此之前他就已经正视未 107
来因其儿子约翰二世(1406—1454 年)年幼而可能引发的问题。他安排他的妻子兰开斯特的卡特琳娜治理国家，其妻子的兄弟主管王室会议。费迪南德后来成了摄政期间的主角，在其摄政期间，1410 年攻占了摩尔人的重镇安特克拉，当阿拉贡的马丁一世过世时，又在同一年声称其有权继承阿拉贡的王位。马丁虽然死而无子，但却有几个人都宣称可以继承王位。费迪南德所行使的赢得其主张的政治、宗教和艺术方式，引人深思，因为他们给这个时代带来了光明。

有关阿拉贡王位彼此冲突的主张，通过一个特定的委员会，在所谓的 1412 年卡斯佩妥协中得到了解决：他们选举费迪南德为国王。因此，面对对手的权利主张，费迪南德首先必须确保他自己的选举，然后使他选举获得的王权大大扩张(毕竟选举能够给的，也会被撤销或者至少受到限制)。早在 1403 年，费迪南德还是卡斯蒂利亚王子时，他就组建了他自己的贾尔(Jar)和格里芬(Griffin)骑士团，以纪念圣母颂报节。那么，还有比把自己表现为圣母玛利亚最器重的和天定的登上阿拉贡王位的主张者更好的做法吗？在卡斯佩选举前，宫廷成员聚集在卡斯蒂利亚，忙着把费迪南德表现为圣母玛利亚学说的候选人。他对圣母玛利亚的特殊虔诚，不但与他的骑士团相伴随，而且与他毋庸置疑反对穆斯林战役的胜利相联系。很显然，王权既是选举产生的，又是天定的，要么不可能，如果需要一种更好的方式来处理它，本质上应该是加尔文主义的。无论如何，费迪南德尽己所能，发展了他特殊的王权概念。

因此，1414年他的加冕礼在萨拉戈萨举行时，教会只能站在一边，国王自己做了所有要做的事。费迪南德一个人来到祭坛边，用自己的手，拿起王冠，戴在自己头上，然后用右手举起节杖，用左手拿着顶有十字架的圆球。仍有一个问题未解决，按照惯例，骑士仪式是加冕礼的一部分。那么费迪南德又是如何处理的呢？没有人被允许接近他：他自己从祭坛边拿起骑士之剑，取出剑来，将其置于自己身上，然后，他以拍打脸取代严格骑士仪式中的剑击肩部，用右手拍打自己的左脸颊。

108 对于那些出席加冕仪式和真正地阅读过加冕仪式记录的人，意思已经够明白了。那么接下来令人目眩的加冕仪式的夜宴又是怎么样的？这个步骤中的一部分就已经有很多可以描述的了，如平台和穹顶的重要部位都充满了七种致命的罪恶、上帝、天使，大天使、王公、预言家和使徒，还有圣母玛利亚的加冕仪式可以描述。那么，在夜宴大厅里，部分情境是：

> 在第一道菜上来之前，出现了一个半狮半鹫的怪兽，像马一样大，脖颈上有个金子做的王冠，边向前走边喷出火来，这样，给正要用餐的人们开道。
>
> 国王就在桌边，已经用他的手接过了水，第一道菜非常庄重地通过大厅的门送进来。放在木盘上的是孔雀，它们的尾巴被提起来，身体上覆盖了黄金叶子和阿拉贡的武器，高高的颈上挂着象征

大主教桑乔·德·罗哈斯(左边)的祭坛装饰物显示的是圣母和耶稣给安提瓜的费迪南德加冕。由于在 1412 年当选阿拉贡王位之后寻求巩固其地位,费迪南德把自己表现为由圣母玛利亚挑选的统治者。

等级的衣服和饰物。在它们之前是中世纪的游吟诗人，他们发出的噪音使得没有人能够听清其他人的话，半狮半鹫的怪兽走在前面从一边到另一边喷出火来，驱散人群。

管家进来送上第二道菜，木盘和餐具上装满了阉鸡、金色的馅饼、各种各样的活鸟和其他各种菜。游吟诗人走到上文提到的怪兽面前，怪兽喷出火来，在大厅里为那些送菜的人开道。怪兽与第二道菜之间，在一辆马车的顶上是木头城堡形状的喷漆大花车。在城堡中间，是圣母玛利亚的一个插着白色百合花的银质大水壶。城堡中间有六个未婚少女唱着非常动听的歌。而在城堡边缘，是一个非常巨大的带着金冠的鹰，在它的颈上，是一个象征秩序的（或阿拉贡国王的水壶状的）项圈。在城堡中央的水壶（或罐子），随着城堡的移动作回旋运动。第二道菜以这种方式进入大厅。

此时，上帝移转天堂，所有的天使和大天使奏起他们的乐器，主教和先知唱起优美动听的歌来，出现在国王桌前的第一朵云雾在空中飘动。此时，在云雾上出现了一个天使，手里拿着水壶和百合花。他唱着短歌，说道，他是辉煌灿烂的圣母玛利亚的使者，她将这个水壶送给国王，国王必须在光复运动中时时刻刻带在身边。

110 当天使结束了大使的使命，他重新回到天堂。菜送到桌边，馅饼被切开，鸟儿绕着大厅飞翔。

当怪兽看到国王桌边的城堡时，它冲上前想与鹰战斗，在怪兽后面，过来的是穿着像摩尔人的手持盾牌的人。当鹰注意到这种情形时，它从城堡上爬下来，到达地面，无视怪兽和摩尔人，来到国王的桌边向国王致敬，然后回到了被摩尔人和怪兽围困的城堡边。此时，守卫着城墙的未婚少女正在与他们战斗，当鹰看见这些，它走过去与怪兽战斗，啄摩尔人，但并没有真的与怪兽冲突，只是作出要与它战斗的姿态。与此同时，水壶打开了，一个身穿阿拉贡军装样式衣服的男孩走出来，手持一柄剑，带着伟大的勇气与怪兽和摩尔人作战。然后，他们都倒伏在地，装作死了或者是非常害怕这个勇敢的男孩，怪兽逃跑了，鹰重新飞到城堡的边上。国王和其他人以这种方式结束了夜宴。

这些场景究竟意味着什么,或者我们如何解读它?很明显,费迪南德的骑士团——贾尔(jar)和格里芬(Griffin,狮身鹫首的怪兽)——与夜宴上的事件有关,但应该用可以看得见的东西来解读它,否则就会招致毫无根据的穿凿附会。一个明显的例子是切开馅饼,允许鸟绕着大厅飞翔,强烈地暗指沿着童谣的脉络来解读它:"当馅饼被切开的时候,鸟开始唱歌。这难道不是送到国王面前的一道精美的菜?"但实际上,西班牙语指代鸟的单词之一是 Ave,这一定与天使报喜时的话有关系:万福的玛利亚,你充满恩惠(Ave Maria gratia plena)。

在卡斯蒂利亚的摄政期间,费迪南德还在加强自己家族在这两个王国中的力量。他的长子继承他担任了阿拉贡国王。在老加泰罗尼亚地区,农民骚乱已经是地方的痼疾。除此之外,阿拉贡王室对地中海领地的重视已经使得其西班牙本土由于国王的不在场,而不得不需要一种新的制度。从 14 世纪晚期开始,将军或总督开始在撒丁岛、西西里和马略卡出现,而由于阿方索五世长期逗留在意大利未归,这种方式开始在阿拉贡、加泰罗尼亚和巴伦西亚实行。但尽管他主要感兴趣的是意大利的政治,想在 1435 年那不勒斯的胡安娜二世死后控制意大利,
阿方索五世也支持他在卡斯蒂利亚的兄弟的计策。另一个兄弟约翰亲 111
王继承了卡斯蒂利亚的大片土地,并且通过联姻又成为纳瓦尔的国王。接下来,又继承他哥哥登上了阿拉贡的王位,成为约翰二世(1458—1479 年)。

当卡斯蒂利亚的约翰二世寿终正寝的时候,通常称为阿拉贡人党的成员们掌握了权力,控制了王室保护人的资源。但卡斯蒂利亚国王在王室宠信的阿尔瓦罗·德·卢纳的帮助下,发动了一场旷日持久的从阿拉贡人手中夺取权力的斗争。在这些年里,权力的平衡一直在变化,但阿拉贡人最终在关键的 1445 年的奥尔梅多战役中被击败。8 年以后,伟大的阿尔瓦罗·德·卢纳成为宫廷阴谋的受害者,在 1453 年被近卫军处决,国王在随后那年也处在垂死的状态。尽管有很多麻烦和政

Ferrāt G. de gorjas alcalde de bur
os guarda de nro señor el Rey.
Ferrāt G. de ayala.
John G. de ayala.
Alffon G. de camargo el moço.

治骚乱,但卡斯蒂利亚的约翰二世的长期统治成绩卓著,因为某种程度的王室绝对主义开始发展起来了。国王(或者是躲在幕后的阿尔瓦罗·德·卢纳)非常喜欢使用绝对王权,来单方面制定法律,声称他是高于法律的,他是上帝的教区牧师。他确实偶尔会咨询议会,他有时宣称他公布的法律会像议会制定的法律一样有效。但这些让步从来不能掩饰这样的事实:王室权力在理论上正在日益壮大,与此同时,议会的权力则在迅速衰退。

就约翰二世在文化方面的政策而言,其统治也具有相当深远的意义。国王及他的某些宠臣对人文主义感兴趣,这可以被定义为古典研究的复兴,在某些时候也提出了特殊的政治项目。例如,胡安·德·梅纳,这位负责写拉丁信件的秘书曾给约翰二世写过一封长信《命运的迷宫》(*Laberinto de Fortuna*),这个非常世故的举动是为了给阿尔瓦罗·德·卢纳的政策赢得支持。但人文主义学术的意义也是有局限的。其中具有重大影响的是诗人们写下的精妙的爱情诗歌以及骑士的或具有宫廷气派的庆典,诸如 1428 年在巴利亚多利德举行的给人错综复杂视觉感受的"事件"或"场景"。跟文艺复兴的意大利不同,这些文化的表现使人回想起勃艮第公爵的宫廷。具有讽刺意味的是,下面一任国王卡斯蒂利亚的亨利四世的统治不过是揭示了理论和实践分歧的程度可以有多么大。由肆无忌惮的贵族们煽动的混乱主宰了亨利四世绝大多
数的统治时期,在一个臭名昭著的被称为"阿维拉闹剧"的仪式上,宣布 113
国王被废黜。伴随天主教徒国王费迪南德和伊莎贝拉而来的是内战和混乱。他们有没有篡夺卡斯蒂利亚的王位,将其从亨利四世推定的女儿胡安娜(Juana)手中夺走?如果相信天主教徒国王和他们的宣传,胡安娜就不是亨利四世的女儿。天主教徒国王的敌人们则宣称,他不育而且是同性恋。在亨利四世死后,费迪南德和伊莎贝拉赢得了国内王位继承战争的胜利,胡安娜被流放到葡萄牙,进入女修道院之后,再也

⬅描述的是圣地亚哥的圣佩德罗骑士团的骑士。由于面临 14 世纪城市生活的不安定,许多人加入了帮会—— 一个人为的包含宗教和社会生活各个方面的"家庭"。强调的是以上帝、圣母玛利亚、圣人的名义进行的仪式,为死去的人提供有尊严的葬礼。

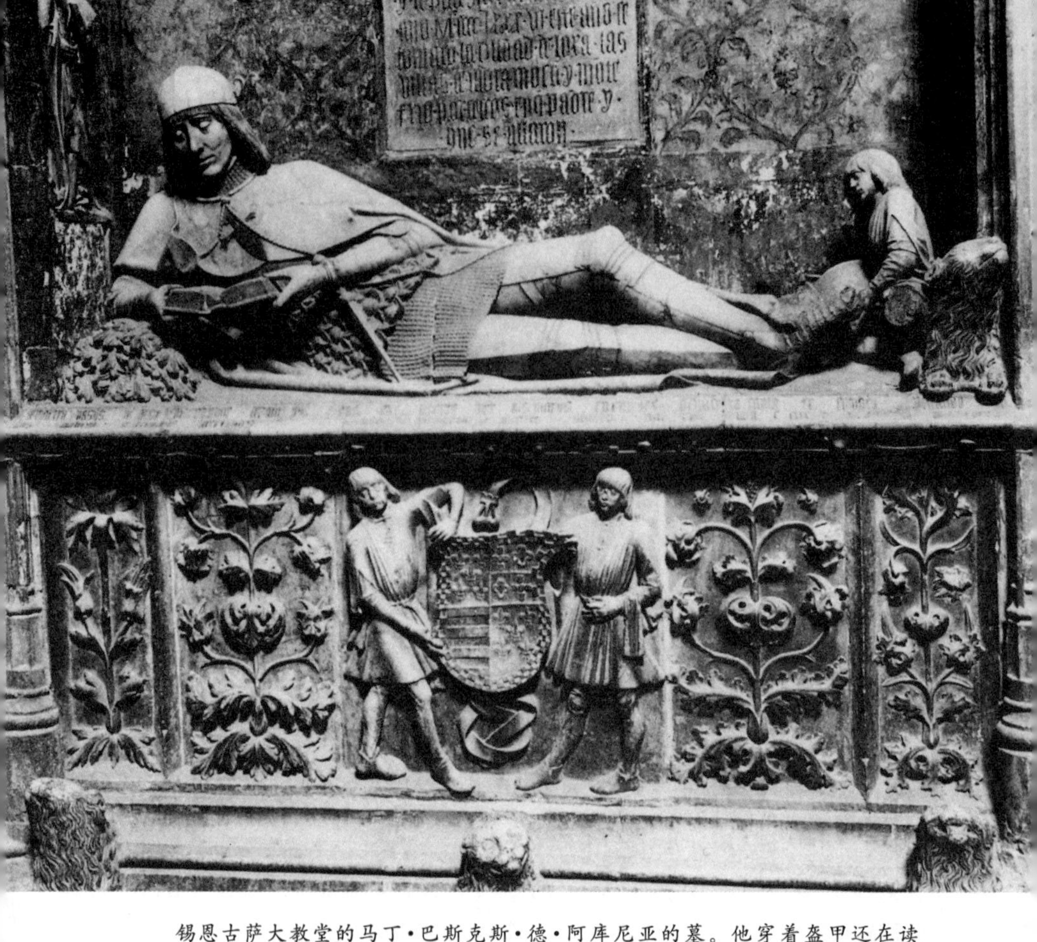

锡恩古萨大教堂的马丁·巴斯克斯·德·阿库尼亚的墓。他穿着盔甲还在读书，代表了受到晚期中世纪贵族阶层珍视的、有素养的武士的理想。由于攻击伊斯兰教，十字军太多的时候，只能优先关注武器，而不是书本，结果，西班牙人文主义的发展比邻近的国家较为缓慢、断断续续。

没有返回西班牙。

隐藏者(或者蝙蝠)费迪南德和伊莎贝拉，在1492年光复了格拉纳达，耶路撒冷将是下一个要光复的目标。但无须多说的是，这个信号可以用一种不同的方式来解释。对于犹太人来说，天主教徒国王的胜利可以被看作是弥赛亚诞生时的阵痛和放逐的开始。

> 最著名的就是，1475年西班牙开始了邪恶女王伊莎贝拉的统治，给我们带来了所有的灾祸，从1483年开始了45年的放逐、迫害犹太人的时期，在这些年里面，她这个母熊把居住在安达卢西亚

> 的所有犹太人都赶出来,从那时起迫害的日子没完没了,直到1492 年居住在西班牙的耶路撒冷的所有流放者们都被驱逐出去。

甚至就一些基督徒而言,西班牙的时间、空间和历史都发生了变化。天主教几乎没有必要征服耶路撒冷,因为耶路撒冷就在西班牙。在 1490—1491 年期间,西班牙宗教裁判所实行了壮观的公开审讯。这个被称为拉瓜迪亚圣婴(Santo Niño de la Guardia)的案件正是在驱逐犹太人的公告公布前三个月达到了高潮。这场审讯是要证明一个来自拉瓜迪亚(托莱多附近)混杂着的犹太人和改宗者的群体对一个年幼的基督教儿童用刑。尽管这些可恶的细节理所当然是编造的,但筹备这场审讯的目的却是确凿的。最为明显的是,这场审讯揭示犹太人的邪恶阴谋正是为了给把他们赶出西班牙找理由。较不明显的,或许是这场审讯为某些处在天主教核心而总是存在问题的基督教信仰找到了理由。为什么犹太人会不厌其烦地亵渎所在的国家,难道是因为这些东道主实际上就是基督的躯体?为什么他们会不厌其烦地重新实行刑 114
罚,难道是因为他们相信原初的刑法是正确的?不过,假如西班牙在其拉瓜迪亚也拥有了自己的基督教儿童和自己的刑罚,那么它会不会也可以算是耶路撒冷了?某些 16 世纪的虔诚的木刻雕塑作品使得这一点尤其清晰。因为我们不但看到绑在十字架上的拉瓜迪亚儿童,而且托莱多和拉瓜迪亚周围的风景也是以耶路撒冷及其环境的相应物来展现的。

西班牙后来成了天主教或反宗教改革运动的拥护者,还有,它经常被描绘为不宽容和狂热地投身于根除、镇压异端的任务之中。然而,这里有着另一种重要的遗产。本章大部分的内容都关注我们所探讨时期的两种主要人物:那些积极参与政治统治和参与光复运动的人,还有 115
就是那些重要的作家和艺术家。明显的是,在某些例子里面,这样的角色很难在一个人身上同时出现:尽管阿方索十世统治时期文化成就卓著,但他的统治在很多方面仍然是个政治灾难。然而,到这个时期末,融汇“剑”与“书”的理想开始出现。在某种程度上,我们可以从罗格·

曼里克写作于 1476 年、纪念他的父亲圣地亚哥骑士团的首领罗德里格·曼里克的著名挽歌中看出来。在他的诗歌——关于他父亲死亡的诗篇——中这个儿子赞美他的父亲对王室的忠诚和战场上讨伐摩尔人的英勇。今天无论如何，假如不是他儿子的诗歌，我们已经很难再记得罗德里格·曼里克。类似地，桑蒂利亚纳侯爵门多萨(1398—1458 年)在他的外甥戈麦斯·曼里克那里被描绘为对于所有的文学形式都不具有任何偏见，是“我们这个时代同时具有科学和骑士精神，同时穿着腹甲和议员宽外袍的第一人”。今天这类“武器”和“书本”的结合仍旧可以在锡恩古萨大教堂的一个墓穴中看到。它表现的是一个叫马丁·巴斯克斯·德·阿库尼亚的贵族人士穿着盔甲，手撑着身体，正在阅读一本书。这种把军事威力与文化的高深造诣相结合的遗产将在西班牙的黄金时代流传下来。

第五章　不可能的帝国

费利佩·费尔南德斯-阿梅斯托
(Felipe Fernandez-Armesto)

西班牙的悖论让人回想起约翰逊博士的狗,你根本就不期望它 116
能做到,它却能够用后腿走路,而且还走得不错。相似的道理,没有人会期望世界上一个贫穷、自然环境差的角落,也能够征服世界上很大的一块地方;更不用说,西班牙在 16 世纪和 17 世纪早期戏剧性扩张的同时,西班牙本土也展现了超乎寻常的艺术创造力和社会和睦。这是如此光辉灿烂,以至几乎让全世界都为之喝彩的西班牙黄金时代。

传统的历史观点把西班牙的文化成就和政治优势视为理所当然,而对接下来西班牙的衰落却迷惑不解。然而,较早的历史时期要精彩得多。在西欧忍受了大约一个多世纪的西班牙优势之后,一种少年得志的君主制政体开始在世界最为迅速的帝国实验中快速成长起来。在这以后,西班牙回到战争中的从属地位,在欧洲谈判中,萎缩到了世界帝国中一个较低的程度,这是回到了正常状态——就像狗回到四条腿走路。

为了解释这个时期西班牙非同寻常的猖狂姿态,历史传统已经认定了某些诱人的但却不无偏见的地方值得探寻。对于认为西班牙具有一个合适的政治议程的学者来说，统一民族国家早熟的现代性给予了西班牙一个好处。宗教统一被认为是世界霸主的起点，因为这提供了统一的目的，鼓舞了军事征服的热忱。人们认为，十字军的心态从中世纪流传下来，或者认为就是它的世俗的对等物，一种从欧洲普世帝国的传统适应而来的世界政治意识形态。有关国民性格美德和恶德的自相
117 矛盾的观点已经被激发：清醒和严厉已经被认定为可以走向成功，与此同时，浪费和目光短浅给黄金时代带来了不计后果的过度花费，它的伟大一直仅仅流于表象——不安全的草率的采购行为。某些解释者把运气也算上了，用两个事件来解释：法国力量的虚弱带来的权力真空和夺取了偶然发现的美洲银矿。那些倾向于决定论的学者则对此没有多少惊讶，他们有自己的不动情的学说。例如，西班牙的成就是由“冲击与回应”的模式来预测的：一个逃避贫困的帝国，由贫困、匮乏而造成的帝国。

抛弃了大多数的传统方法，许多近期的学术工作都试图描述西班牙早期社会的真实生活。随着作为结果的场景的发展，看上去这个民族是依靠自己、做自己的事情，这完全显得越来越可信：西班牙没有统一的民族国家，有的只是用作一时的政治框架；没有现代国家般的集权，有的只是使人民容易服从的、广泛的民族精神和习惯；没有好运，有的只是一般程度的财政扩张性；没有英雄般的威力，有的只是顽固地保持在疆场上驰骋的军队和在海洋上航行的战舰的能力；没有统一的文化，有的只是和平变化的部署；没有特殊的美德和恶德，有的只是某些特殊的优点——尤其是相对庞大的受教育精英的价值观，这些有利于技术革新和创造性艺术的产生。与此同时，这个核心主题的矛盾性表现为：这些成就的脆弱性经常是显而易见的，其耐久性始终令人印象深刻。

萨拉曼卡大学正面的费迪南德、伊莎贝拉的帝国和人文主义的雕塑反映了这项工作完成时，他们孙子统治的价值。对称和均等是他们生活时代的肖像画的代表，但费迪南德在这里要略微比他的妻子更为突出，这不是出于现实主义的考虑，而是为了使得查理五世比名义上与其共治的母亲有较高的权威和合法性。 ➡

ΟΙ ΒΑΣΙΛΕΙΣ ΤΗ ΕΓΚΥΚΛΟΠΑΙΔΕΙΑ ΑΥΤΗ ΤΟΙΣ ΒΑΣΙΛΕΥΣΙ

表演者的鞭子：这个国家的性质

如果你站在萨拉曼卡的小学院(Escuelas Menores)广场，对着老大学的正面，你可以看到一面大奖章。当太阳的光芒斜射在金色石头上的时候，映射出精美的阴影非常清晰地描绘出阿拉贡的国王和卡斯蒂利亚的女王，或者像他们习惯说的那样是西班牙的。在某些方面，他是费迪南德和伊莎贝拉肖像的范例，如此设计是为了制造一种权力和团结的印象。按照文艺复兴时期占支配地位的美学，这两个人物戴着笨重的皇冠，对称排列着，他们两个之间是位于中轴的国王的权杖，他们各伸出一只手握住权杖，摆出亲密拥抱的姿势。然而，这个作品由于
119 是国王死后那代人创作的，与国王生前权威的肖像画有着强烈的反差。这时，国王要比王后大，而他们活着的时候，共同统治的原则不会允许任何一个艺术家把他们中的任何一方表现得比另一方更大。

1520 年，当雕刻大学外墙的时候，卡斯蒂利亚再次处在共同统治之下：但国王的母亲胡安娜一世是一个名义上的君主，由于被认定为疯子，所以被谨慎地隔绝在国家事务之外。她的儿子查理——神圣罗马帝国的皇帝查理五世——实际上单独统治，这时就把男性至高无上的统治地位表现为一种先前做法的延续，以适应实际的需要。尽管如此，但不是费迪南德和伊莎贝拉本人想要让人认为他们之间的关系是这样的。在他们统治时期，几乎所有的文件都是以他们两人的名义联合发布的，即使有时他们两人只有一人在场。据说他们两人都是对方的最爱，两人是由一种精神统治的两个躯体，共享单一的心灵。不光团结，他们的宣传还表现团结，表现一种互相的爱慕。“同心结”“枷锁”和“剑”是他们最爱的装饰母题。爱的枷锁成为爱的武器。王室敕令的复本展示着两位君主间交换接吻的图片——仪式性的爱情而不是色情的爱，但仍然要接吻。

宣传通常都是给真理加上一副面具。在他们早年的时候，费迪南德和伊莎贝拉同心协力培养一种统一印象的理由，正在于他们之间存在着无法否认的敌对和意见不合。这是因为当 15 世纪 60 年代内战时

期,伊莎贝拉首次作为卡斯蒂利亚国王的候选人出现的时候,她遭受着生理缺陷上几乎无望的折磨,这个问题只有找个丈夫才能帮她解决:在弗拉皮奥(Falloppio)解剖女人的身体并发现其运作的原理之前,按照当时的生理学,人们认为,女人是上天为创造男人而做的补救尝试。在她自我表现时,有费迪南德站在她这边是有计谋地展示必不可少的装备。这不意味着宣称在政治上联合他们各自的遗产,而是为了应付当时的紧急事件。

作为与伊莎贝拉分享权力的回报,费迪南德不得不放弃自己对王 120
位的继承权,让他们的后代优先继承王位。他们之间的敌对和竞争在1475 年萨拉戈萨会议上伊莎贝拉的一个讲话中表现得很明显。那时她与丈夫就政府领域问题的争论是这样解决的:我的上帝……看在仁慈的上帝的情分上,我们之间只能有一致,不能有争论。这里暗示缺乏一致,争论倒是很明显。简而言之,团结的印象只是粉饰了君主联盟之间的裂痕。他们的一切都是平等的。君主间互相的爱可能是事实,但它是以缺陷为开端的。

他们的宣传策略令人印象深刻,常常使历史学家信服。每当政治背景需要权力和团结的神话的时候,有关费迪南德和伊莎贝拉的记忆就会被唤起以支持他们。1640 年,当君主制的联合受到加泰罗尼亚叛乱威胁的时候,一个耶稣会智者出版了一部著作来激励国王:出生在阿拉贡的卡斯蒂利亚国王,是我们半岛统一的先知和模范,是我们永垂不朽的英雄。1938 年,为了抵抗日益迫近的红色军队的威胁,一个民族主义历史学家赞美伊莎贝拉是西班牙的女创立者,佛朗哥政府以祖先的名字和标志来为中央集权化正名,同时打击少数族裔的文化。枷锁与剑成为长枪党的标志。从历史地图上来看,半岛几乎统一的印象正是在费迪南德去世时的 1516 年得到了加强,这时原先迥异的王国——卡斯蒂利亚、阿拉贡、格拉纳达和纳瓦尔——的版图成了一种单一的颜色,尽管这顶多就是宣告了原先各个王国的消亡,而不是消除了政治多样性。1467 年,伊莎贝拉两个哥哥中的一个仇恨另一个,就把剑指向了王国的动物园,鹿、小狗熊、豹子都被屠杀,只剩下一头老山羊。西班牙有时被认为是个难以管理的家庭，到处都是不服管的“历史上遗留的社群”和难以同化的分离主义倾向。这些只能用苛刻的政策或毁灭性的措施实行的中央集权化来对付，就像年轻的阿方索王子的中央集权化力图埋葬分离主义倾向的大屠杀那样，费迪南德和伊莎贝拉常常被看作是第一个，在某些人看来，也是尤其擅长挥舞国王鞭子的国王。

王朝历史的这些怪异之处常常使得伊比利亚半岛上的王国达成个
121 人的联合，偶尔，这些安排也会被证明是永久的。在一些例子里，他们会招致特定的统治者冒用整个半岛的统治者的帝号，或者逐渐地统一制度、创造共同的精英。从某种观点来看，阿拉贡和卡斯蒂利亚的联合就是这样的一个插曲。尽管如此，当时的人立即就会认为它有些特殊。他们开始时对西班牙君主制七嘴八舌，费迪南德是最后一个考虑过在其继承人中间分割西班牙领土的统治者。西班牙的统一——正如它原来那样——部分是卡斯蒂利亚力量相对其他王国逐渐增长的结果。费迪南德和伊莎贝拉通过卡斯蒂利亚王室的征服运动，确认了这个趋势。曾几何时，有着很多力量相当、不分伯仲的国家的伊比利亚半岛，此时却出现了一个称霸一时的国家，甚至到 1580 年的时候，卡斯蒂利亚体系之外的最后一个国家葡萄牙也由于王位继承关系，进入他国统治者的管辖范围。要理解这之后西班牙的历史，离不开这场王朝革命的背景。

它创造了这些国家单一体系前所未有的组合，但每个王国之间联系并不密切，每个王国内部某些地方的法律和习惯迥异。这是一个由特殊主义撕裂的世界，是一捆难以融合的东西，正如理查德·福特所言，甚至在 19 世纪中央集权化的措施有意识地达到我们现在难以想象的效果的时候也是这样。对于这些难以处理的王国来说，制度性的统一并没有使他们抱团。政府是合作性的，作为中介，其统治要向地方和区域网络的当局下放权力。在遥远的地方，君主的权威更多是仪式性的，而不是实质上的。每当国王的文书传递过来的时候，官员会亲吻它们，把它们放在额头上，以示恭敬，然后，在公共场合高声读给任何想听这些文书的人，好像它们具有发信人的人格一样，像圣人的遗物一样敬畏它们。但也就像圣贤的遗物一样，它们往往没有能力改变人们的生活。接收礼毕，它们就可能被放在一边，只是为了服众，而不是真正的依从。

君主制只是在某些法律上是绝对的，无论如何，这个时代的规约概念处在婴儿期，绝对主义较能为人所理解的，是运用无法战胜的权利贯彻司法，而不是不受限制的立法权。此外，尽管在我们的时代，世俗的政治理论的重要性日益上升，人们理解的主权也不是至高无上的国家权力或绝对的法律控制，而是与上帝的约束关系。正如托莱多的人文 122
主义者阿隆索·奥尔蒂斯警告过的，君主们只畏惧上帝，如果这种害怕也被克服了，他们也就轻率地掉进了罪恶的深渊。区别国王和僭主的严格标准是：为民众、公益服务。编年史家还引用这样的中世纪格言："民众的声音是上帝的声音。"因此王室政府尽管不必然要同意，但经常要听取狭义范围内的民众——小的政治民族——的意见和建议。国王不必然要听取农民的意见，但必须听取地主的意见；不必然要听取城镇市民的意见，但必须听取城市自治机关的意见。

如果与大多数欧洲国家相比，卡斯蒂利亚人仍旧有忠诚于王室的意愿，有着一批愿意听王室的命令、愿意为王室的费用贡献力量的人。另一方面，这些君主的阿拉贡领地则是臭名昭著地不服管理。按照许多评论家的话，这些臣民的效忠是有条件的，视他们与国王就保护他们的习惯和自由的交易而定。组成阿拉贡王国的各个省远远不像卡斯蒂利亚的各个领地那样，他们保持了代议制的议会和他们自己特定的不能废止的法律。西班牙的统治者们即使他们自己这样想，也不可能采取整齐划一的手段治理他们的领地。除了宗教的联系之外，直到 18 世纪之前，他们表面上都不会这样希望。就像 17 世纪不列颠君主或瓦卢瓦公爵治理下的勃艮第领地那样，费迪南德和伊莎贝拉身后的西班牙是个王朝的聚集地，尽管由于政治上共生的缘故，有时也能够步调一致，但当利益冲突的时候，或是传统分歧的时候，照样会分道扬镳。

权力的网络是通过传统的方式传播开来的：通过庇护制度和宣

传，通过君主个人魅力和说服，通过审慎地判断，确保王国领域内潜在的本源敌对的权力之间的合作。最终，服从并不依赖于君主的权力，而是依赖于臣民是否愿意。当既不能威逼，也不能利诱的时候，只能用神话来勾引或煽动，甚或敲诈。马基雅弗利笔下的费迪南德是国家政权的化身，他带着同性恋的色彩，他的女婿之死为其提供了政治便利，这些经由世俗价值推动，创造了现代君主具有欺骗性的形象。真实的费迪南德还算是一位中世纪比较好的人物，因为他试图实现千年预期，后者给予其天命王子的身份，王子将会在耶路撒冷升起旗帜，统治这个世
123 界直到世界末日。哥伦布宣称他给国王带来欢笑，因为他许诺其计划中的冒险行动获得的利润，将为征服耶路撒冷的行动贡献开销。国王的微笑通常被认为是讽刺性的：被热那亚的梦想家逗笑了的脚踏实地的现实主义者的假笑。不过，这更有可能是高兴的笑，他咧嘴大笑，以表示对他们的宣传放心。

整个 16 世纪围绕着君主们的都是预言、启示的传统，甚至体弱多病的菲力普四世、查理五世统治时期都被描绘为最后一个世界皇帝的时代——实际上，当情况好转的时候，他会相信这些。从一出生开始，菲力普二世身上就笼罩着类似的预言，尽管他不相信，而且怀疑其正统性。他偏好神化他的王朝的另一个家族神话：哈布斯堡家族是圣餐的守护者。他还培植了有着大众基础的王室愿景，我们可以看到在埃斯科里亚尔宫殿建筑群的正面，雕刻的不是西班牙的国王，而是古代以色列的国王，他带领着一支选民通过信仰的考验，正如菲力普一生不懈、努力从事一项最终毫无回报的工作那样。他的后继者们生活在相同的自我暗示的阴影下，在逆境中实践斯多葛主义哲学，挥舞“信仰之剑”。“名誉”要比现实有用得多，资源与成就之间的鸿沟由下属们来填满，这些臣民共享君主鼓吹的愿景，以一种外化的病态，充当一场善与恶的宇宙战争武士，战争的另一边则是摩尔人、犹太人、异端和异端的拥护者。

放松的网络通常是最富有弹性的，不过，传统的政府统治技术是否已经足够伸展到世界上的君主，这一点仍旧是带有疑问的。为了激发服从，命令必须经过沟通，在我们时代，政治沟通艺术已经被转变了。

费迪南德和伊莎贝拉是个人风格的君主的传人。与法国的君主们不同,他们不具有足以影响整个社会阶层的奇技,但他们每个星期都召开会议,接待身份低微的请愿人士;怀着慷慨的信仰,倾听请愿人士和各种各样、千奇百怪的、前来寻求公正的申诉者的声音。他们乘坐 62 辆牛车,携带着法庭,穿过一个又一个城镇,使得他们的臣民觉得他们就在民众的身边。他们大多数的时间都在托莱多和杜罗河谷之间的历史闻名的道路上颠簸行进;他们也穿过了其他君主们未曾到达过的地方。他们曾经临幸过加利西亚,并且像熟悉王国其他省份的臣民一样熟悉 124
安达卢西亚的臣民。他们网络状散布的行程,标志着唯一一种他们可以满怀自信地说他们曾经亲身体验过的“统一”。

就我们的判断而言,这是卡斯蒂利亚历史上最为积极的行程。王室沟通波及的范围通过 14 世纪的一项技术发明——纸张——得到了延伸。费迪南德和伊莎贝拉还主导了另一项技术——印刷术。这是一件新奇的事情,它在某种意义上,对应着不知疲倦的旅行,传递了王室在场的信息。费迪南德继承人也倾向于走来走去。他是那种老式的君主,喜欢与人打交道;不过也正是他把文书革命推进了一步。他创始的散布附带注释的官方急件的习惯,在其儿子菲力普二世手中得到了完美的继承。官僚机构的固定性倾向于把政府固定在特定的地点:司法部位于巴利亚多利德和格拉纳达;国家的法庭和议会,包括阿拉贡和葡萄牙的法庭和议会,位于马德里或巴利亚多利德。菲力普二世创造的决策环境,是其有意建造的埃斯科里亚尔宫殿与修道院建筑群。中世纪最有个性的王室标志性建筑是王室陵墓,此后王宫成了标志性建筑。原先最受喜爱的是便于搬运的挂毯,每个王室的行宫都可以看到相同的所罗门和赫库勒斯的挂毯布景,后来逐渐被画作、雕塑等王室艺术收藏品取代了。政府变得元老院化,集中到一小部分识字的人手中。由于懒惰和无能,菲力普三世和菲力普四世最终依赖能臣。这些人具有准帝王的权力,把持了文件的流动和宫廷的走廊。

西班牙在那时仍旧没能成为一个官僚的、中央集权化的或现代的国家,尽管职业官僚随着新的教育制度——城镇的精英式大学——的

发展而成长起来，更新着这个阶层。相反，16 世纪的时候出现了“领主的复兴”，因为查理五世和菲力普二世为了行政管理方便，也为了发展经济或收到现成的货币，把税收、租金和司法权让渡给地方当权者。尽管如此，卡斯蒂利亚获得的海外帝国却在某种意义上成为一种现代州。
由于相距遥远，半岛上的殖民地很难控制，虽然王室觊觎它的权力。世 126
袭官员很少，选举产生的官员无足轻重；司法官仍是由王室指定的官僚；教会的庇护权也掌控在国王手里。行政活动试图管到马尼拉和米却肯的臣民的最细枝末节的地方，一直到土著劳动者被允许在大街上携带的重物的分量和哪些身份的人才允许佩剑在街上行走。除了一部分带有广义的封建特征的等级之外，某些教会的特权在于王室的权利有效地转包给了宗教团体。由于时间、空间上难以驾驭，马德里对海外帝国的管理是低效的、扭曲的。

政治国家：贵族阶层

就他们统治的社会是顺从的而言，西班牙君主制是成功的。贵族的合作是必不可少的，当时的有钱人联合起来排除干涉、镇压反抗。他们建造的宫殿，坚固而富有棱角，牢不可破，饰以美轮美奂的图案或奢侈的栏杆，显示了他们的财富。其中最为惊人的例子——瓜达拉哈拉的门多萨宫殿群——代表了在当地领地上的尝试，到底是哪家建造的还不是很清楚。十二个最有权势的家族控制的收入要比任何一个主教的还要多，除了基督教国家第二富有的托莱多主教辖区之外。

君主们发现，在君主制政府中，他们与一个阶级没有利益冲突，这个阶级是他们的天然盟友，而且该阶级传统的身份正具有为王室服务的功能。这一阶级利索地利用他们作为贵族婚姻市场媒人的特权位置。部分的结果是，通婚就像卡斯蒂利亚高级贵族阶层内部一张编织了好多美丽结子的挂毯。例如，1502 年，两位门多萨的侄子被要求通

⬅占据埃斯科里亚尔入口中厅的国王们乃是古以色列的众君主，他们为菲力普手下的改革者的宗教政策直接正名，其中包括乔赛亚、约沙法和希西家，他们是这所教堂里牧师和修炼者的祸害。更为普遍的是，教堂正面体现出西班牙视为新以色列的思想，开启了宗教历史的篇章，延续着信仰之路。

过决斗来决定到底谁是较为合适的候选人。

国王和王后也具有普遍的贵族精神和气质，他们崇拜骑士、酷爱征服一切。一个威尼斯的大使回忆说，对格拉纳达的征服是“一场为赢得爱情而进行的战争……这个人是如此罪恶，缺乏精神，他本来不可能打
127 败每个强有力的敌人和可怕的对手，情愿冒险损失一千人的生命，也不愿意受到他夫人的羞辱?”即使是像菲力普二世这样不太关心马术的国王，当他们需要在战争和政府中获得有效的服务时，也会响应骑士价值观，与贵族一同举行狩猎活动，自由地利用、灌输传统贵族应有的品德。如果 17 世纪早期骑士精神没有像以前那样塑造着社会的精神，塞万提斯的讽刺小说就会缺少钻心的疼痛。

贵族和君主的联盟意味着自由的雇主阶级不公平的野蛮，有时不会受到惩罚，甚至得到纵容。在费迪南德和伊莎贝拉统治下，最野蛮的例子是唐·费尔南多·德·贝拉斯科——卡斯蒂利亚治安官、地主，他把一些酒后误把他当作犹太收租人的庄稼汉活活烧死了。在回答受害家属的申诉时，国王坚持认为，贝拉斯科这样报复侮辱他的人，是贵族身份应该做的。与此同时，最为明显的例子可能不是最典型的例子，虽然说贵族存在着转型，这可能是错的，但确实某些例子里贵族开始变得较为习惯平和，就这部分来说可能是受到宫廷生活的影响。毫无疑问，君主们无意中开始了教化的过程，这最后产生了一种西班牙的宫廷贵族。

某些作家在亚里士多德及其评论者的影响下，开始质疑贵族的真正本质，他们指出 15 世纪西班牙贵族的工作广泛而混杂。他们认为，绅士阶级存在于美德的培养之中；他们说是上帝造人，而不是血统造人。迭戈·德·德巴莱拉提出一个这样的观念，贵族的要素是与智力的差异相联系的。他宣称，我知道如何为君主服务，我们不仅要凭借身体的力气，而且要凭借我们的心智和理解力。虽然当时武器与书本之间的敌意犹存，但在宫廷内部，由于贵族与官僚交往、联姻，混合价值的世界开始成型。

贵族也与财富密切联系着：“有杜卡特就有公爵领地”，“还可以

加冕小王冠”,西班牙巴洛克时期伟大的诗人贡戈拉这样讽刺道。这不是资本主义起源造成的,而是古已有之。这与很多贫穷的乡绅(hobereau)共存,就像托姆河畔的拉扎里罗(Lazarillo)武士的牙签,是用来伪装有吃有喝的道具,或者像 17 世纪中期雷亚尔城贵族的两个擦鞋童。贵族身份或自我的信念起源于王家的法令,或是个人的出生地,或是某种世袭的豁免财务责任,或者是个人血统纯正,未被摩尔人或犹太人的祖先玷污。最重要的是一代代通过为王室提供服务,从而得到王室授予贵族称号并保持下去。

各种血统的贵族人士都赞同这类服务可以作为授予贵族称号的美
德。这个时期大多数伟大的家族都不是真正的古代血统:大多数守旧 128
派都起源于 14 世纪国内战争时在北部山区战斗的武士的后裔;新吸收的贵族是另外一种王室的臣仆——他们通过与武士王朝联姻进入或仿效武士家族。除了其他的单一发展之外,西班牙的伟大得到了贵族和王室的利益相融合的保证。在持续瓜分这个领域可利用的潜力的过程中——这个行动被错误当作封建保守——王室与贵族阶层之间潜在的敌对被充斥着的权力分享遏止了。与这时期欧洲其他君主国不同,西班牙没有经历过严重的贵族叛乱。真正的权力斗争不是在王室和贵族之间,而是在贵族和城镇之间。

政治国家:城镇

当埃尔南多·科尔特斯到达阿兹特克世界边缘的时候,他的第一个动作就是创建一个市政当局,并让他的人选举他为市长。此举被人阐释为尝试把他可疑的权威合法化,并作出与卡斯蒂利亚的城市叛乱
者团结的姿态。但从另一个层面来看,这是一个身处这样环境中的西 129
班牙人正常的、下意识的反射行为。按照 17 世纪早期的道德家胡安·巴勃罗·马蒂尔·里索的说法,西班牙是一个由城市组成的王国。西班牙给马基雅弗利留下的印象是个城市点缀在大片荒漠之间的国家。安东·范·维加尔德给菲力普二世描绘了这些文明的补给站——城市王国的明信片。当历史学家习惯地把早期现代的社会称为农业社会的时

候，西班牙人想象自己、认为自己是城市国家。

具有合适身份的市政当局，如果他们能够牵制住对手的话，不但可以使他们自己城市内的领地，也可以使周边的土地依附于他们，按照他们自己的权力行使宗主权或按照他们的权限处以罚金。一旦有争端发生，费迪南德和伊莎贝拉经常偏向贵族世系，反对城市贵族。一个最著名的例子是，君主们从塞哥维亚分离出两个村庄和1 200个附庸
130 来，并把这些封赏给了后来被提拔的善于拍马屁的朝臣莫亚侯爵。贝拉斯科家族在争取控制布尔戈斯市议会争斗中的党派性偏见表现在这个家族举行葬礼的小礼拜堂塔状的穹顶；他们的宫殿鹤立鸡群，君主的字母组合也显示了君主对他们家族的恩宠，这一切都主宰着这座城镇。

131 费迪南德死后很多年，皇室和贵族联合起来粉碎了某些卡斯蒂利亚城镇争取它们失去的自由制度的努力。1520年的起义在一定程度上是由不安情绪不断增加的外国统治者的煽惑引起的：查理五世，尼德兰王子，他激发的西班牙人的情绪有别于他西班牙人的儿子菲力普二世激起的尼德兰人的情绪。这部分是由于有关壁炉税的谣言造成的极端恐慌情绪的蔓延，但也是长期累积的仇恨情绪的结果——两代以来日益缩小的市民自治权所带来的未竟的叛乱情绪。

叛乱因极度失望而爆发了，失去控制的冤冤相报，是当时城市议会

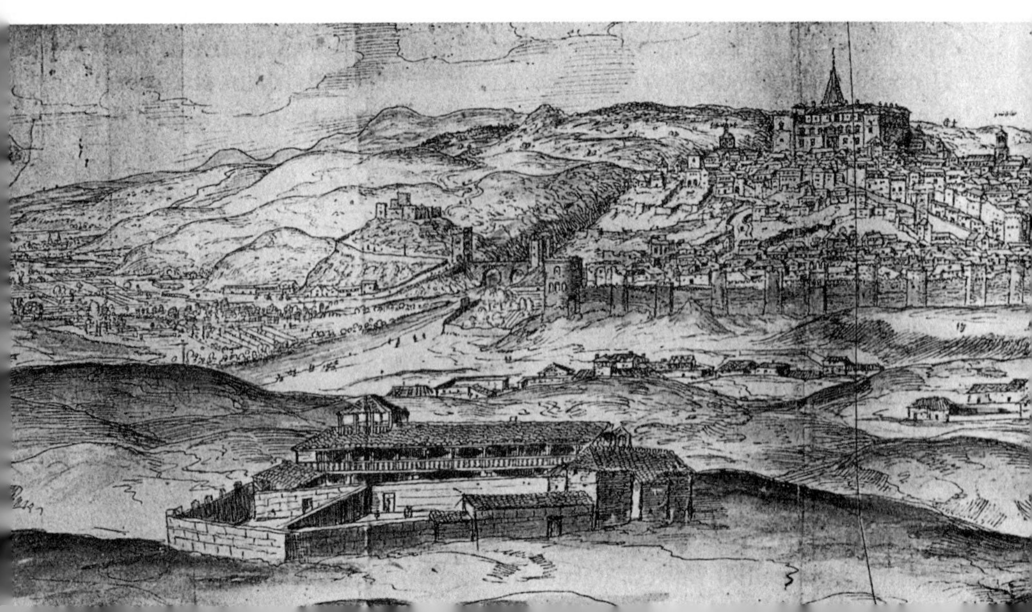

典型的写照。在爆发叛乱前的那些年里，布尔戈斯的两个派别因意见不合而纷争不已。其中一个派别是与宫廷有瓜葛的奥伦塞和德拉莫塔家族，另一派则与地方上最大的贵族家族——卡斯蒂利亚的治安官——结盟，对于卡斯蒂利亚的治安官来说，控制布尔戈斯是地区政治的重中之重。到1520年的时候，布尔戈斯的议会里面有九个成员来自德拉莫塔家族，他们的敌人之一酸溜溜地说道："好运总是报答那些拥有的美德超乎我们理解能力的人们。"城市叛乱——互相孤立的发生的骚乱——通常不是民主的愤慨，而是精英们权力博弈的拔牙之举。

城市地位是出于心灵的习惯，而不是城市规模发挥的功能。仅有屈指可数的一些西班牙城镇可以与佛兰德尔或意大利的卫星城般大城市的规模相匹敌。在16世纪，塞维利亚和马德里赶上了那不勒斯或罗马的大城市的规模。1534年塞维利亚人口达到55 000左右，1570年超过了100 000人。同一时期，马德里的人口从12 000增长到约

安东·范·维加尔德是由菲力普在1507年带到西班牙的众多佛莱芒人中的一员，这些佛莱芒人被带到此地，为丰富人文艺术添砖加瓦，并参与到科学项目和各种要求广博知识储备的工程中，对其予以增强：范·维加尔德不仅是勘测员，同时也是这个王国各个城市的描绘者。托莱多正开始进入相对衰落的时期，此时，马德里，这个新的显贵的中心开始吸引上流社会贵族纷纷到来；塞维利亚和巴利亚多利德的发展也对宗教团体产生了磁石般的吸引力。

布尔戈斯的权力在商人贵族和卡斯蒂利亚的世袭治安官贝拉斯科家族之间不稳定地分享着。贝拉斯科家族的建筑和艺术品宣告了其雄心壮志，尤其是它的标志性的布尔戈斯风格、压倒性的巨大的葬礼礼拜堂开始建造于1482年，1494年竣工。它们通过为城市工作的德意志和佛莱芒艺术家的工艺而发展起来。

40 000人，而且在下一代人的时间里，又翻了一番。按照人口的规模，这些城市都位列基督教国家城市的前列，在接下来的一个世纪里，大多数具有城市地位的殖民地倾向于扩展：在菲力普二世统治时期，370个地方中有234个地方都有记载称城市规模有增长。由于从附近处于人口增长高峰期的乡村吸纳了人口，大多数城市人口都有不同程度的增长。据卡斯蒂利亚的统计数据披露，从1530到1591年，纳税人的数量增长了38%。纳税人数最多的是巴利亚多利德、巴塞罗那和巴伦西亚，人口达到了30 000或40 000人。具有不可否认的声望的城市人口却很少：布尔戈斯在1530年人口仅有6 000人，莱昂在1591年只有3 600人。

同样，城市也不能以功能来界定。巴利亚多利德是一座官员之城。132
它的繁荣起源于它独有的大臣法庭——除了国王之外的最高上诉法庭——直到王国扩张后，迫使查理五世不得不在格拉纳达设立了另外一个大臣法庭。它的流动人口是等候上诉的人们：直到宠臣死后，有关他们的案子才能被提起上诉。宗教团体在这里聚集以便能够一起说服法庭。1530年人口调查中的6 750户家庭，其中大约2 000或3 000人直接依附大法官为生。布尔戈斯与之形成鲜明对比，它是一座商人之城——一座内陆的商业之城，其突出的特征是它的7 000到8 000匹骡子，组成了沟通高原畜牧区和坎塔布连海岸港口的商业城市商队，民间的编年史家将其与威尼斯相比拟。一个威尼斯的大使承认两座城市之间存在着一定的相似性，在他看来，“大多数城市居民都是富有的商人”。与之形成鲜明对比的是，雷亚尔城没有制海权：在17世纪晚期的胡安·德·罗哈斯之前，这个城市没有商人身份的地方议会议员，在他致富之后，他甚至开始多样化经营，从贸易扩展到了土地投资。只有巴塞罗那安静地保持了古代城邦共和国的特征，它派往宫廷的大使所带的随员据说与教皇的大使团一样壮观。不过，如果按照时间的标准，这里还是有一些相当大的社群，这个国家大多数地区的大部分人口都集中在1 500—2 000人之间的定居点。尽管按照今天的标准不过是小村庄，但他们还是自觉培养了城市的自我形象。

就所有西班牙人的城市偏见而言，可以说现代早期的西班牙人已经发现了西班牙乡村的面貌。频繁发生的饥荒促进了农艺科技的发展；无聊的宫廷生活助长了关于乡村幻想的忧伤诗歌；自然神秘主义提醒他们的实践者来到先前并不受欢迎的景点；上帝驱使的改革大众文化的运动，把福音传播者派到了先前缺乏福音的乡村地区。民间的和平是通过不可抗力施加到城镇上的，它通过西班牙的宗教改革传遍了乡村。

和平的宗教改革(一)：大众宗教改革

费迪南德和伊莎贝拉在推动按照上帝的光辉构建西班牙方面取得了惊人的成就：宗教裁判所的建立、一个前所未有的教会改革、许多被征服的摩尔人(至少是名义上)的改宗和西班牙犹太教被痛苦的连根拔
133 除。接下来的君主们以过分的狂热模仿他们。查理五世驱赶了王国内大部分犹太人。菲力普二世为了应对叛乱，驱散了格拉纳达摩尔人的后代。尽管充分意识到这样做的经济后果将是惊人的，菲力普三世还是驱赶了剩下的几乎所有摩尔人的后代。当时所有的君主都试图烧死王国内所有的异端。宗教裁判所对于穷人和无特权者的抱怨起到了社会安全阀的作用，因为这些人不可能通过普通的法庭来控诉他们的邻居或挑战他们的社会优越地位。费迪南德和伊莎贝拉统治之后，法庭再也不被普遍地认定是血腥的，但鼓励伤脑筋的、虚假的异端控诉弊大于利，未体现出它应当具有的社会功能。尽管如此，在实践中，它具有引起分裂和镇静的作用，通过神秘的步骤和巨大的情报网，使邻居成为傻子，传布不安全感，同时也导致了一种恐慌的气氛。

如果这些政策的目标与宗教具有统一性，那么它们注定要失败，因为致命地影响统一的，不是异端或不信教者，而是天主教传统本身无限的差异。在特兰托公会上，教士精英带来了对圣母玛利亚和受难基督的普遍崇拜成为促使教会真正一体的部分努力。村民们通过将教会提供的符号按照当地人守护女神的需要做调整，剥夺了基督及圣母的普遍重要性，使他们成了当地的基督和圣母玛利亚。严格的规范被渴求奉献的圣人们强加在当地宗教中，他们这些人把宗教节日和斋戒日轮流与巫术的规训结合使用：实际上，巫术到处都是——从晚上鞭打十字架的修女玛利亚、引诱耶稣的修女伊莎贝尔做妓女到以各种各样伪装的想象来假扮基督和圣人。

只要当地的崇拜阻碍人们归属于普遍教会的思想，崇高的帕特里亚奇卡的圣人就对人们施行巫术。地方宗教是基督教完美无瑕长袍上

的补丁，是他完美躯体上的皮肤病。在加泰罗尼亚，教士们与乡村带有派别色彩的地方崇拜相斗争，因为正如一位现代的专家所说，那里的人更多地崇拜圣母玛利亚，而不是其他各种各样的东西。在卡斯蒂利亚，由于当地人更推崇雷安萨里斯的女士或乌尔达的基督，而不是其他的玛利亚和基督，按照教会批评人士的话，教会似乎消融在互相竞争的各种教会之中。

从巴塞罗那到特内里费的圣文森特·德·雷拉约，许多教区的赎罪活动或今天仍在使用的市长就职宣誓仪式，起源于17世纪。许多地方的虔诚都在时光流逝中转向乡村传统的节奏，随着宗教节日和斋戒日 134
在匮乏和过剩之间摇摆。乡村基督徒的神灵看上去仍旧像是次于最高神的造物者，它是对不太慈祥、温和的大自然的人格化。通常被归功于大众宗教或地方宗教的某些极端行为是农民为了取悦它而施行的：模仿仪式和驱赶蝗虫、老鼠、苍蝇的仪式，用圣格里高利神庙的水与葡萄酒混合做杀虫剂。水源的缺乏激发了人们集体自我惩罚的行为，就像曾被堂吉诃德误认为自行鞭笞的圣母玛利亚那样。这是一个此岸生者的宗教，而不是拯救彼岸世界的宗教。威廉·克里斯蒂安曾向菲力普二世提供过一些报告，在报告中，据他分析，745份誓言里，有82%是为了响应疾病或自然灾害——大多数例子是瘟疫或昆虫引发的灾害。乡村的基督看上去仍然像是一个造物主，因此他所人格化的自然并不总是仁慈、善良的。

阿维拉的圣特勒萨对基督的第一印象是从方济各会牧师宣讲其去往印度的使命后获得的。“西班牙也有另外一个印度要传播福音，”她用天使般的声音说道。在16世纪人们普遍认为，西班牙内部也有印度，也有为人忽视的山区，而且随着教士们日益提升对他们信众的精神要求，大洋也似乎变小了。“当我们这里还有很多人没有信仰上帝的时候，”1615年一个耶稣会士如此写道，“我不知道为什么牧师同伴们要去日本和菲律宾寻找失落的灵魂。”1603年，坎塔布连海岸的桑蒂利亚纳的多明我会的教士抱怨，“当地居民，对信仰一窍不通，他们是一千种信仰的受害者”。

教会是这样应对这些挑战的：他们动员教士进入乡村——早先的西班牙福音没有传遍的地方。16 世纪上帝教派与未受到福音洗礼的人们之间的斗争最好可以用学识渊博者与大众宗教或者是普世基督教与地方基督教之间的斗争来表述。在西班牙，它至少部分是乡村心灵与城市心灵之间的冲突。1603 年，佩德罗·德·奥纳写道："教会的生活是城市的生活，而不是农村的生活，教士面对用拯救的水灌溉农村的荒地这类问题，就会产生发自内心的失望。"从明显的意义上来看，奥纳是对的。这块土地上有至少百分之一的人享受教士们的好处，因此，说这里缺少教士，是令人难以置信的。而这也就是为什么宗教社群和教区集中在城市，而在城墙之外，不论是看到教士一眼，还是接受洗礼，都是
135 罕见的。与之形成鲜明对比的是，在城镇上，主教们抱怨，信众参与宗教团体的频率实在太高了："许多人每天都要进行圣礼，对于教士们来说是难以准备的。"在遥远的加利西亚，沿着难以到达的海路，就教士流动不够来说，懒惰、不注意礼貌加上欧洲最广阔的山区是导致其产生的重要原因，在 1565 年特兰托会议上，西班牙主教这样抱怨道。要在宗教节日见到大众、携带受祝福的圣餐和聆听忏悔，教士们不得不面临艰苦的山区和宽阔的河流。甚至在托莱多教区，也能听到这样的抱怨，认为不是所有的教区都可以提供教士的服务。

太牢固以至难以改变的习俗可以神圣化。一个共同努力是适应社会仪式，婚姻是最明显的例子：16、17 世纪，欧洲大部分地区都通过发动成功的行动，革除了秘密婚礼，把所有的结合置于教士们的结婚预告之下。表面上看来，西班牙宗教裁判所是一个有关信仰的特别法庭。在实践中，16 世纪下半叶，它致力于把平民的性生活置于教士们的控制之下。重婚罪成为 16 世纪 60 年代和 16 世纪 70 年代开宗教裁判所法庭的一个最为频繁的起因；通奸是特别法庭在这个世纪剩下的时间里面最为关心的一件事。性从来都不是教士领导们能够毫不含糊地批准的事项，但他们集合起来考虑以便经过他们批准的事项造成的损害最小。他们的运动不仅是由仁慈，也是由对权力的渴望而激发的。正如神圣的游说者在 1551 年所言，"认定所有没有见证人的婚姻为非法

是至关重要的”，因为“大量的处女被欺骗而没有结婚，她们与男人在一起并相信男人对她们作出的结婚承诺，这是罪恶的；其中有些人甚至离开她们父母家庭，走向堕落”。

与乡村地区一样，现代早期的福音努力主要集中在那些与传统环境和教区生活的规训相脱离的人群，而且这些人也需要神职人员的紧急服务。或许，这个运动最起作用的地方是在军队，不但由于16、17世纪时发展的牧师数量庞大而积极，当时西班牙的军队是欧洲最庞大的，而且因为军队是由以军队为家的男人们组成，他们不仅脱离了教区的结构，而且也脱离了舒适的家庭生活。西班牙军队由于其公然的十字军使命，需要宗教的鼓励。尤其是那些对宗教使命失望或者强烈偏好的虔诚的人们，似乎被军队生活吸引了。例如，赫罗尼莫·德·帕萨蒙 136
特公开宣称，他被引入军队生活，是因为他需要教士的训练。他的随从、自传作者阿隆索·德·特雷拉斯告诉我们，赫罗尼莫·德·帕萨蒙特曾在军旅生涯中花费七个月时间做一名隐士。他还宣称没有什么时候比他在贫穷的、孤单的洞穴里时更快乐——其实这只是一个臭名昭著、好色、生活艰辛的海盗，似乎对自己的肾上腺素上瘾了。新的福音意识的反宗教改革团体——其中最为明显而最富有活力的是耶稣会——被吸引加入军队牧师团，正如他们被贫民窟包围的塞维利亚和马德里等新兴城市所吸引与被新世界稠密的、奴隶般的本地人口所吸引一样，都是出于同样的原因。

和平的宗教改革(二)：大众神秘主义

这时期西班牙宗教的特性是神秘主义。当十字架上的约翰从狱中逃出来的时候，他首先想到的是把他的著作《灵魂的黑夜》(*Dark Night of the Soul*)念给他避难之处的那些修女听。这些虔诚的修女和他们的上司看上去毫无困难地能够理解这些色情的语言，或者指责这些狂热的色情语言。“想必，精神的成就与性满足不完全一样；但人们却将两者相提并论，”圣特勒萨说道，“因为没有合适的比较物。”气质高尚的诗人之后，是分析者使得整个主题看上去荒谬，但它必须被尝

试,因为神秘主义在我们的故事中占据了如此重要的一部分。

16 世纪,神秘主义之于天主教就好比以往的新教之于天主教。新教认为,没有正统的天主教,信仰的灵魂也能够劈开善功和日常规范的琐碎的侧面,切入玛莎到玛利亚的"更好方式"的积极生活。神秘主义躲避上帝所立的圣事,同时也回避等级制和教会作为中介的权威。如果主流新教的本性是培养个人与基督和上帝的关系,那
么神秘主义做了什么呢？他们用火舌点燃灵魂并用风猛吹它们。 139
当许多热情的上帝追寻者们因为他们的探索而感到自由的时候,得到许可的神秘主义通过支持新教,保留了天主教教会内部伟大的圣贤。

我们不应该认为,这是一场排他的精英献身运动,参与这场运动的人局限于特权阶层。神秘主义是积极的基督教运动的一部分,它是传布福音的宣传者试图向广大平民推广基督教的尝试。圣特勒萨和十字架上的圣约翰都是货真价实的神秘主义的福音传教士。维兰诺瓦的圣托马斯将其所有的布道都奉献给了为他的会众解释神秘主义的技巧。埃斯特利亚的迪亚哥和格拉纳达的路易斯的有关天主教信仰的大众普及手册虽然语言并不精深或大胆,但包含的也是相似的建议。尽管一个无情的艺术批评家把埃尔格列柯降格为矫揉造作者,他仍然饱读神秘主义的著作,他的作品——尤其是后期画作中的人物似乎化为了火焰或原子化为云一般的雾气——是有关天主教改革时代最为生动的记忆。《布满星辰的夜晚的沉思》(*Contemplation of A Starry Night*)是能够表现这一点的最好的著作,是 16 世纪沉思的神秘主义最好的尝试,最容易为平民百姓所接受。在这样的一个晚上,修士路易斯·德·莱昂竭力想要获得这种神秘的体验,却一无所得。作为一种适合于整个社会的基督教规训形式,神秘主义有容易被理解的优势：它廉价,对

⬅埃尔格列柯(1541—1614 年)已经被近来的学术研究重新评估为或多或少的典型的矫揉造作者。然而,实际上,他并不是矫揉造作的典型,在他的精神世界中,神秘主义比矫饰主义更为突出。尤其是他生命最后几年的作品,像这部《天降的祸福》,其空想的外形似乎早在其最为喜欢的作品——归因于狄奥尼修斯和阿里奥帕吉特的拜占庭神秘主义著作——被称为"不知不觉的阴云"之中就已经初具雏形。

提香的寓言通常被称为《西班牙前去援助基督教》，传统地被称为赢得了1571年勒班陀战役的神圣同盟的庆祝会。尽管如此，事实上，它不是较为一般的宣传性作品，可以按照不同情况的需要复制不同的版本——例如可以用坏心肠的土耳其人代替异端的阴险之人——作为外交礼物赠送。

于那些设法获得的人，神秘主义像任何艺术作品一样，是一份有关上帝的生动介绍，而且还不需要支付任何东西。

和平的宗教改革(三):“官方的”宗教

画面中,前景的右侧,随着军队、十字架和圣杯一一从她的掌握中离开,宗教衰弱、低落。只有像割去乳房的亚马逊人一样进入画面左侧的西班牙君主,能够拯救她,位于前景中的形象纯洁、坚韧与后面的——不同版本的蛇或土耳其人——敌人崇拜生殖器的淫邪形成鲜明对比。提香的伟大寓言——《西班牙前去援助基督教》可能构思于1570年,此时埃斯科里亚尔宫殿的建造接近尾声,抵抗土耳其人的神圣同盟正在成型。这幅画以某种西班牙人传统的自我吹嘘,象征被当时的宣传者理想化的西班牙与教会之间的关系:西班牙作为基督和基甸的剑,是大卫的投石环索,是信念的捍卫者。

宫廷的宣传带来了国内的服从。1575年,昆卡附近的拉斯·梅萨 140
斯的公民把撒马利亚妇女向基督的祈求比作他们向天主教徒国王继承人菲力普二世的请求。1590年,修士安东尼奥·巴尔塔萨·阿尔瓦雷斯,这个自命研究西班牙精神地貌的地形学家以一种好奇的暗示,把西班牙描绘为一个饱受围困的天主教的最后阵地,反过来,他赞美英国是饱受围困的“新教岛国”:就今天的世界整体来说,没有哪块地方上帝没有被迫害或者被滥用,除了那个称为西班牙的狭小角落之外,那里是整个世界的避难所。上帝不屑于寻求人们对他伟大仁慈的欢迎。

菲力普二世天主教徒国王的称号是世袭的,但他急于展现它对于他本人的特定用处。他的信仰深沉,不轻易流露,他的儿子兼继承人唐·卡洛斯因为完全疯了而遭到其父的囚禁,在他死去之后,菲力普二世于1560年底体验了一种类似信仰皈依的经历。然而,与此同时,菲力普的天主教徒印象藏着某种讽刺。对其年轻时候的描述则是另外一幅画面,作为异教文艺复兴的王子,身披金甲。在他皈依之后他继续与教皇争吵,只要时机合适就保护异端,需要时与他们结盟,高高兴兴地把教会财产世俗化。他个人的灵性、仪式化的节俭朴素、旧约圣经的暗示和费力的精神祈祷实践,在某些方面与宗教改革,而不是主流天主教实践有较多的共同之处。他自己选择的定期虔诚阅读几乎没有什么会

冒犯路德宗，但也是中世纪后期的个人的虔诚、依据圣经的思考和神秘的奉献与批判的自我检查等传统，这些曾经帮助新教改革家们，激发他们探寻关于上帝的直接的个人的经验。

在某种层面上，对新教的蔑视似乎体现在埃斯科里亚尔宫的花岗石和纹章艺术中；然而这些国王设置在门上的却包括新教的英雄像乔
赛亚、约沙法和希西家，这些人物轻松地打败了高级教士，还清洁了污 142
秽的教堂。就文化上而言，甚至圣餐的监护人也离他的忏悔的敌人不远。他的教会政策也与那些其他的16世纪国王的类似，他们都执行伊拉斯谟主义政策来支持王室，对教士们实行世俗的司法制度，解散宗教团体，或者王室主动发起改革。

长期以来人们认可的是，现代西班牙早期有文化修养的人群的宗教文化不是自生自灭的，这一点从欧洲的视野是容易明白的。例如，已经发现有一所学校完全浸透了伊拉斯谟主义思想——这种批判的基督教人文主义信仰与鹿特丹的伊拉斯谟有着特别密切的关系。其他学者注意的是来自伟大的国际托钵僧团体的方济各会思潮对西班牙宗教思想形成的作用。现在有可能在一个较为广阔的背景下，从宗教改革的背景方面，观察同样的著作。当代学术的潮流是用新的眼光，把它作为伟大福音运动的一部分，重新评估宗教改革运动：这个"过渡时代"基督教变得更为严密，包含较之以前更为广阔的社会不同层次和教育程度不一的人们。

16世纪西班牙人从过去继承的信仰阅读的要点、核心来自红衣主教西斯内罗斯——伟大的审理者、西班牙摄政者、教育赞助人——出版的文集。在红衣主教的眼中，原始的、教父的教会不是以传统信仰的眼光来看的，不是从有才气的但受到古典鼓舞的人文主义的大纲的透镜中看到的。他喜欢强调圣经、神秘主义，呼吁从一个深度悔罪的良心直

⬅除了提香之外，没有哪个画家能够比安托尼斯·摩尔（Antonis Mor，1512—1575年）更多地接受到菲力普二世的委托。他是一个佛莱芒画家，1552年他在尼德兰成了一位宫廷画师。菲力普二世对他的器重始于1549年的这幅肖像画。我们一般的印象——君主身穿严肃的黑衣，始于较晚时候的生活，那时他经常不得不服丧。在年轻的时候，他的自我感觉反映在这一金光闪闪且具君主威严的形象上。

接体验上帝的仁慈。就这一点而言，西斯内罗斯的精神世界看上去相当类似于路德，关注进入人与上帝之间最直接的路径。如果说西斯内罗斯曾有助于阻止西班牙的新教，他是通过先于改革者们的呼吁取胜，而不是像过去人们宣称的那样，通过他所尝试的教会改革被假定具有功效。西斯内罗斯的信仰文集要早于伊拉斯谟的基督教视野所具有的某些信仰的和学术性的特征，而没有共享所有相同的来源或拥有特定的人文主义血统。我们应该不会说——采纳一句著名的说法——西斯内罗斯下的蛋，伊拉斯谟孵出来了，不过是相同的蛋，据说像龟鳖类的那样，在西班牙温暖、吉利的土壤里同时孵化。

143 名誉的代价

西班牙的和平宗教改革不足以使其置身于削弱其他的早期现代欧洲国家的宗教战争之外。从 16 世纪 60 年代以后的一个世纪里，西班牙国王在捍卫这些叛乱、分裂的省份的世袭统治者的偶然权利时，尼德兰人使其付出了力量和财富。君主国遭到折磨，几乎被这个时期最伟大的宗教战争突然折断——三十年战争就像第一次世界大战，释放了所有受到启示的骑兵，还增加了第五个：伟大国家的复仇女神。这些都是费力的冲突，但他们把压迫性的分量压在了君主国之上，而它已经被发生在广阔前线的连续不断的战争——东地中海保卫基督教国家反抗土耳其人的战争、“安抚”美洲和菲律宾蛮荒的边陲——压弯了。从 1580 年开始，又加上了防御领土四处分散的葡萄牙帝国的重担，拉雷斯坦泥泞的据点、巴西的产糖地带、沿着本格拉环流的运输带——所有这些对于来掠夺的敌人都是有吸引力的，要么因为它们富裕，要么因为它们容易获得。在马德里，菲力普四世的宫廷装饰计划，由委拉斯开兹设计、苏尔瓦兰部分执行，带有几分公正地把西班牙统治者比作赫克勒斯的劳工：在支离破碎和反差强烈的环境中，不同程度地完成了令人惊讶的任务。

君主国拥有无比坚韧的忍耐力。军事打击对于国家的成功是一项道德上令人反感的措施：它至少拥有可以被客观计量的价值。在一些主要的对阵战中,除了头尾两次失败——1497 年的切里尼奥拉和 1643 年的洛克罗伊——西班牙国王的军队获得了战无不胜的荣誉。他们在谋略和技术上没有秘密;如此长时期的成功不能不令人信服地归功于指挥官的天才,它是由肌肉和精神——后勤和士气——获得的。

正如菲力普二世所说,所有的事都归结为一件事:钱和更多的钱。虽然这个时代所有的欧洲国家都面临难以处理的财务问题。直到 17 世纪末期,卡斯蒂利亚人单独满足着王室的需求。到处都是对税务要求的逃避和拖延,就连塞万提斯本人也经历过,当他作为王室的收税人,在 1587 年造访臭名昭著的吝啬的埃西哈农民时:他们采用令人赞叹的谎言及一切合法的手段抵制税收,甚至使小说家自己被囚禁在宗
教裁判所之中一段时间,但他们最终还是缴税了。在紧急时刻,纳税人 144
显示了超人的牺牲精神:当 1588 年攻打英国的无敌舰队传来坏消息的时候,大量的城市投票自愿捐款。据 1621 年一位作家所言,这是可以理解的,国王不是水蛭,虽然他是为王国解除痛苦的人,但为了构造以其为头部的身体和血液,他必须避免流血。当菲力普四世于 1625 年登上王位的时候,他为贫穷的卡斯蒂利亚纳税人而悲伤——他说他们已经为了保持前辈们的荣誉,支付的比他们自己的血液还要多——由于其诚挚是无疑的,或许他是通常说法的受害者。

尽管如此,有越来越多的迹象显示,财政恢复的极限正被触碰到。随着菲力普四世统治时间的延长和君主制的代价变得越来越难以忍受,对税收批判的声音越来越大、越来越持久。在其统治末期,一位理论家写道:“国王统治的宝贵之处是拥有富裕的臣民。”到这个时期,税收写作的道德家们也强调投票赞成过度收税代表的罪恶之处,而且说臣民应该否定慨撒。人们优先考虑的事情转移了,这在本国打算给广阔的读者阅读的著作当中有所表达:曾经为了西班牙的成功付出的政治文化的关键部分正在被侵蚀。菲力普四世对于税收的道德属性的忧虑在其统治末期和其统治初期一样强烈,区别在于,那时他得到了他最喜欢的通信者、隐居的修女阿格雷达的玛利亚的鼓励。“为了上帝的爱,”她在 1661 年告诉他,“我希望对穷人征的税能够缓和一点。”

紧随税收之后的是新大陆的银矿，它对于王室财政是最重要的。从 16 世纪 50 年代中期到 17 世纪 20 年代，人为地维持着巨大的产量，但其重要性本质上是心理的：迷惑性的“永不停止的”新的财富鼓舞了国王的外国债权人，他们的帮助使得菲力普二世统治时期王室计划令人目眩的雄心成为可能。与税收所得相比，美洲金条和银块的数量常常是少的。金融魔术的一个方法就是有这么多，这样你就可以安全地借到更多。“我从来不把贷款和利息的事情放在心上，”菲力普二世说道。他在 1584 年的官方收入——可能是相当保守的——估计只有大约不超过 600 万杜卡特，此时他的债务已经达到了 7 400 万杜卡特。只要税收所得增加和金条银块流入，像这样的数字就能够维持。到 17
145 世纪 20 年代的时候，看上去已很清楚，卡斯蒂利亚的财政潜力正在被耗尽，白银生产正在跌入衰退之中。

正如拿破仑所说，道德之于物质就好比是十与一之间的关系。甚至在现金之前，君主国的士气资源就已经用尽了。在 16 世纪中期的征服者文献中西班牙人的自我印象——一种上帝一般为了胜利而生的、上帝引领的种族——被强烈的自我贬低所取代：以歹徒为题材的文学中的西班牙的“低级生活”，小册子作者眼中的“处在事物的自然秩序之外的一个被迷惑的民族”。人们正在谈论西班牙的衰退：关于 16 世纪末期西班牙的道德和政治话语的突出主题是确信或者害怕上帝已经抛弃了西班牙人，他们已经在信仰审判下失败了，他们正在随着早期的帝国——尽管某种程度上早熟——一起走向毁灭。我们可以带着几许自信，确定士气侵蚀的时间始于 16 世纪 90 年代。它是帝国异乎寻常地自信的十年：菲力普二世进行了征服法国和英国的尝试，还在考虑发起征服柬埔寨和中国的战役；但它也是节省的临界点。1598 年与法国签订和约，紧接着 1604 年与英国签订和约，与荷兰的反叛者 1609 年签订休战协定。君主国正在向和平撤退。

西班牙可能已经享受了一段延长的黄金时代或者至少一段延长的富足的情绪，其标志是菲力普三世的宠臣、莱尔马(Lerma)公爵的惊人的腐败制度。他把宫廷从马德里搬到巴利亚多利德，然后又搬回来，为的就是从这两座城市的房地产投机中获利。一次突然的、糟糕的危机使得这样的未来成为不可能。或许瘟疫应该为西班牙城市生活的衰弱负主要的责任，它是一场致命的恶作剧。在16世纪最后十年和17世纪的最初十年反复发作的、史无前例的瘟疫中，人们相信，有近十分之一的卡斯蒂利亚人口死亡。

帝国防御的需求在和平时期依旧继续存在。在一系列的军队哗变中，对士气的腐蚀变得越来越明显。美洲的金条银块收入从1610年开始成为产生焦虑的原因。三十年战争的爆发已经开始把西班牙拖入干涉活动更广泛的庞大战略之中，这是它难以承受的。1621年菲力普三世死亡，新政权开始在重振士气和突然爆发的乐观主义的气氛中，承担起恢复君主国的荣誉和上帝的眷顾的义务。在资源缩减和日益增多的义务面前，只有一个办法能使这些雄心成为现实：被豁免的阶级和享有特权的王国不得不尽可能充分地剥削国王的贫穷的卡斯蒂利亚 146
附庸。

在17世纪20年代早期到17世纪40年代早期20年的惊人努力期间，这项政策变得与奥利瓦雷斯伯爵非比寻常的权力和精力及其无与伦比的能干相统一。在某些方面，他是至高无上的宠臣，他的飞黄腾达始于他亲吻国王的夜壶。他成就巅峰的标志是坐在国王的桌子上用餐；他还是一个不可战胜的生意人，有着掌控权力的才能，飞快的步伐、不安静的习惯和“指挥的热情”。他作出一副开明君主的姿势，指挥西班牙度过最困难的时刻。他仍然需要来自贵族们的努力，但是就像后期罗马帝国的领主贵族阶级一样，这些贵族习惯于按照他们的传统，为中央服务要用地方权力来交换。奥利瓦雷斯伯爵需要一支像菲力普二世时一样好的军队，但既没有人力，没有职业精神，也没有佣金。他首先需要的是来自财政上拥有特权的人的钱——不过这引起了这个半岛上的边缘王国所有对他们舒适的税收制度警觉的人的怀疑。在奥利瓦雷斯伯爵的晚年，回想起来似乎在他周围都是僵硬的空气。他无力地把军队和舰队在地图上转来转去，与此同时，叛乱愈演愈烈，侵略也开始来了。随着我们的时代开始的半岛上的王国联盟，看上去正在受到

由胡安·巴尔德斯·莱亚尔(Juan Valdés Leal,1622—1690 年)于 1672 年为慈善医院的小礼拜堂创作的悔罪的召唤,是一系列计划的一部分,后续有善功、圣礼、死亡和荣耀等活动,适合那些贵族协会成员用他们自己的手去关心那些临终的病人。空虚的象征包括一幅为庆祝西班牙取得诺德林根(Nordlingen)胜利而建造的凯旋门的雕版画。

即将迫近的解体的威胁。

最为深重的威胁来自 1640 年加泰罗尼亚想要把他们的公国从君主国分离出去。脱离的政策是对令人筋疲力尽的战争的反应和对来自王室的难以习惯的要求的愤怒表达。与英国同时期的大反叛一样,加泰罗尼亚的反叛就像匆忙的即兴演讲,得到的支持也很勉强。大多数叛乱的首领来自巴塞罗那的商业贵族阶层，他们发现自己正在被两面煎熬：一方面是不堪忍受士兵、土匪和战争而被激怒的传统的千年农民起义；另外一方面是奥利瓦雷斯伯爵希望用难以管束的占领军来维持秩序。在这样的环境中，他们转而求助于唯一可能的第三方势力：法国。他们宣称“加泰罗尼亚是法国国王统治下的一个共和国……在查理曼时代，以一份契约而遵守我们的宪法”。

法国人逐渐不再与叛乱分子互相着迷。1648 年前线的和约给了
西班牙喘一口气的机会，当时法国人由于深受战争疲劳和王室少数派
之苦，被他们自己的内战牵扯了精力。从 1650 年到 1654 年的大瘟疫
据说夺去了加泰罗尼亚 30 000 条人命，侵蚀了继续叛乱的意志，使得 147
道德家有机会鞭挞那些饱受困惑的良心。到 1652 年的时候，叛乱只局
限于巴塞罗那，而且他们在被围困了 13 个月之后也投降了。公国受到
胜利者仁慈的对待，以至于类似的危机注定要发生：加泰罗尼亚与君
主国其他地方关系的结构性问题未能得到调整。

很明显，17 世纪中期的危机拯救了许多事情。对于君主国的所有
部分来说，他们的忠诚都是勉强的或者说君主国的征服已经迫在眉睫， 148
只有葡萄牙、尼德兰北部地区、牙买加和加泰罗尼亚的两个省永久丧失
了。除了西班牙非凡的力量外，物资也没有复原。瘟疫在 17 世纪下半
叶缓和了。白银产量恢复到了 17 世纪 60 年代的水平。不过，若以君 149
主国失败时代致命的野心来衡量：到 1665 年菲力普四世死时，即使用
他的负债数目——2 200 万杜卡特也不足以重新买回“信心”。17 世纪
末期西班牙的艺术和文学仍旧因其技术的灵巧、巴洛克式的陈列、生动
的现实主义还有宗教的兴奋而著称。然而，回过头来看，它确实激发了
一个社会从世界的雄心当中撤出来：在描绘虚幻的生活梦想、苦难、死
亡、衰朽和虚荣上胜人一筹——血气和国家的荣耀变得琐碎或走向腐
败。胡安·德·巴尔德斯·莱亚尔在塞维利亚慈善医院的小礼拜堂前，
召唤其崇拜者们去悔罪的油画，表现的是一个骷髅收割者，上肢伸向死
亡，被一些伟业的残骸包围着：智者的书籍、勇者的武器、艺术的纪念
物、纪念胜利的拱门。他的杰作属于塞维利亚——曾经危险的埃斯皮

壮观的忏悔崇拜与塞维利亚圣周的队列相结合——再现耶稣钉在十字架上——现今采用的表现手法出现在17世纪。这种艺术风格是胡安·马丁内斯·蒙塔尼的超现实主义学派的雕刻匠创立的，与此同时，城市历史的新兴城市时期让位于瘟疫、危机和内省。头巾属于中世纪的类型，这样设计是为了在公开悔罪活动中，保持悔罪的匿名状态。

格勒里(espièglerie)的首都——的新情绪。在17世纪下半叶，表达虔诚的方式由令人战栗的忏悔团体支配着，其牺牲的耶稣受难像仍旧主宰这个城市的每个人对圣周的印象。繁荣年代有钱的年轻人变成了慈善医院里阴沉的同行，他们埋葬瘟疫死亡者，用自己的手照管那些贫穷的腹股沟腺炎患者。繁荣已经像唐·胡安的狂欢一样转变成了死者的盛宴。

西班牙世界霸权的必不可少的成分——心甘情愿的纳税人和以服务为导向的贵族阶层——变得越来越难以为国家所用。与此同时，贵族阶层的传统道德也受到了侵蚀，这类服务由于经济上的约束而被收窄。导致17世纪末期西班牙的大家族产生如山一样高的债务和懒惰的理由现在还不清楚，但事实似乎无可否认。由近来的学术研究而积

累的统计资料证实,威尼斯大使1681年的判断大致准确:"几乎没有哪 150
个贵族不是以国王的财宝或王室的年金,来保持自己的收入。"由于这个原因,主要的领主们被马德里的官职所吸引,放弃了那些他们只能从中获得头衔而不能获得物质利益的不动产。这个描述是夸大的,但这种困境是真的。自从17世纪中期以来,债务已经像山一样高,正如一户又一户的人家报告破产或即将破产。

当相似的危机爆发时,正值1665年菲力普四世去世,君主国明显准备不足。情况是处于一种古已有之的劣势:王室少数派、女王摄政和不受欢迎的人当选,由于王后的任性,蔑视王室原有的顾问。由于还没有就丧失葡萄牙而达成共识,西班牙致力于在前线发动战争;与此同时,另外一边的法国人趁机入侵。当时自封的强人、阿斯图里亚斯的唐·胡安·何塞——王室的私生子——平定葡萄牙和加泰罗尼亚叛乱的英雄,为了使政府落入其手中采用各种各样伎俩。最终,在1676年,他通过残忍的军事威胁,掌控了权力。

他是个喜怒无常、带有奥利瓦雷斯伯爵风格的骗子,而且像奥利瓦雷斯伯爵一样,他的目标是把这个国家置于共同的努力之下。尽管如此,他不得不与末日启示的各种骑兵——瘟疫、战争、饥荒和通货膨胀——的冲击作战。他死于1679年,不负众望地被难以化解的问题击败,正像一位讽刺作家嘲笑的那样:"人民得到了安慰,王国得救了,我们的命运改变了。"他最好的遗产是拼写了和平,他没有牺牲更多的土地就与法国谈判媾和;最糟糕的遗产是国库空虚,税收回报的下降。在其继任者引入僵硬的、设计用来停止向农民征税的新税收体系后,更是雪上加霜:在实际的实行中,税收降低了,据修正的估计值,大约是20%。

与此同时,一个新阴影迫近了君主国:未来将没有一个继承人继承王位。查理二世通常被描绘为一个除了虔诚的信仰之外没有美德的人。他实际上是个有良心的、会反思的国王,只是不能对付其恶劣的健康状况。他的没有偏好的执政,虽然用意很好,结果是使得政府的管理
散乱、不连贯。尽管如此,他还是未能履行君主制最基本的职责:产生 151

一位继承人。他采用各种权宜之计——迅速地在他前妻死后没多久续弦，甚至在1699年，祛魔者认为其不育可能是饮用了一个巫婆的酿造物。西方世界的政治逐渐被“西班牙问题”所主导：当查理二世死的时候，帝国会发生什么事？结果，这个国家将被拒绝获得它所需要的和平。

17世纪90年代，法国发动入侵，迫使查理二世下令由法国继承人继承王位——最后在其死前的1700年确实这样做了——把西班牙变成了一个欧洲国家军队的战场，就像恶狗追逐一根骨头一样追逐王位。然而，这个糟糕的结果并不能证明西班牙已经被不可避免的衰落压倒了，或者应该被归入适合任外科医生宰割的“欧洲的病人”。相反，其他国家的贪婪被赃物的价值所激发。或许，17世纪晚期的故事更应该被看作是由于战争而不断被阻止、推迟的恢复，而不是一次难以挽回的衰落。在西班牙帝国时代所获得的“西班牙的优势”是不可恢复的，但君主国将会展示其惯有的伸缩性，在新世纪里生存下来。

第六章　世界霸主的兴衰（1500—1700年）

亨利·卡门（Henry Kamen）

世界霸主的兴起

一位西班牙评论家在1597年评论道："所有其他的帝国都兴起于 152
暴力和武装力量，只有西班牙帝国是通过正当的手段兴起的，因为西班牙领土是通过继承走向统一的。"这种观点绝非夸大其词。后来逐渐形成广阔的西班牙帝国的领土合并，不可能通过惯常的征服走向统一，半岛上的这些领地哪一块都没有足以达到这个目的的人力和武力。阿拉贡和卡斯蒂利亚王室通过费迪南德和伊莎贝拉两人的联合，开始创造西班牙帝国的世袭家族。

帝国形成过程中征服的因素较少。1483年，卡斯蒂利亚远征军占领了加那利群岛。费迪南德和伊莎贝拉用来结束内战、占领穆斯林省份格拉纳达（1492年）的军队是一支临时的武装，它们每年都要征召，而且光复运动一结束就全部解散了。为了应付反对法国军队入侵那不勒斯的意大利战役，不得不征召特殊的军队，这支军队，在那里只是具有象征性的武装力量而不是占领军，一直驻守到1504年。接下来的几年里，一些小规模的远征军占领了北非海岸上的诸如奥兰和阿尔及尔等重要据点。那整个时期西班牙的主要敌人是近邻法国，而正是为了实现比利牛斯山脉前沿的安全，西班牙费了一番工夫占领佩皮尼昂。接下来，西班牙又吞并了纳瓦尔公国(1512 年)。这些领地没有哪一块是由拘泥于形式的征服获得的，除了格拉纳达、非洲据点和加那利群岛。没有军队驻扎在那里占领它们，每块领地都保留了独立的政府。
153 是共同的忠诚把那不勒斯、纳瓦尔和其他各邦联合到“西班牙”王室，这个词在外国评论家看来指的就是卡斯蒂利亚和阿拉贡的统治者们。

下面两个主要的事件戏剧性地突出了西班牙在国际舞台的出现：1492 年发现美洲新大陆和 1516 年哈布斯堡家族继承了西班牙的王位。很久以后，西班牙人才意识到哥伦布及其继任者们在美洲的发现的重要性。第一代去往美洲的西班牙殖民者活动只局限于加勒比海地区。近 30 年之后，西班牙人才发动了第一次著名的征服活动。1521 年，埃尔南多·科尔特斯颠覆了阿兹特克人的帝国，1532 年，弗朗西斯

由科尔特斯带领的一小部分西班牙人对阿兹特克王国的成功征服鼓舞了其他人，诸如秘鲁的皮萨罗仿效这类成就。实际上，假如没有印第安盟友的帮助，西班牙人本来不可能获得成功。在这幅图里面，特拉克斯卡拉(Tlaxcala)的印第安人曾经帮助科尔特斯攻占阿兹特克人首都特诺奇蒂特兰，友好地欢迎西班牙人。

科·皮萨罗俘虏了末代印加人的皇帝阿塔瓦尔帕。西班牙殖民者的功业常常被神化为欧洲军队训练有素、以少胜多打败了原始文化民族。征服者的胜利实际上毫无神秘之处。皮萨罗和科尔特斯是幸运的,能 154
够利用美洲帝国中各个州内部的纷争,是他们反抗阿兹特克人的统治、给予西班牙征服者明显的优势,如果没有成百上千的印第安人盟军不可估量的帮助,科尔特斯对特诺奇蒂特兰的进攻可能就失败了。在接下来的几十年里,整个大陆上的征服者为了尽快打败美洲土著,背信弃义、阴险狡诈、无所不能。到 16 世纪中期,西班牙殖民者们已经稳固地占领新大陆。虽然马德里的政府从来都没有直接参与征服美洲,也没有为此次冒险出动士兵和提供战船,这时已经意识到它已经是这片富饶大陆的主人了。

除了财宝之外,新大陆几乎没有给西班牙提供任何其他东西。1500 至 1600 年间,大约有超过 15 万公斤黄金和 740 万公斤白银从美洲运往西班牙。这块领地上不能染指这笔财富的西班牙殖民者被迫把土壤和土著劳动力当作自己的资源。先是以这种方式种植甘蔗,然后种植其他作物,传遍整个加勒比海地区,乃至大陆。在这个过程中,土著人口锐减。伊斯帕尼奥拉岛上的多明我会修士巴托洛梅·拉斯卡萨斯把这里土地的毁灭归咎于制糖业和印第安奴隶制的结合。像埃尔南多·科尔特斯这样的冒险家离开加勒比海地区,寻找新机会去往其他地方寻找财富。随着白人的定居,由于他随身携带着自己的工具和动物,新大陆上的生态环境开始变化。到 1600 年的时候,此前闻所未闻的小麦已经成了新大陆上种植最为广泛的农作物。印第安人被剥夺了土地和谋生之路。在秘鲁,征服前印第安人有 900 万,到 1620 年的时候,只剩下大约 60 万。

与新大陆上帝国缓慢、几乎不易察觉的扩张形成鲜明对比的是,年轻的查理五世 1516 年继承王位产生立竿见影的影响。一大批卡斯蒂利亚精英参与短命的公社(1520—1521 年)的反叛,排斥外来的哈布斯堡王朝。尽管如此,1520 年,查理当选为神圣罗马帝国的皇帝给西班牙人带来了崭新、更为令人激动的命运。新皇帝大多数时间都待在伊比利亚半岛之外，不过，他很快就表现出了对其继承的西班牙遗产的深切欣赏，因为后者很快就为他的军事花费作出贡献，也使得他确信自己
155 有能力对付传遍整个德意志的异端。就西班牙人来说，这是他们第一次向欧洲学习。伊拉斯谟的著作给西班牙知识分子们带来了北方的人文主义文化。像年轻的阿尔发公爵一样的西班牙军人在欧洲北部的战场上服役。像埃尔南多·德·索托那样遭受皇帝迫害的学者定居在北欧国家，用德语出版他们的著作。随着在欧洲和整个新大陆扩张机会的来临，西班牙的精英开始狂热地把自己的命运与哈布斯堡王朝的命运联系到一起。

维持世界霸主地位

作为一个世界性的君主国，西班牙的领导地位带来了相当多的好处。与西班牙相联系的各个海外省份只要支付有限的税收，这些税收在任何情况下都将花在各省的境内。但通过他们的贸易(主要是针对卡斯蒂利亚的贸易)，王室获得很大的好处，他们能够提供士兵和供应战争之用的钱款。幸亏有这些，相当贫穷的西班牙人尽管只有非常有限的军事力量，也能够实现建立世界帝国的超乎寻常的胜利。菲力普二世的军队在圣康坦(1557 年)赢得了对法战争的胜利，这场所谓的最早的西班牙的军事胜利，实际上是由尼德兰人指挥的，其中西班牙的军队只占总数的 12%。尼德兰人和意大利人总是站在西班牙帝国成就的最前线，他们的军事技术最为显著，但他们提供的经济支持可能更有用。由安德里亚·多里亚指挥的热那亚舰队与查理五世在 1528 年结盟，才带来了西班牙在地中海的海军力量的诞生。从那时起，意大利人就一直站在西班牙帝国角色的前线。1571 年西班牙海军最辉煌的胜利，是对土耳其人的勒班陀战役的胜利，由意大利人贡献了三分之二的战舰和部队，尽管战争的军费是由西班牙人提供的。

帝国的领地也给西班牙人带来了责任，最关键的问题可能是控制。帝国难以跨越的距离——美洲距离西班牙 3 个月的路程——需要有效的邮政服务和磋商方法。王室通过其在君主国的各个省份经常应付裕

如。查理五世从未发现有必要建立一个跨越性的帝国行政体系。尽管如此,王室最终立足于卡斯蒂利亚,哈布斯堡家族遵循了费迪南德和伊莎贝拉的做法,建立实际上起到政府部门作用的议事会,以加强中央和 156
地方的联系。议事会有两种类型:一类是执行卡斯蒂利亚的行政工作的(例如,重中之重的金融议事会);另一类大体上是磋商性质的,包括各自地区的贵族阶层人士(如建立于 1494 年的阿拉贡议事会,建立于 1555 年的意大利议事会)。尽管卡斯蒂利亚日益倾向于越来越多地干涉其他领地的事务,但君主制从来都没有变成中央集权化的组织体系。所有地区都在正常范围内有着相当的自治。恰当地说,西班牙"帝国主义"实际上是西班牙人、意大利人、德意志人、佛莱芒人和其他不同职业和国籍的人的一个国际合作的广泛实践,他们为欧洲的这个"超级大国"提供服务以换取收益。

"由于有这么多的王国与西班牙王室相联系,"菲力普四世于 1626 年说道,"在某些地区,不论是为了守护他们已经获得的,还是驱赶我们的敌人,没有战争都是不可能的。"正是西班牙领地的范围招致了侵略的意图。16 世纪早期法国国王曾经用一个完全合理的理由宣称,哥伦布发现的新大陆是全人类的遗产,而不是西班牙国王的私人领地。据说他是这样说的:"我想看看创世时亚当想将我排除在外的条款"。从较早的时候开始,防御和战争的必要性就是要优先考虑的一点,但在查理五世的政策中,西班牙事实上扮演着令人诧异的温和的角色。例如,战场上没有西班牙士兵为其服役。1520 年,查理五世在意大利的驻军中西班牙军人只占不到五分之一,16 世纪 40 年代在德意志为其服役的军队更是只有不到六分之一。西班牙军队真正的兴起还是在菲力普二世统治时期,16 世纪 60 年代菲力普二世在西地中海地区建立海军防御力量:到 16 世纪 70 年代的时候他手上拥有的已经是其父亲曾有的规模的四倍。1580 年,当西班牙军队占领葡萄牙,将其统一于西班牙王室时,面向大西洋的转折点到来了。一支强有力的海军舰队建立起来,主要目的是为了在海上防御英格兰人、监视美洲贸易路线。在这些年代里,西班牙控制下的军队的规模也发生了戏剧性的增长。在

AFRICAE
SVBIVGATORI

1587 年,在菲力普二世的整个领地上一共养着超过 100 000 个士兵(未 158
必都是在半岛上)。

第二个主要的问题是财政稳定性,后者受到连绵不绝的战争的拖累。作为多民族的帝国首脑,查理五世以其在德意志的领地为中心,大踏步地四处发动战争,他大部分的生活都是在战场上度过的。他通过战争建立了尼德兰的领地,亲自在维也纳打败了土耳其人,带领他的海军在地中海打败了热那亚人,而且于 1535 年亲自指挥了一场胜利的战役,从北非王公那里占领了突尼斯。不过这一切都是花了很大的代价才获得的,通常都是由卡斯蒂利亚的财政来承担。他本人承认他最可靠的支持是在半岛上:"我能够一直保留下来的领地只有西班牙。"1540 年他这样说道。到其统治末期,战争债务消耗了卡斯蒂利亚金库平时收入的 68%。拉蒙·卡兰德对查理五世财政体系的广泛研究显示,皇帝从欧洲国家——大部分是从意大利和德意志——借了将近 2 900 万杜卡特,为此他支付了大约 32%的利息。菲力普二世通过 1559 年的卡托-康布雷齐条约,成功地摆脱了战争,但债务还没有还掉。到 1565 年,在武装干涉尼德兰前夕,它消耗了 84%的卡斯蒂利亚财政收入。到菲力普统治时期,国家债务的总数是岁入的 8 倍。一代以后,在奥利瓦雷斯担任大臣时期,大约 93%的国家支出都是花在对外政策上。

债务的一部分是用来自美洲的金银支付的,尤其是菲力普二世统治时期,正值萨卡特卡斯和波托西的银矿开始大量产出财富的时候。王室除了从殖民地获取伍一税,还收入了来自新大陆名目繁多的税收。菲力普二世统治时期国家从官方途径获得了超过 6 450 万杜卡特的收入。难以估量的更高的数额经过私人贸易者手中进口,进入半岛经济,开启了通货膨胀的循环。而通货膨胀在其早期对生产有利,长期来看,严重地影响了普通西班牙平民们的生活成本。但美洲的白银永远也不能满足政府的需要,且在任何情况下,通常都质押在王室的银行家手

⬅佛莱芒人织造的查理五世作为非洲征服者的挂毯传达了他的职业生涯早期的自信。部分来自美洲的西班牙金融资源,在其发动战争期间变成了主要的支柱。而西班牙对天主教会的忠诚鼓舞他晚年待在半岛上。

玻利维亚的波托西巨大的银矿，首次发掘于 1545 年，由于其丰富的银矿脉被整整挖掘了一个多世纪，而在山脚下，完整的生产者、机械和奴隶的社群逐渐形成。作为西班牙从新大陆得到的财富的象征，波托西的财富很快就被墨西哥的银矿超越了。

中。为帝国提供财政支持的负担越来越多地落在卡斯蒂利亚纳税人的
身上。菲力普二世获得的固定年度收入在其统治时期涨了三倍，而与
此同时，卡斯蒂利亚纳税人身上的负担则增长了 430％，同期名义上的
159 工资仅仅增长了 80％。正如很多卡斯蒂利亚评论家开始意识到的，战
争没有带来任何看得见的好处，却可能阻碍了经济增长的进程。本来
可以投资在国内经济上的利润在实践中被用到了军事冒险上。此外，
战争加剧了长期的国家破产，即便是进入 17 世纪后这个进程也丝毫不

16 世纪奥斯曼土耳其帝国的扩张是对基督教国家的主要威胁，尤其在地中海，穆斯林的海上力量长期以来无人能够挑战。最终，威尼斯人、教皇和西班牙王室之间的结盟使得基督教发动对土耳其人粉碎性的海上打击——1571 年的勒班陀战役。这幅画是从塞维利亚的拉马达林娜教堂复制的。 ➡

见减弱。由于未能从查理五世欠下的巨额债务负担中恢复过来，菲力普二世统治下的卡斯蒂利亚财政每二十年就要宣布破产一次。到其继任者手中，汹涌的、欧洲国家最高的通货膨胀加剧了破产。

由于西班牙一直依赖其君主制下其他伙伴国家的合作，具有讽刺意味的是，它几乎不关注它自身的军事地位。在其帝国力量达到顶峰时，它仍旧是非军事化的、大体上没有什么防御的国家。查理五世的战
161 争在半岛之外进行，并没有直接影响西班牙。“这里已经平安无事很多年了，”一位西班牙政府官员在 1562 年这样说道。这是西班牙军事落后的主要原因。结果，菲力普二世统治时期，半岛极易遭受攻击，这种情形解释了为什么人们害怕土耳其人可能发动的进攻。为了平息 1570 年格拉纳达的摩里斯科人起义，国家不得不从意大利引入几乎所有必要的军队。1596 年英国人占领了西班牙最重要的港口之一加的斯，未遭遇任何抵抗。

尽管如此，帝国机器和财政合并不可避免地被其他欧洲强国视为侵略。早在 1559 年，威尼斯大使的一句话可以总结菲力普二世的整个统治过程，菲力普二世的目标“不是发动战争来给他的王国增加领地，而是保持和平，以便他能够继续保有他现有的领地”。这个无谓的希望，无疑受到卡托-康布雷齐令人满意的和平条约的鼓励，但很快就被国家权力政治的现实粉碎了。即便那时，有一个经常被遗忘的事实是，西班牙是欧洲历史上唯一一个从来没有从其邻国吞并领土的帝国。把这个国家持续地卷入战争只是帝国责任的合乎逻辑的结果，这些责任中最主要的是防御责任。

从 1535 年查理五世占领突尼斯到 1565 年土耳其军队成功发动了对马耳他的围攻，西班牙对其本土防御的关注主要集中在地中海。在其对那些年的众多研究中，费尔南·布罗代尔已经追溯了——分裂的基督教国家遭遇扩张的、侵略性的土耳其帝国——这个长期的事件。西班牙半岛格外容易招致入侵，因为当地居住着很大的一批穆斯林人口（所谓的摩里斯科人，他们从未被充分基督教化），在穆斯林海盗进攻巴伦西亚海岸时，暗中帮助他们。在著名的勒班陀战役（1571 年）胜利

后,长期的冲突才被有效地终结了。这次战役被参战的塞万提斯称作一切时代的最伟大战役,在西方国家到处都欢庆这次对奥斯曼土耳其帝国的重大反击。这场适逢其时的胜利使得西班牙人能够投入更多的资源镇压尼德兰人的不满,因为 1567 年阿尔发公爵刚带领一支 10 000 162
人的部队从那里撤出来。佛莱芒贵族们对于能否保持他们的特权和排除西班牙在他们内部事务中的日益增长的地位紧张不已。不论是佛莱芒人,还是西班牙人都不赞成强化控制异端的必要措施,这个事务适时地给菲力普二世提供了武装干涉的借口。在阿尔巴公爵到达布鲁塞尔后的几个月内,他就开始通过戡乱委员会实行一项严酷的镇压政策。这个委员会被尼德兰人称作“血腥委员会”,它负责逮捕、处决了 1 000 人,包括天主教徒和新教徒。菲力普二世显然觉得对假定的反叛者的严酷将会粉碎纷争,可西班牙的方法只不过起到了加强反对力量的作用,最终加速了奥兰治亲王拿骚领导下的尼德兰民族起义的爆发。

西班牙的对外政策从来都不是明显的扩张主义的。因此,这需要菲力普二世花很多工夫解释,为什么他在 1580 年出动军队吞并葡萄牙王国。他拥有最强的继承权利,因为他的侄子塞巴斯蒂安带兵在北非与穆斯林作战,并于 1578 年在那里阵亡。他也受到害怕英国人和法国人干涉的影响,他们支持与菲力普二世相匹敌的候选人、克拉图(Crato)的修道院院长安东尼奥。在这个事件中,在国王的军队占领葡萄牙之后,葡萄牙保全了帝国内的自治权利。菲力普二世还在里斯本定都超过两年。但吞并行动使得人们加深了对西班牙渴望权力的印象。此时帝国正处于它的顶峰。西班牙的国旗已经在菲律宾和布宜诺斯艾利斯上空飘扬。在这个广阔的权力网络中,最为脆弱的一点就是荷兰起义者的持续反抗。

荷兰起义成为西班牙帝国命运中的巨大噩梦。它大量、不断地消耗着金钱,令财政部负债沉重,结果把王室推向了进一步的破产。在 1566 年前,西班牙卡斯蒂利亚、地中海和佛兰德斯的年度军事支出总额一直高达 200 万杜卡特;到 16 世纪 70 年代的时候它已经超过了 400 万杜卡特,到 1598 年估计达到 1 000 万杜卡特。对金钱消耗最大

的就是尼德兰,16世纪70年代每年要花费150万杜卡特。在1584年 164
奥兰治的威廉被西班牙雇人暗杀后,英国接下来成为荷兰起义者们的保护者。在一系列其他要考虑的事情中,最出名的是英国对西班牙新大陆的入侵,使得菲力普二世面临新的威胁。他的反应是准备一支海上远征军,目的是入侵英格兰并保有一个顺从的西欧,这将会使得解决荷兰问题变得比较容易。但花费1 000万杜卡特准备的无敌舰队却遭遇了一系列问题。原本准备入侵成功后作为菲力普给英国王位准备好的候选人——苏格兰的玛丽女王,在参与一些针对伊丽莎白女王的阴谋活动后被谋杀了。这支舰队原定的指挥官、老练的圣克鲁斯侯爵也死得很不是时候。1588年舰队在梅迪纳·西多尼亚公爵带领下出发后,由于英国舰队的阻挡,以及被风吹入了北海,而未能按照原来的计划与西班牙在佛兰德斯的军队会合。在经历了围绕爱尔兰海岸的恐怖航行之后,大约接近一半的舰队返回了西班牙的港口,共计15 000人死亡。对西班牙人来说,这是这个世纪最黑暗的时刻,与此形成强烈反差的,英国人喜气洋洋。没有其他的单个事件更能使得不论是政府还是人民如此确信和平是多么的必要。9年后,在另一次对英国的远征失败后,菲力普的海军总司令建议他:“如果您决定继续攻击英国,注意要选个恰当的时间和恰当的数量,如果不这样,和平就是最好的选择。”

失去控制

1600年,一位马德里的官员这样评论道:“佛兰德斯的战争已经而且一直在严重危害着西班牙:大臣们反对它,人民要求停止战争。”西班牙驻扎在佛兰德斯的将军在1607年作出让步:“只有一个步骤要做,那就是结束这场漫长、耗资巨大的战争。”日益增长的反对菲力普二世的保守主义、帝国主义政策的压力逐渐明朗化,在西班牙人内部引起了一场持续了一个世纪的争论和分歧。这种分歧通过被称为“乱出主意

⬅到16世纪的时候,英国海军对尼德兰和美洲的干预是对西班牙利益的主要威胁。当菲力普二世于1588年发动无敌舰队远征的时候,它未能与入侵所需的部队取得联系,先是被英国人的攻击行动,后又被北海上的风暴所分割。这幅插图是对西班牙的巨大军事灾难的想象性重构。

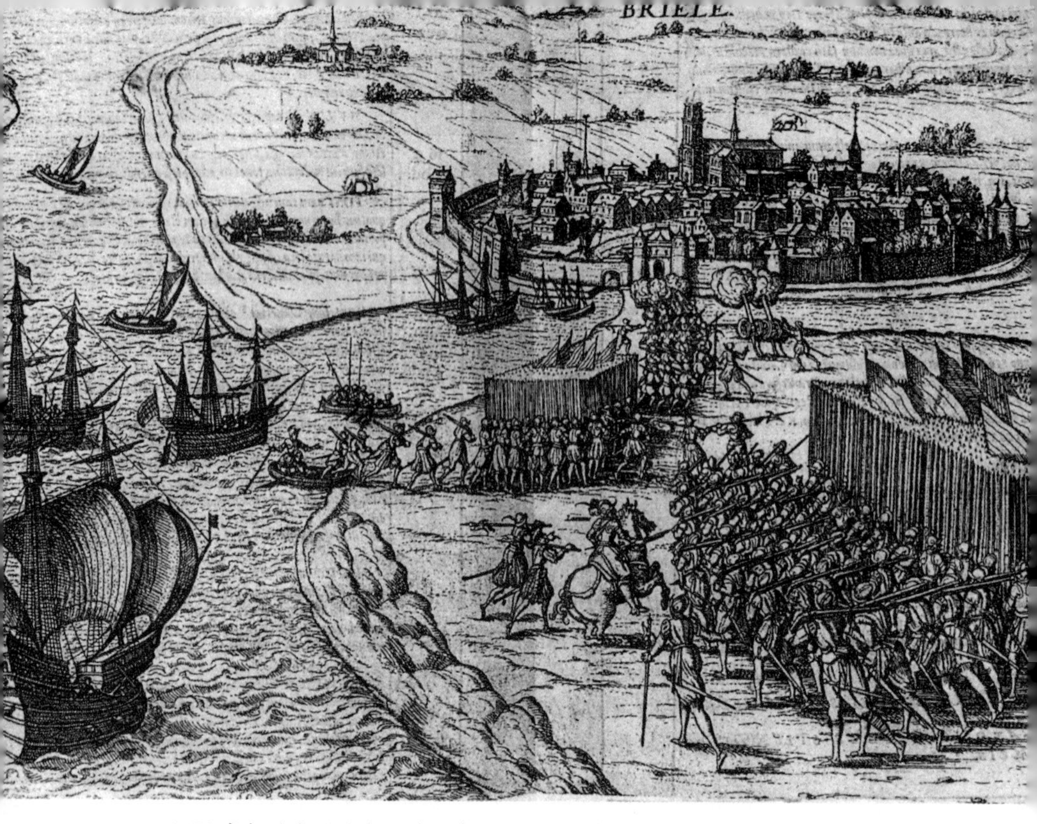

1572 年叛乱分子攻占小港口布里尔，开始荷兰起义的最重要阶段。在尝试恢复对尼德兰的控制的时候，西班牙面临了它从来都没能克服的异乎寻常的障碍。在这幅版画里面，西班牙军队通过陆地和海上围攻这座城镇。

者”的共和主义者的著作，得到了表达。通往和平的动向得到了菲力普
165 三世统治初期在西班牙签订的停战协定(1609 年)的确认。这个停战
协定是与荷兰起义者签订的，为期 12 年。

但和平不是西班牙的本意。在菲力普二世死后的半个世纪，西班牙帝国正遭受来自其他欧洲强国各个方面的强大压力，最显著的是荷兰人，他们巩固了与亚洲贸易往来，而且还开始对巴西进行军事和商业渗透。“如果荷兰人不停下来，”一位马德里的大臣这样抱怨道，“我们将会失去整个印度，然后是佛兰德斯，然后是意大利，最后是西班牙本土。”1618 年，波希米亚地方战争的爆发，促成了迈向三十年战争的第一步。由于这场战争的威胁迅速传遍大陆其他地方，迫使西班牙再次征召军队。1621 年与荷兰人达成的 12 年停战协定的到期使得西班牙人确信有必要准备军事行动。

西班牙的处境与以前不同，这次是处于守势。“向我们许诺说我们

能够征服荷兰,”一位大臣承认,“但这是不可能的事。”然而,帝国能够 166
把自己仅仅局限于防御的角色吗？其他人把西班牙介入三十年战争视为赤裸裸的侵略。到 1625 年的时候,英国和法国都在与西班牙作战。危机暂时过去了。新国王菲力普四世能够自豪地在 1626 年说:“我们让整个欧洲都在与我们作战,但还是不能打败我们。”确实,这些年里的军事成就是引人注目的。1625 年,三次意义深远的胜利显示帝国恢复了往日的荣耀:从荷兰人手里夺回了巴西的巴伊亚港口;驻扎在尼德兰的斯皮诺拉将军夺回了布雷达,这个功业在委拉斯开兹伟大的油画《长矛》(*The Lances*)中永垂不朽;此外,英国舰队被赶出了加的斯。

成功是短暂的,在接下来的几年里,西班牙军队很快就被削弱了。1628 年,当它们正准备从古巴出发穿越大西洋的时候,荷兰海军司令俘虏了整个运宝舰队。当法国于 1635 年向西班牙宣战、法国军队直接介入三十年战争的时候,军事局面发生了决定性变化,西班牙观察者们毫不怀疑这是个沉重的时刻。尽管法国军队获得的军事胜利很少,但它的资源丰富。与之形成鲜明反差的是,西班牙在十六世纪四分之三的时间里一直在打仗。在下一代人手里,西班牙的敌人们成功攻击了西班牙君主国内部所有最为薄弱的地方。在唐斯战役中,荷兰海军司令决定性地摧毁了西班牙的海军力量,与此同时,西班牙的盟友们在德意志遭受了严重的挫败。“上帝要求我们求和,”西班牙的首相奥利瓦雷斯抱怨道,“因为他已经剥夺了我们所有的发动战争的手段。”最坏的时候也到来了:在 1640 年,加泰罗尼亚,然后是葡萄牙反抗西班牙王室,并威胁永远毁灭半岛的统一。三年以后,当佛兰德斯的西班牙军队试图侵略法国时,它们被年轻的昂吉安公爵——历史上闻名的大孔代——指挥的法国军队彻底歼灭。这场战役不仅使得西班牙军队瘫痪,而且是意义深远的,因为这是自从西班牙兴起之后,其军队第一次在战役中被全歼。

“无论花费什么样的代价,和平都是必要的,”1645 年一位政府大臣这样写道。关于解决三十年战争的谈判已经在明斯特和奥斯纳布吕克两座城市进行,看上去已经没有办法避免一场整体上的崩溃。1648

在征战尼德兰近八年时间之后，西班牙战争机器显然已经没有能力应付了。斯奈尔唤起人
信地支配着油画的整个区域，与此同时，寒冷、衣衫褴褛的西班牙募兵拥挤在画面的前景中

们想象的油画表现的是1641年冬天围困埃尔-苏尔-拉-里斯，该城镇广阔的城墙防御工事自许多年以后，在威斯特伐利亚和约(1648年)之后，西班牙正式接受了荷兰的独立。

年，加泰罗尼亚和葡萄牙的起义仍然没有平息，在阿拉贡的一场密谋正在展开，在西西里和那不勒斯的革命已经取得了胜利，瘟疫和叛乱正在把半岛撕扯得四分五裂。在当年10月份签订于明斯特的和约上，西班
167 牙正式承认荷兰联合省是个独立的国家。法国大体上左右了和约的签订过程，这个协定最终被命名为《威斯特伐利亚和约》。而法国人决定，尽管在德意志的战争结束了，但与西班牙的战争还要继续。

西班牙的虚弱实在太明显了，它连曾经笼罩1648—1652年之间的投石党人内战都不能利用。1652年短暂的军事成就(最著名的是从法国手中收复巴塞罗那)未能起到扭转局势的作用。1655年克伦威尔统治下的英国对西班牙宣战具有决定性的作用。英国海军占领了伊斯帕尼奥拉岛，罗伯特·布莱克的海军舰队于1656和1657年两次摧毁了西印度群岛的运宝船队。正是胆小的西班牙最终与法国订立《比利牛斯和约》：西班牙君主国失去了比利牛斯山脉前沿的加泰罗尼亚诸郡和尼德兰的几个要塞。西班牙国王还答应把幼女玛利亚·特雷莎嫁给年轻的法王路易十四。该和约标志着西班牙丧失了一个多世纪以来的欧洲霸权，从大约1560年菲力普二世奠定西班牙帝国起，到1660年前后，这期间西班牙主导了国际政治的进程。

经济现实开始成为政府决策制定者关注的问题，而不是帝国之梦。从17世纪早期开始，大多数西欧国家开始经历经典的萧条：生产和物价下降，伴随着贸易收缩。学者们就西班牙陷入困境的原因达成了共识，认为主要原因是人口危机。1580年前后，半岛内部大多数地区人口出生率下降，人口总数又进一步受到1600年前后几次瘟疫的打击。西班牙在现代早期经历的最糟糕的瘟疫是1647—1652年之间的那场瘟疫：在巴伦西亚和马略卡境内大约五分之一的人口死亡，巴塞罗那城和塞维利亚死者近半。

这是一个危机的时刻，在那时西班牙人质疑所有的传统价值观。学者们长期以来关注的都是这些负面的反应：某些乱出主意者关注社会衰败，作家关注理想破灭主题，艺术家关注笃信宗教和悲观主义。落在卡斯蒂利亚身上的帝国负担最重，因此合乎逻辑地说，最终正是卡斯

蒂利亚大吵大闹,反应最为激烈。许多人会问为什么承担帝国负担的应该是卡斯蒂利亚?其他作者积极地批评西班牙的整个帝国史。1618年洛佩·德·德萨说,“自从诸如西印度、佛兰德斯和意大利等地方被并
入西班牙君主国之后,就没有过什么好事情”。当时仍然被认为是王室 170
身上闪耀的珠宝的美洲大陆,对于某些人来说却不是这样,桑乔·德·蒙卡达在1619年宣称“西班牙的贫穷是发现西印度群岛造成的”。或许这些人里面最具讽刺的意味的还是诗人弗朗西斯科·德·克维多(Quevedo)的声音,1604年,他在与一个荷兰人的通信中评论道:“在你们国家我们消耗的是我们的士兵和我们的黄金;在西班牙本土我们消耗的是我们自己。”

人们可以发现西班牙人的反应并不局限于那些负面的态度。西班牙危机的深奥之处是它迫使思想家们不仅要质疑经济政策,而且要质疑官方政策立足的所有假设。人们开始攻击财富的错误分配,攻击种族歧视,攻击社会不公正。在那些帝国最为重视的省份这些问题更是走到了前台。葡萄牙和加泰罗尼亚的叛乱仅仅是一系列贯穿君主制国家的痼疾的冰山一角。安达卢西亚、阿拉贡的贵族们分别在1641年和1648年密谋分裂。1647—1648年之间那不勒斯分离主义的严重叛乱威胁使西班牙的地中海帝国分裂到不可收拾的地步。在加利西亚1657年印刷的小册子呼吁把葡萄牙的分裂作为先例。这个世纪的一个鲜为人知的声音来自胡安·德·帕拉福克斯,一个神圣的阿拉贡教士。他曾经长期在墨西哥担任教士,与那里的耶稣会战斗,后来又回到他的老家阿拉贡与其故乡人民的无知和迷信作战。在一份1650年前后写的评论集里,他思考西班牙帝国日益衰落的原因,并对卡斯蒂利亚的过度主导地位予以指责。他觉得,只有西班牙承认思想和文化的差异性要比僵化的帝国统一性更可取,才可能取得胜利。

1665年,编年史家笔下病弱的孩童查理二世继承王位,立即把西班牙变成了国际逐鹿的中心。他没有留下直系的继承人,查理没能让他的两个妻子——奥尔良的玛丽·路易丝和诺伊堡的玛丽安娜给他生下孩子。由法国的路易十四领导的欧洲列强与此同时达成了一项秘密

协定，假如西班牙没有王位继承人，他们就按照秘密协定分割这个君主国。与此同时，法国人领导的赤裸裸的侵略战争吃掉了世界范围内的几个西班牙领地。1668 年的亚琛和约，西班牙割让了尼德兰的主要城市。1678 年的奈梅亨和约，西班牙将弗朗什孔泰省和阿图瓦省割让给法国。1697 年的赖斯韦克和约，西班牙又将西印度群岛上的伊斯帕尼
171 奥拉岛割让给法国。令全世界的人都吃惊的是查理二世统治了 35 年，而且最后过世时又令人吃惊地把王位传给了路易十四的孙子安茹公爵，但按照约定西班牙君主国任何部分不可分割。他留下的并不是一文不值的遗产。在数十年的质疑和危机之后，西班牙已经适应了欧洲其他国家的标准。精英们正在阅读欧洲哲学家的著作，与此同时，宗教裁判所大体上不再活跃。新的科学运动正在年轻的知识分子中兴起。人们开始认识到西班牙被隔绝在欧洲之外，并为之遗憾。1687 年巴伦

令人印象深刻的“信仰行动”于 1680 年在大广场前进行，由弗朗西斯科·里兹抓住的这个场景，是西班牙宗教裁判所最后一次巨大的表演。它盛况空前，与西班牙那个时期的经济危机和军事灾难的现实问题形成了鲜明对比。

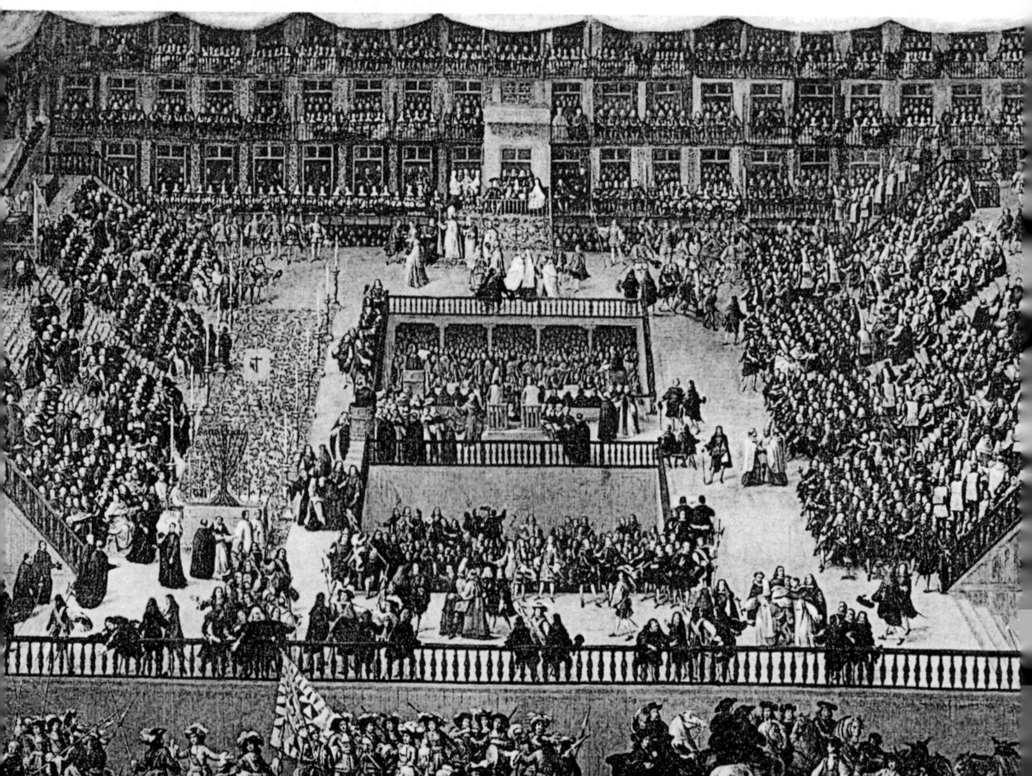

西亚的医生胡安·德·卡夫里亚达叹息道:“我们就像蛮族一样,最后一个才接受了欧洲其他国家早就接受的革新和知识。” 172

接下来的一代人批评哈布斯堡西班牙的伟大世纪是一个失败。乱出主意者的悲观主义被启蒙运动的作家接过旗帜,后来又被19世纪自由主义时代的知识分子接过了任务。没有哪件事能比像风一样在整个星球上扩张的伟大的西班牙帝国,更使19世纪初的西班牙议会恶心。像所有的帝国一样,西班牙帝国也有自己黑暗的一面,贬低它的人可以狠狠地做一番文章;但有些时候它在西方文明的经历中也扮演了深刻的、丰富的角色。

第七章　潮涨潮落(1700—1833年)

理查德·赫尔(Richard Herr)

173　波旁王朝前五位君主——菲力普五世(1700—1746年)[1]、费迪南德六世(1746—1759年)、查理三世(1759—1788年)、查理四世(1788—1808年)、费迪南德七世(1808—1833年)——统治下的西班牙历史可以分为两个截然不同的时期。18世纪,由于附属于最后一代哈布斯堡家族的达到顶点的查理三世相对荣耀的统治,西班牙本土及其海外帝国的力量获得了一定的恢复。从那以后,法国大革命带来的战争、热情与苦难以及拿破仑·波拿巴的帝国雄心毁灭了这个国家,给西班牙带来了民主君主制的首次实验,也导致其丧失了帝国的绝大部分领地。

潮涨

当安茹公爵菲力普接受按照查理二世的意愿赠予他的西班牙王国领地的时候,他不得不保卫自己的权利,抵抗维也纳的哈布斯堡家族,因为哈布斯堡家族不能容忍其家族财产的主要部分落到他们的死敌路易十四的孙子手里。卡斯蒂利亚人集合在菲力普五世的身边,希望最

---

① 1724年,菲力普五世退位,以支持其子路易一世,可能是出于希望继承法国多病的路易十五的王位,但是路易一世只在位七个月就去世了,菲力普五世又重新登上了自己原来的王位。

好能保持西班牙在欧洲和美洲的帝国原封不动。他们的对手阿拉贡的王室最初接受菲力普五世的统治,但当战争开始的时候,他们又转而效忠觊觎高位的查理大公,因为他们害怕菲力普将会复制路易十四的绝对主义。1702年奥地利被英国和尼德兰拉进战争,一年后害怕西班牙和法国王朝可能联合的葡萄牙也参战。卡斯蒂利亚只获得了法国的支
持。菲力普五世两次被迫短暂离开马德里;尽管如此他的军队还是赢 174
得了两次主要战役的胜利。它们是1707年的阿尔曼萨战役和1710年的布里韦加战役。筋疲力尽的查理从西班牙撤退,成为接下来的神圣罗马帝国的皇帝,这些都最终使得国际竞争各方接受和平。1707年,菲力普五世的军队控制了阿拉贡和巴伦西亚,不过,加泰罗尼亚摆脱了他的掌控。同盟这时从加泰罗尼亚撤退,把其居民留给了卡斯蒂利亚和法国军队。巴塞罗那无望地坚守了两个月,最终在1714年9月投降。

乌得勒支条约(1713年)和拉斯塔特和约(1714年)的签订最终结束了西班牙王位继承战争。由于奥地利获得了西班牙属尼德兰领地和除了撒丁岛(归属了萨伏依公国)之外的意大利的领地,西班牙未能保持其所有的领地。不列颠获得了直布罗陀和马略卡岛,并一直占领了下来。西班牙确实保留了其美洲帝国原封未动,但它被迫在所谓的和约上就垄断殖民地奴隶贸易向英国让步。除了允许英国人进行奴隶贸易之外,还允许英国人每年开行一艘五百吨位的货船,这后来开启了英国人大规模走私贸易的先河。

在波旁王朝统治下的西班牙人,其命运继续与他们在欧洲国际领域的牵涉相关联,正如他们在哈布斯堡王室统治下一样。欧洲领地的丧失给西班牙提供了把能量转向美洲的可能性,但它无法去除欧洲的诱惑,尤其是意大利的诱惑。菲力普五世的第二任妻子帕尔马的伊莎贝拉·法尔内塞是个年轻的具有重要地位的王后,由于她儿子的异母哥哥有权优先继承西班牙的领地,因此她为了他们的儿子查理急于争夺意大利的领地。到1731年法尔内塞这支灭绝后,查理继承了他的领地。三年以后一支西班牙的军队从奥地利手里收复了那不勒斯和西西

与欧洲其他地方一样，18 世纪的西班牙见证了建造宫殿的热情。菲力普五世位于马德里的山脊上的圣伊尔德丰索夏宫，也以拉格兰哈(农场)著称，反映了他长大的地方——凡尔赛宫宫廷的优雅。其优雅的正面、正规的花园和流淌的泉水鼓舞人们追寻乐趣，与菲力普二世的埃斯科里亚尔宫寒冷的城墙和压倒性的教堂式穹顶形成十足的反差。这里的穹顶高低适中，不过仍旧处在建筑的中央，不像凡尔赛宫那样，国王的部分宫殿处在中央，忏悔用的教堂在另一边。与西班牙启蒙运动相似，西班牙的波旁王朝的君主们被灌输了对西班牙天主教国家的身份认同。

里，查理成了西西里的国王。当他 1759 年离开那不勒斯，前往西班牙继承其同父异母哥哥在西班牙的王权的时候，他开明的统治已经使得那不勒斯成为意大利知识分子的中心。

西班牙参与的奥地利王位继承战争，仍然是在挑战奥地利在意大利的主导地位。尽管如此，1739 年，西班牙开始介入一场美洲的海上冲突，以阻止英国利用和约的保护从事走私活动。尽管“詹金斯的耳朵战争”是短暂的，但它标志着一个转折点。1748 年之后英国取代奥地利成为西班牙主要的敌人，西班牙作战是为了保护其海外帝国以及收复直布罗陀和梅诺卡这两个地方。波旁王朝的统治者最终放弃了自从费迪南德和伊莎贝拉联姻政策以来为了获得哥伦布发现的世界的大部分地方而挑起的欧洲重担。

费迪南德六世实行过一项政策,目的是为了创造一支海军力量,再 175
加上法国的海军就能够与英国的海军力量势均力敌。不幸的是,创建与英国一样好的军舰或舰队的努力从未成功。在与法国联合组成被称为家族协议舰队之后,西班牙参与了七年战争(1762—1763 年)和美国独立战争(1779—1783 年)。前一次战争使法国将加拿大割让给英国,西班牙则没有损失,因为法国用路易斯安那补偿了西班牙丢失的佛罗里达(西班牙在 1800 年把路易斯安那归还给了法国,当两国又一次联合与英国作战时,波拿巴冲动地把这块地方卖给了美国)。在第二次战争中,查理三世孤注一掷力图收复直布罗陀,围困直布罗陀超过了一年。一支顽强的英国守军挫败了西班牙军队,不过西班牙军队却用较短的时间重新占领了梅诺卡和佛罗里达。

菲力普五世对阿拉贡的胜利使得他能够解决长期困扰着哈布斯堡 176
王朝的问题:怎样有效地统治半岛上的不同地方。三十年战争和西班牙王位继承战争揭示了王国东部地区的特权带来的极大危险。菲力普保证这不会再次发生。1707 年,他废黜了阿拉贡和巴伦西亚的特权,把这些王国降到卡斯蒂利亚法律管理之下,按照卡斯蒂利亚政府的用途、实践和形式来管理这些地方,就连这两个地方的特别法庭也与卡斯蒂利亚没有任何不同。从 1494 年就开始存在的阿拉贡议会被解散,其事务转移到卡斯蒂利亚议会处理。从此以后巴伦西亚和阿拉贡的最高级官员再也不是总督,而是驻军司令。通过 1716 年的法令,菲力普五世也对加泰罗尼亚实行了类似的改革,该法令被称为新方案,附属条款规定必须在各级司法机关使用卡斯蒂利亚语言。这些领地的议会也消失了。菲力普五世在其登基之初曾经召开过这类会议,但在 1709 年他把巴伦西亚和阿拉贡的议员并入卡斯蒂利亚议会,1724 年又把加泰罗尼亚的议会并入。尽管卡斯蒂利亚的议会此后不过召开了两次,分别是 1760 年和 1789 年两位新国王上台的时候,以承认阿斯图里亚斯亲王为未来的国王,他们还是成了事实上的西班牙议会,尽管并没有这样称呼。

这些措施与使英格兰和苏格兰结合成为大不列颠王国的《合并法案》同时产生，是欧洲共同朝着强大、独立的主权国家发展的一部分，也是为了利用邻国的虚弱和警惕自己国家不团结带来的危险所作的准备。尽管如此，西班牙王国的中央集权化进程并没有结束，因为巴斯克的省份和纳瓦尔在菲力普五世任内仍旧保持着他们的特权。18 世纪这些都没有带来大的问题，但对 1833 年以后的王室来说，则是肉中刺。除了巴斯克和纳瓦尔之外，没有哪个社会公共机构可以像路易十四之后的议会、地方长官一样挑战国王的命令。卡斯蒂利亚政府，现在的西班牙正被加以修正以使得它更有效。菲力普五世从哈布斯堡家族手中继承了一种议会形式的政府。最杰出的是处理战争和外交事务的国务会议，而权力最大的是作为高等法院和咨询机构的卡斯蒂利亚议会。
177 它的顾问律师接受请愿、方案和写好的建议，送给议会评论。如果议会通过就呈交国王，一旦获得他的支持就可以作为王室证件、敕令或实际裁决(较少)留作国家重要事务之用。西印度群岛的一个平级议事会处理帝国问题，而其他的议事会处理金融、战争、军事团体和宗教裁判所等事务。这个体制结构笨重，菲力普从路易十四那里引入了国务大臣的制度(我们把它称为部长制)以便能够起到对政府各个部门的决断作用：国务(外国事务)、财政、司法和教会事务、战争、海军和西印度群岛。

这样就产生了一个部分会议制的、部分部长制的二元制政府结构。国务大臣逐渐接过越来越多的责任，尤其是行政方面的，使得多种多样的议事会处理的事务，除了卡斯蒂利亚议会，比高等法院多不了多少。国务会议仍旧处在波旁王朝的管理下，但由于它失去了权威和任命权而变得只具有纯粹的荣誉性质。18 世纪的统治者们以这种方式为当代的政府结构铺平了道路。

王室顾问们常常考虑的是如何加强国家的经济实力，以便能够面对他们的国际竞争者，因为钱就是战争的内核。从阿拉贡王国的特权中解脱出来后，菲力普五世引入了有关财产和收入的新税种，希望获得与卡斯蒂利亚相差不多的收入，然而，这些政策只是通过它们的简单性,显示了卡斯蒂利亚的贸易和税收是多么的严苛和低效率。费迪南德六世作出了慎重的尝试以便使卡斯蒂利亚的财政体系现代化。1749年,他在各省设立了一个监督官,他们在政策和财政事务上代表国王。这个官职是从法国学来的,菲力普五世曾经短暂地尝试过。在财政大臣拉恩塞纳达侯爵的领导下,监督官就卡斯蒂利亚所有城镇的个人财产和收入进行了细致的调查。这个了不起的努力表现了有人领导的西班牙王室工作人员的能力。拉恩塞纳达侯爵的土地清册显示,即使贵族和教士这些土地所有者们支付全额的税收,税率还是如此之低。这个结果使得特权群体恐惧,他们成功地拖延改革直到查理三世废除它。卡斯蒂利亚的王室税收仍旧复杂而无效,拒绝向那些保留着高于许可的价格的农户收税。

天主教会在这个国家的政治和经济方面扮演着主要的角色,正如它在过去几个世纪曾经做的那样。它是王室最有力的盟友。战争时期它会发动人民起来反对敌人、反对新教强国,就像中世纪的时候反对穆 178
斯林一样。卡斯蒂利亚的教士们把西班牙王位继承战争称为是反对不列颠的十字军,他们指控英国围攻教会、强奸修女。作为回报,国王把大片土地提供给主教和修道院管辖。教会也给王室提供最可靠的收入,包括三分之二的什一税和每个教区全部最富有的农民的什一税。由于这笔收入是以粮食而不是钱币的形式接收,这笔收入可以抵拒通货膨胀,而且随着人口增长,拓展了可耕地的面积而自动升值。

教会的社会角色是大致相同的。一个大土地所有者可以让他的二儿子获得一份富有的圣职,穿着长袍的教士主宰着他的村子,一个农民的儿子能当上僧侣或修士是很荣耀的。几个世纪以来,濒死的人们都将其财富的一部分遗赠给宗教基金或慈善基金。按照拉恩塞纳达侯爵的土地清册,教会的财产及其接受捐助创造了卡斯蒂利亚各行省五分之一的农业收入,大多数来自租给耕种者的土地。

自从费迪南德和伊莎贝拉开始,西班牙君主们就有权提名西班牙主教候选人并对格拉纳达和西印度群岛的教会享有完全的世俗权力,称为共同受托人。由于有着这样的背景,加上教皇克莱门特十一世支持查理大公，菲力普五世开始扩大对西班牙教会的控制。在漫长的此消彼长之后，他的战役在费迪南德六世1753年签订的协定时达到了顶点。该协定确认了王室有权提名主教人选，并把这项权力扩张到了其他高级教会职务的任命，宣称可以对教会财产收税，减少罗马教皇从西班牙信众那里收取的费用。查理三世更进一步，重新确认了许可证制，教皇诏书的出版和敕令在西班牙的出版必须经过王室的同意。

18世纪天主教教会受到有关教义问题、礼拜形式和教皇地位等内部分歧的严重困扰，它面临着世俗统治者关于世俗权威问题的挑战。许多天主教徒统治者想要限制教皇和罗马元老院的权威，于是他们寻求那些认为教廷已经在道德上腐化了的教士们的支持。后者指责耶稣会士培养松懈的道德。他们被人称为詹森主义者，在该法国团体的教义被罗马教皇谴责后声名鹊起。这个问题在西班牙解决起来就和其他
179 地方一样。西班牙詹森主义者反对华丽的教会装饰、奢侈的仪式和其他过分花哨的信仰展示，因为他们认为这些背离了真正的精神奉献。外观陈旧的西班牙宗教裁判所下令禁止阅读主张詹森主义观点的神学家著作。那些赞美这些著作的教士们害怕宗教法庭。法庭虽然不会对他们施行火刑，却会毁坏他们的生活。

查理三世对耶稣会士不怀好意。他们派往美洲的传教团的忠诚性受到怀疑，在西班牙，查理三世的顾问们憎恨大学教职员工中的耶稣会士与显贵家族的联合，因为这导致前者的学生获得了王室会议和教会的高级职位。这些不太富足的、受到这些关系网络之害的学生之中有佩德罗·罗德里格斯·德·坎波马内斯，他作为卡斯蒂利亚议会的顾问律师，后来成了国王在经济事务方面的首席顾问。

葡萄牙和法国的国王把耶稣会士赶出了他们的王国。令人意想不到的三年歉收在1766年的春天造成了粮食紧缺，给西班牙中部带来了饥荒，也为西班牙效仿上述两个国家提供了借口。马德里的平民也憎恶意大利的埃斯基拉切侯爵领导下的财政部强硬地试图清除和管制他们的城市。在棕榈枝节日上，群众起而反对统治者以能够隐藏身份为借口，试图强制执行一项禁止穿戴传统披肩和帽子的禁令。三天激烈

的争吵把国王赶到了阿兰胡埃斯，把埃斯基拉切赶到了意大利。由于需要某个德高望重的人出马，查理三世提名阿兰达伯爵担任卡斯蒂利亚议会议长，他将在那里主持一项改革。在马德里和其他地方，在政府坚定地恢复秩序之后，人们适时地作了让步。埃斯基拉切骚动是自从 1520 年公社以来，对卡斯蒂利亚王室权威的最严重威胁。它标志着波旁王朝统治时期的一个转折点。一个秘密委员会推断，耶稣会参与了造成马德里骚乱的阴谋，就此，坎波马内斯把耶稣会认定为西班牙和美洲“纷争的中心和煽动者”。1767 年，查理三世下令把他们驱逐出他的领地。大约 5 000 个耶稣会士被赶出来，他们最终定居在教皇国。由于大部分西班牙主教是由国王提拔的，主教们告知教皇他们赞成国王对耶稣会士的驱逐。六年后，为了应对来自法国、西班牙和葡萄牙的压 180
力，教皇下令解散耶稣会团体。

查理三世没收了耶稣会的财产，取消了他们传播教义的权力。他的顾问借此机会将王室权威强加给大学。坎波马内斯的合作者巴勃罗·德·奥拉维德，因熟悉欧洲的知识分子界，1767 年被提名担任塞维利亚的监督官。在塞维利亚大学没收耶稣会财产的过程中，他修正了大学的大纲，以摒弃经院主义对笛卡儿逻辑的支持。受到他这个榜样的鼓舞，坎波马内斯使得卡斯蒂利亚议会确信必须要到其他西班牙的大学修改哲学大纲，把现代物理、天文学、认识论、自然法和国家法包括进来。然而，大多数教工成功避免了大幅度的改革，包括主要的大学教授和学生在内都逐渐熟悉了现代科学和政治理论。

教育改革与传遍受教育的西班牙人的启蒙运动精神相同步。它有很多来源，最为明显的新思想的来源，是奥维耶多的本笃会教授贝尼托·赫罗尼莫·费霍的著作。他的《普遍批判性戏剧》(*Teatro Crítico Universal*，9 vols.，1727—1739)和《旁征博引的证书》(*Cartas Eruditas*，5 vols.，1742—1760)揭露了普通的迷信信仰和行为，并以一种娱乐的风格描述了国外的科学和医学成就，为当时的读者所喜闻乐见。随着人文主义者格雷戈里奥·马扬斯(Gregorio Mayáns)和医学教授何塞·德尔坎比洛-科西奥(José del Campilloy Cossio)主张有必要加强西班牙的制造业、商业和增加人口，巴伦西亚市成了当时另一个思想中心。他们是以哈布斯堡时代的乱出主意者的传统写作的，但他们反映的却是路易十四的首相柯尔伯的重商主义思想。在18世纪中期以后，王室官员伯纳德·瓦德和坎波马内斯主张有必要放宽经济管制。虽然西班牙人并没有对物理学的当代成就有意义深远的贡献，但他们在西班牙和美洲的生物学研究一直领先。由费迪南德六世创建的马德里的植物园不久就达到了一流水平。

在18世纪中期之后，外国著作开始出现西班牙语的译本，最为突出的是经济学和植物学的著作。宗教裁判所理所当然禁止主流哲学家孟德斯鸠、伏尔泰、卢梭和其他人的著作，然而对此感兴趣的西班牙人通过走私图书或其他途径学习到了他们的思想。尽管如此，使得恭顺
181 的基督徒震惊的自然神论和无神论在比利牛斯山脉以南几乎没有遇到一个读者。西班牙经历了真正的启蒙运动，不过它采取的形式不同于欧洲北部的国家。

使得人们激动的是新思想的实践的一面，是那些能够改善这个国家的思想。在这种思想的激励下，产生了西班牙启蒙运动最具代表性的机构——巴黎兄弟会(Amigo del país)。1764年，国王批准16个巴斯克贵族创建一个叫作“国家之友”的社团，以鼓励农学、工业、贸易和艺术、科学的传播。这些活动给坎波马内斯留下了深刻印象，进而导致了马德里的类似团体、西班牙和美洲的50个类似团体的建立。在马德里的经济学社团的领导下，最为积极的社团为他们的地方做了很多事情，他们出版了新的关于农业和制造业方法的书籍，建立假日学校、提供奖金、召集公共会议、出版他们的回忆录。普通人、开明的教士和贵族在会议上热烈议论，查理下令马德里社团吸收负责女子学校的女性会员。西班牙女性奔向商业机构，走向农场，而合法的社团接收女性确实是一项创新。

巴黎兄弟会的爱国和平等精神激发了西班牙统治精英的理想社会的愿景。它的核心形象是一个小农耕种自己的土地，收获丰硕，使家庭充满着温暖、欢乐和对祖国的爱。这是一个由18世纪的作家重新描绘

出来的古代理想。与农民一起干活的是善良的工匠,他们为平民百姓生产普通商品,纯朴、奉献的教士们给人们讲解道德的真谛。大众的繁荣将会给整个民族带来幸福。

在这幅理想的风景里面,无所事事的贵族和生活奢侈的教士们没有位置,深受贫困困扰的劳动者也消失了。查理三世及其顾问们同意孟德斯鸠的观点:君主制需要一个贵族阶层,不过,特权必须为社会服务和同情弱者。弗朗西斯科·戈雅在他为王室挂毯厂设计的西班牙生活的图画里,抓住了良好的社会秩序的精神实质。

这种精神召唤一位新国王。菲力普五世感染了欧洲人因凡尔赛宫而激发的对宫殿狂热。他开始在马德里建造大型宫殿,还在塞哥维亚附近的山脉上建造人们熟悉的拉格兰哈夏宫。查理三世保持了宫殿和宫廷的礼仪,但改变了君主制的形象。他是个鳏夫,过着贞洁、相对简 182
单的生活,通过打猎、与佣人们一起步行来消遣。人们可以看见他自己骑着马或驾一辆敞开的马车,向任何穿着华贵的人或教士脱帽致意,向地位低下的人热情地点头。路易十四时期传统的王室肖像要求穿着庄严的长袍、坐姿,但戈雅笔下的查理三世则穿着粗糙的打猎服,扛着枪,牵着狗,王权的唯一的标志是绕着他的胸部的绶带。提香和委拉斯开兹笔下的王室肖像依照先例描绘他,戈雅传达的更多的却是一个新共和国国父的热情和俭朴,而不是拥有神授权力的君主。

1766年埃斯奎拉什骚乱之后,政府政策开始反映这种新的精神。由于免于欧洲战争以及得益于国内和美洲日益扩张的经济,西班牙的国王享受着社会改革的乐趣,因为他确信这会带来繁荣。特权和殊荣受到攻击,他废除了禁止下级教士从事体力劳动的规定,“以便他们不用无所事事或染上恶习,成为社会的负担”。自治市的官员向从事此前被认为是下等职业的人们——裁缝、鞋匠、制革工人、铁匠和木工——开放。当地政府是人们感兴趣的,尤其是在安达卢西亚的大型城镇。许多自治市的议员拥有的官职是祖先从国王那里买来的,所以他们管理城镇就像寡头共和国一样,从来都不为他们治下的劳动者的困难所困扰。1766年的许多叛乱者指责城镇议会造成了他们的饥饿。查理三世接受坎波马内斯的建议，创建市政议会的新成员：平民阶层的代表，保护该社群的利益。这些代表由每个家庭的户主选举产生。通过全民选举来动员普通市民，坎波马内斯希望打破有权势者对城镇的把持。

改革并没有收到预期的效果，有证据表明，新官员并没有保护平民，反而常常被市议会议员腐化或边缘化。例如王室的一个目的在于
183 防止未来食物短缺的工程，国王下令市政府分出公地来给没有土地、贫穷的居民，首先是埃斯特雷马杜拉，然后是拉曼查和安达卢西亚，在1768年的时候是整个西班牙。马上就有抱怨传出来，最好的土地都落到了富人手里，而贫穷的农民由于缺少资本，未能支付他们的年租金，正在失去土地。马德里的改革者充满了启蒙运动的信念，好的法律可以改革社会，这使他们看上去很天真。王室敕令对根深蒂固的社会习俗和态度缺乏作用，国王像其他现代早期的统治者一样，缺乏胜任的忠诚的代理人网络来推行这些法律。

尽管如此，在那些乡村空旷的地方，国王和他的顾问能够创造理想的社群。作为公路战略的一部分，他们沿着去往塞维利亚的公路荒野之处创建新的殖民地，而到这里的旅游者成了土匪的猎物，在莫雷纳山和科尔多瓦西部无一不是这样。奥拉维德被任命主管这个工程。定居者收到带有新建成的房屋、工具和牲畜的家庭规模的农场租约。农场不可以合并，教会必须是小规模的，宗教团体被取缔，城镇政府常常是选举产生的。第一批定居者是德国天主教徒，之所以选择让他们来是因为他们出名的严肃和勤奋，但很快西班牙人来的要多得多。奥拉维德吹嘘麦子的大丰收，但主要原因最可能是此地的土壤是第一次开垦。镇民还种植大麻、亚麻，生产丝绸，当地纺织者生产毛纺织品和麻纺织品，这是改革家们理想的农村经济。在19世纪，严格的统治方式被放

莫雷纳山脉和安达卢西亚的新式农业殖民地被看作查理三世统治时期的主要成就，使得他被同时代的人看作开明的统治者。在科尔多瓦和塞维利亚之间创建的拉路易斯安那是四个主要城镇之一。狭小的城镇广场和适中的教堂完成了计划，使得殖民地成为农民和手艺人的生产性社群，而没有大地产所有者和宗教团体。

➡

弃了，但许多城镇都成了现在富裕的农业中心，仍然展现出他们民主的渊源、长方形的街道、简单的教堂和房屋。这些都是对查理三世的活生生的赞美。

另一种精神也在渗入这个世纪的王室政策，一种信仰在当时的欧洲日益被人接受，即认为在国家内部经济自由会带来好处。这在很大
184 程度上是欧洲大部分地方人口增长的反应。1712 年西班牙人口还是 750 万人，到了 1786 年变成了 1 050 万人。18 世纪中期的城市食品紧缺，诸如埃斯奎拉什骚乱之前的粮食紧缺，鼓励王室顾问放弃传统形式的管理手段，相信市场力量能制造产品。市场经济对于乡村西班牙来说并不陌生；收取租金和教会什一税都以精美的市场上的产品来支付，小地主和佃农也出售过剩的收成和牲畜。尽管如此，谷物贸易仍然依照传统被严密管制，以防止面包价格暴涨。1765 年，国王放宽了对谷物贸易的监管。经济自由的新理念也影响了梅斯塔——放牧羊群的特权群体——而他们在之前几个世纪里都保证了其所租赁的畜牧带的使用。坎波马内斯任命管理者，安排废除这种权利；土地所有者们就可以据此把他们的土地围起来种植作物。他还警告家族和教会禁止不动产的让渡，但这样做的时机还不够成熟。事实上，许多农村的财产一直处在买卖之中，马德里的房屋常常易主。

帝国的政策也朝着经济自由的方向发展。帝国在美洲不断扩张的经济极大地丰富了欧洲商品的市场。虽然受到外国干涉者的挑战，王室仍旧挣扎着确保这个国内产品的市场。1717 年，加的斯取代塞维利亚成为贸易署所在地，控制着去往美洲的货运，在这个世纪后来的时间里保持着对殖民地贸易的主要港口的地位，有来自法国、爱尔兰、巴斯克、加泰罗尼亚和塞维利亚的国际商人社群。尽管如此，当菲力普五世决定复制欧洲北部的贸易公司的时候，西班牙人开始失去对美洲的垄断。在 1728 年，他建立了位于加拉加斯的王室吉普斯夸(Guipuzcoan，巴斯克)公司，垄断对委内瑞拉的贸易，这是对日益增长的巧克力贸易的反应。1755 年，国王建立了巴塞罗那的加泰罗尼亚公司，发展对除古巴之外的西印度群岛的贸易活动。1765 年，当查理三世向巴塞罗那

船主开放全部西印度群岛,向全体西班牙人开放其他七个港口时,他引入了一项不同的政策。由于对这个结果很高兴,在 1778 年的一份条例中,国王授权这些港口与除了墨西哥之外的其他美洲殖民地开展贸易 186
活动。墨西哥直到 1789 年之前一直是加的斯的保留贸易地。西班牙和它的帝国日益成为一个巨大的自由贸易之区,它努力保护自己,不受外界影响。

许多通过西班牙港口进入美洲的货物都产自外国,但与殖民地贸易的便捷催生了西班牙本土工业的成长。巴斯克省出产铁、青铜制品,巴伦西亚以丝绸贸易而知名,加泰罗尼亚的传统羊毛业繁荣。巴塞罗那商人通过建立为西班牙和美洲殖民地印制单面印花棉布的原始工厂,也对当时欧洲流行的优质棉质面料作出反应。

在中部地区的高地,驱动经济的主要力量是马德里的市场,这里是宫廷和政府、贵族和富裕的宗教机构的驻地。与欧洲其他首都城市不同,马德里不能通过水路到达,到 18 世纪 80 年代,在天气好的时候,为了供应这座城市近 20 万人口每天所需的食品和燃料需要大约 700 辆运货马车和 5 000 只驯服的动物。由于被日益上涨的农作物价格所吸引,卡斯蒂利亚的农民把牧草带改造成麦田,安达卢西亚的土地所有者转向生产可以在市场上出售的葡萄酒和橄榄油。

政府寻求可以改善卡斯蒂利亚经济的方法。他们借鉴法国的做法,创办了许多王室工厂,提供外国奢侈品——诸如陶瓷、眼镜和精美的衣物——的替代品。最大的工厂在瓜达拉哈拉,有大约 800 架织布机生产精美的羊毛织物,希望有格调的西班牙人不再需要穿着用西班牙羊毛织成的英国产品。尽管如此,王室工厂的经营还是亏损了,很大程度上是由于西班牙中部地区的运输成本造成的。拉恩塞纳达侯爵把改善道路状况当作王室的一个主要目标。由于考虑中央集权化,1761 年的一个全面计划的目标在于把马德里与安达卢西亚、巴伦西亚、加泰罗尼亚和加利西亚的港口联系起来。当 1790 年的危机打断该计划的时候,这个交通网络已部分竣工。

总体而言,西班牙的经济是健康的,至少就人均收入来说,是在增长，这预示着未来将是繁荣的。成为悖论的是，虽然卡斯蒂利亚当时已经建立了对全国的政治控制，经济上来说，它正在边缘化，很大程度上是因为缺乏通往大海的道路。这里的谷物价格因天气对收成的影响而剧烈波动。与之形成鲜明反差的是，边缘地区是西方海洋经济的一部分。他们的城市可以依存于以国际价格供应的来自法国、西西里和北
187 非的谷物，而地中海沿岸地区则出口葡萄酒、坚果和干果到欧洲北部。安达卢西亚的大种植园向国内、国外市场运输谷物、橄榄油和葡萄酒。其人口众多的城镇和分阶层的社会结构不同于卡斯蒂利亚的农民村庄。这预示着19世纪，西班牙的政治正在分化为三个迥然不同的区域：不发达的内陆地区、寡头政治的农耕的安达卢西亚地区以及繁荣的北部和东部边缘地区。

最为积极的改革时期只匆匆进行了六年时间。阿兰达伯爵的目中无人激起了国王的愤怒，1773年，查理三世免去了他卡斯蒂利亚议会议长的职位，任命他为驻凡尔赛大使。改革者就此失去了主要的保护人，奥拉维德成了牺牲品。仇恨他的大学改革计划和严格控制农业殖民地的宗教机构的教士们向宗教裁判所告发他。宗教法庭逮捕了他，在将其囚禁两年之后，1778年，宗教法庭在王室官员、贵族和教士面前，让他身穿悔罪袍，膝盖连着手臂一起被绑起来，宣判他犯有异端罪。虽然他被判监禁八年，可能是在宗教裁判所的主管人员的同情、默许下，他很快逃亡到法国，法国人给予他英雄般的欢迎。

1776年，国王任命了国务大臣何塞·莫尼诺，他是前任卡斯蒂利亚议会的法律顾问，最近刚被授予弗洛里达布兰卡子爵头衔。国王还任命坎波马内斯为子爵，并提升他为卡斯蒂利亚议会的理事。查理三世极为信任弗洛里达布兰卡伯爵，1787年在他的建议下，各个王室秘书在他的主持下每周见面一次。这个全国最高政务会预示着现代意义上的内阁，并给予弗洛里达布兰卡不可挑战的权威。弗洛里达布兰卡和坎波马内斯支配了查理三世统治的最后几年。他们继续支持改革和启蒙运动思想的传播，但没有了18世纪60年代一往无前的气势。在这种精神下，18世纪80年代西班牙收获了自波旁王朝上台以来最好的

改善内部交通是18世纪欧洲政府主要关心的事。费迪南德六世和查理三世投入较多的精力修建道路。1761年的计划是连接马德里和主要港口，虽然并未竣工，也显著改善了旅行，尤其是山区的旅行。最好的道路处在繁荣的社群地区——巴斯克省、加泰罗尼亚和巴伦西亚。其中最好的一条道路是查理四世统治时期竣工的、连接巴伦西亚和巴塞罗那的道路。这部分工程带有弯道和系车柱，征服了科尔·德·巴拉瓜尔，此前这个地方必须徒步行走，正如法国观察家亚历山大·德·拉勃德所称呼的，是“令旅行者失望”的地方。这条公路保证了定期的骡子拉动的运输路线连接起两个地方，正如它们在西班牙其他城市之间那样。

成果。

1783年西班牙与英国签订的和约带来了十年的经济繁荣。以市
场为导向的农业满足了西班牙的城市和外国日益增长的需求。1778
年关于西印度群岛贸易自由化的条例从那时起开始生效，西班牙向殖
民地的出口额达到了战前水平的两倍。国王也随着他们的子民一起获
利。加泰罗尼亚与美洲殖民地的贸易激增，包括葡萄酒、金属制品和纺
织品，这些都极大地推进了其工业发展。每年都可以见到有很多企业， 188
把棉布制成供应西班牙和美洲奢侈品市场的优质单面印花棉布。尽管
他们使用的大部分布料都来自进口，棉印染业使得加泰罗尼亚成为早
期工业革命的主要中心之一。英国改革家阿瑟·杨在短暂访问巴塞罗

那期间,记录了这种兴奋、愉快的感情:“当你漫步在宽阔而有活力的工业街道上的时候,走到哪里你都能听到木制机器嘎嘎作响的声音。”

在马德里,类似的兴奋弥漫在艺术作品和信件中。戈雅成了最时髦的肖像画家。1789 年,查理四世任命他为宫廷画家,达到了他事业的顶峰。西班牙最好的作家激励每个人尝试新的思想和新文体:何塞·德·卡达尔索流传的手稿《摩洛哥信札》(*Cartas Marruecas*)讽刺西
189 班牙社会;诗人、剧作家托马斯·德·伊里特批判上流社会的价值观;还有很受热捧的年轻诗人和宫廷法官加斯帕尔·梅尔乔·德·霍韦利亚诺斯,坎波马内斯的门生、先前奥拉维德的塞维利亚圈子的成员。他是西班牙 18 世纪最伟大的诗人胡安·梅伦德斯·巴尔德斯的庇护人,他的社会哲学令萨拉曼卡大学的人文主义学生振奋,这些学生反过来也启迪了下一代诗人尼卡西奥·德·西恩富戈斯和曼努埃尔·金塔纳。他们的诗歌很容易地从对田园牧歌的热爱转到了社会批判和当代科学。他们之中的剧作家霍韦利亚诺斯赞美民族英雄佩拉约和努曼提亚的守卫者,教导爱国的职责和开明的美德。

欣欣向荣的出版业发行了《堂吉诃德》《熙德之歌》以及其他的经典著作和当时的外国著作,尤其是政治经济学方面的译本。马德里出版的期刊不但传播到了主要城市,还传到了省会城镇中的教士、公证人和其他定期捐款人的手中。路易斯·卡纽埃洛通过其杂志《监察官》(*El Censor*)(1781—1787 年)中辛辣的讽刺,发出了詹森主义者和经济学家的声音,直到当局判定他走得太远令其沉默。巴拉达雷斯·德·索托马约尔的《学术周刊》(*Semanario Erudito*, 1787—1791 年)通过印刷

从路易十四统治时期开始,人们都接受了君主必须穿着长袍或其他礼服出现在肖像画之中。按照这个传统,在查理三世统治初期被带到西班牙的拉斐尔·孟斯笔下,他的庇护人穿着全副盔甲。到查理三世统治末期,戈雅用国王喜欢的狩猎服装代替国家的服装,唯一象征权威的是一个绕着他的胸部的绶带。使戈雅得到灵感的是委拉斯开兹的一幅画:菲力普四世穿着狩猎服装,手里拿着枪,脚下趴着一条狗;在戈雅的肖像画里面反映了君主制的新概念,查理及其大臣们已经演变为亲近其人民的君主——祖国的父亲(Padre de la Patria),正如在墨西哥铸造的奖章称呼的那样。戈雅传递更多的是温暖的、纯粹的其他国父们——查理的大西洋另外一边的共和国盟友乔治·华盛顿——的气息,而不是神授的、正义的君主。 ➡

“许多智慧的西班牙人留给我们的教导”，揭示了这个国家的痼疾，其他期刊公开刊行海外最新的与知识有关的新闻。

在一代人的时间跨度内，有教养的西班牙人将会体验对繁荣的怀恋、进步的气氛和知识分子的躁动，这是查理三世统治后期的特征。脾气暴躁的教士们和难以驾驭的势力仇视王室改革，但没有公开抗拒受到尊敬的君主制。在他们之下，芸芸众生：巴斯克铁匠、加泰罗尼亚纺织工、巴伦西亚陶艺师、加利西亚渔夫、卡斯蒂利亚牧羊人、安达卢西亚农村短工、农民、斗牛士、制陶工人、纺纱工和寡妇，像往常一样谋生，在当地的市场做生意，出席宗教节日和个人礼拜式，也经历欢乐、竞争和众生都有的生理疾病。新思想的泡沫与他们无关。尽管如此，很快国家事务会使整个社会卷入其中，君主制将要被震动，旧制度将要走到尽头。

潮落

在历史记录上，查理四世是他父亲的不称职的继承人。虽然性格不果断，但他不应该遭到如此苛刻的评价。他对待其责任慎重，还尤为关注他的子民的福利，不过他没有能力在法国革命给欧洲带来的漩涡
191 中保持西班牙的幸福。作为阿斯图里亚斯亲王，新国王结交了一群贵族，他们欣赏阿兰达伯爵，憎恶在他们眼里只是一个暴发户的弗洛里达布兰卡伯爵。尽管如此查理四世仍然保留了弗洛里达布兰卡政府首脑的地位。当局缓和了弗洛里达布兰卡的态度，那时从法国传来消息称，一个自命的反对皇室权威的国民议会冒犯了他的合法政体的法典。他决心使西班牙人忽视法国发生的事件，为此他动员海关官员和宗教裁判所的官员没收法国的出版物，检查西班牙的刊物、杂志。然而报纸的报道则没有被管到，某些改革措施还是在西班牙获得了支持者。弗洛里达布兰卡忧心忡忡，像其他启蒙运动的欧洲人一样，开始怀疑他们近来推进的一些活动。1791 年，他暂停了期刊的出版，劝阻“巴黎兄弟会”的活动。他解除了最杰出的改革者坎波马内斯和霍韦利亚诺斯的要职。

尽管西班牙当局努力了一番,法国的潮流还是压倒了弗洛里达布兰卡。路易十六因为担心其王位的稳固性,向其西班牙侄子施压,要求他公开宣称赞成新法国立宪君主制。1792 年 2 月,查理四世作出反应,解雇了这个老吝啬鬼,废除了他控制的国家政务会,提名阿兰达担任他的职位。阿兰达试图支持法国国王;尽管如此,1792 年 8 月,路易十六被推翻,随后法兰西第一共和国宣告成立,这些暴露了他的无能为力。国王在 11 月把他免职。

查理四世任命长相英俊、20 岁时担任国王的卫兵、不久前被国王封为贵族的曼努埃尔·戈多伊为首相。此举令整个宫廷吃惊。阿兰达的朋友们把戈多伊的升迁归因于王后玛利亚·路易莎的影响,他们谴责她是戈多伊的情人。更为可能的解释是查理四世渴望从他父亲的顾
问们那里得到解脱,又对戈多伊的能力印象深刻,而且觉得他是一个忠 192
心的臣仆,查理四世对他的戈多伊一直信任到 1820 年流亡途中死去为止。除了 1798 年之后的两年外,他一直是查理四世统治时期至关重要的角色。

戈多伊的第一次主要的挑战来自法国。1793 年 1 月,路易十六被处决之后,法国宪法从西班牙和英国那里得到的回应是两国对法国宣战。西班牙战争在比利牛斯山脉的两边进行。1793 年一支西班牙军队入侵法国,1794—1795 年法国军队入侵加泰罗尼亚和巴斯克省。这两个地区各自组织防卫,但由于戈多伊怀疑他们对马德里的忠诚度,在 1795 年与法国媾和,割让半个圣多明各岛,以换取法国撤出西班牙北部地区。查理四世授予戈多伊"和平亲王"的称号。两年后,他准许戈多伊与国王的侄女结婚,这是无上的荣耀。

和平只给予西班牙短暂的喘息机会。英国当时仍与法国处在交战状态,由于怀疑西班牙与法国之间达成了协议,其海军攻击了西班牙运输船只。西班牙的反应是与法兰西共和国在 1796 年 8 月结成了同盟,迅速向不列颠宣战。家族协议已经收到了效果,虽然这个家族的法国分支已经离开了。1802 年 3 月亚眠条约终结了不列颠与西班牙和法国的战争,但一年后法国和英国重新产生了敌意。查理四世尝试保持

中立，然而波拿巴家族要求兑现中立补偿条款，不列颠重新攻击西班牙的运输船只。1804 年 12 月，西班牙再一次向不列颠宣战。

这种几乎没有公开的冲突却给一个国家带来如此深重的灾难的战争是很少见的。不列颠海军削减了西班牙与美洲之间的大多数贸易。1798 年，加的斯的商人陷入可怕的窘迫境地。加泰罗尼亚的棉花工业由于没有能力获得原材料卖给最合适客户，产生了事实上的中断，工人转而去增强由驻军司令提供的输送线。1802 年的和约带来了短暂的恢复，但 1804 年之后，英国的海上封锁再次损害了西班牙与其殖民地的贸易。西班牙在美洲市场上正在输给不列颠，1780 年代的过度愉快正在消失。

战争对于王室是一场财政灾难，失去了来自美洲的汇款和关税。新税收下包含的启蒙精神打击了富人，赦免了劳动者阶级，除了不好的愿望外，几乎没有什么产生。一个较容易的对策是增加货币供应量，恢
193 复查理三世在美国独立战争时期采用的措施，发行带有利息的成为事实上的货币的支票，作为法定的货币流通。

1793 年后，查理四世发行了大面额的新代价券。公众很快就对它们失去了信心，以远低于面值的价格交换它。国王和他的顾问对王室破产导致了法国革命这一事实感到焦虑。1798 年，查理四世允许戈多伊辞职，留待别人寻找解决财务危机的手段。这个任务落到了新财政部长米格尔·卡耶塔诺·索莱尔的身上，他的解决方法开启了带有深远后果的政策。

1795 年，霍韦利亚诺斯完成了一项由马德里的经济学协会授权的有关农业改革的报告。他的《农业法案卷报告》(*Informe en el Expediente de ley Agraria*)是西班牙启蒙运动的杰作。它对查理三世的改革者们主要关注的事务，即由教会和贵族阶级控制的广泛的财产束缚所产生的负面影响作出了回应。霍韦利亚诺斯欣赏亚当·斯密，他主张即使不废除对财产的束缚，也要放宽对生产工具的束缚。市场的自由运行将会使从事生产的小农们对土地产生有效的控制，农业将会丰收。霍韦利亚诺斯把标志着查理三世改革的经济自由这一理念

推向了其逻辑的终点,并将其与小农理想相联系。这里用一个框架把自由经济学和自由民主的根源联系到了一起。19 世纪将会展示的是,它们不是天然的同盟者,因为使土地市场自由化将会更多使资本主义的土地所有者获益,而不是小土地所有者。尽管如此,西班牙的 19 世纪改革者由于对未来一无所知,并未发现两个目标之间的不一致之处。

这些论据给索莱尔提供了他所需要的激情。1798 年 9 月,国王批准拍卖教会手上支撑医院、其他慈善机构、采邑和诸如大众纪念仪式的宗教活动的财产。1806 年,当这些财产的供应告罄的时候,国王获得教皇的许可出售教会和宗教团体所拥有财产的七分之一,结果相当一般。所有这些买卖的进程将会按照重新估算的货币价值进行,与此同时王室将支付以前的拥有者百分之三的利息。

到 1808 年的时候,大量的土地和建筑,或许占教会控制财产的六分之一,流到了私人的手上。抵制社会改革的人们可以从教会除去继承权的限制中得到好处,这种方法流行开来。西班牙人,甚至是那些有长子继承权(mayorazgos)的人,也正在发现自由市场对不动产的好处。这个过程并没有太多地改变社会结构,但它给予各阶层的喜好冒险的 194
个人——诸如西班牙绅士、教士和王室顾问到商人、面包师、农民——机会去获得土地和房屋,这样便鼓励了经济的发展。无论如何,它激怒了保守的教士们,也撕碎了穷人的安全网,还给后来的政府破产制造了先例。

上帝的举动加重了君主制的问题。当时正在西印度群岛蔓延的黄热病在 1800 年传到了加的斯,后来又传到了安达卢西亚。暴雨毁掉了 1803 和 1804 年的收获,饥荒正在慢慢逼近马德里和卡斯蒂利亚。当危机快要平静下来的时候,西班牙人又得到《公报》(*Gazeta*)传来的消息,1805 年 10 月,英国海军在特拉法尔加的海角击败了法国和西班牙的联合舰队。尽管本意是再好不过了,出售教会财产所取得的实际收益却必须花费在战争和当时的紧急事件上,而不能兑现代价券。1805 年,这些代价券在交易时的价格连一半面值都不到。

这个糟糕的境况具有令人遗憾的讽刺意味,它模糊了戈多伊政府

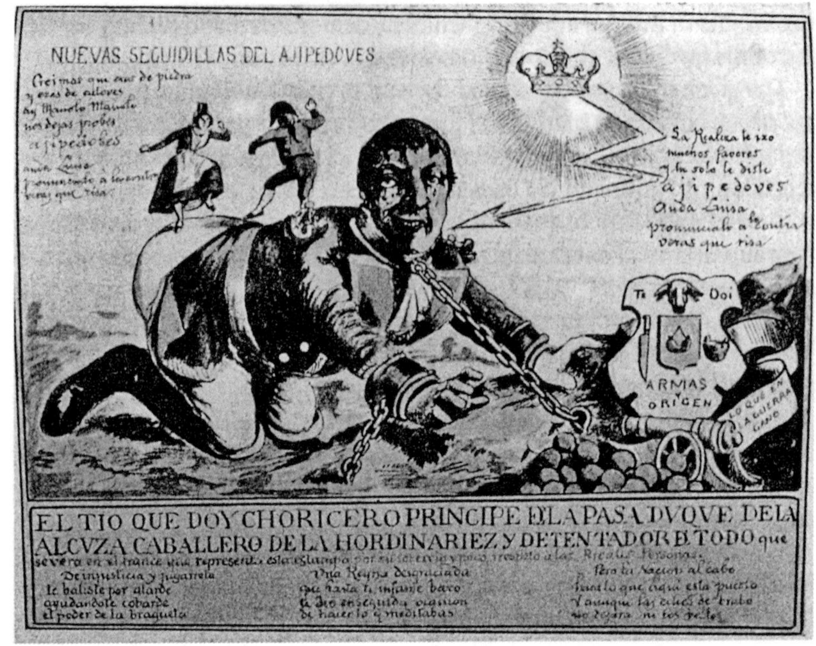

曼努埃尔·戈多伊——和平亲王——曾有传言说，他得以执掌权力，是因为他是王后玛利亚·路易莎的情人。谣言称戈多伊及王后计划让戈多伊登上王位。作为一项积极的毁灭他的行动的一部分，上图是用来诋毁他的一套35幅漫画之一，由阿斯图里亚斯亲王、未来的费迪南德七世决定和委托办理，复印、分配到酒店、客栈等类似的地方。这里大众的复仇毁灭了戈多伊(Que doy's)对王位的梦想。一对夫妇穿着大众马霍服装，在他背上跳着塞吉迪里亚舞，说话腔调下流，使人确信他的成功是依靠其性威力征服了王后。另一边是一件上衣，带有屠夫的小刀和一个猪头，象征着他的绰号“做香肠的”。玛利亚·路易莎出名的通奸像法国的王后玛丽·安东瓦内特的性腐败一样被他的敌人指责，带来了人们对绝对主义君主制的质疑，给它作好了崩溃的准备。不过，在西班牙，是王室继承人在努力抹黑他的母亲。

的启蒙精神。在昆塔那和莱昂德罗·费尔南德斯·德·莫拉丁两人的带领下，“巴黎兄弟会”继续活动，西班牙人之间的书信继续频繁往来。新的评刊物照旧出现。1797年，戈多伊创办了一个名叫《供堂区神父阅览的艺术和农业周报》(*Semanario de Agriculturay Artes Dirigido a Los Párrocos*)，刊登有关农业的有用信息和教区主教散发的技艺。这个方式是坎波马内斯也没有意识到的如此明显的传布光明的方式。

公众看上去只意识到了西班牙的困难，正如公众们习惯做的那样，在这个例子里他们指责的是戈多伊。年轻的阿斯图里亚斯亲王费迪南德，他不太聪明，易受他人影响，成了牵涉阿兰达伯爵余党(阿兰达已经死于 1798 年)在内的争斗的中心。他们散布谣言说，王后及其情人正在密谋除掉费迪南德，在查理四世死后登上王位。保守教士们推波助澜，使得戈多伊的臭名声传到了平民那里。查理四世看上去就是个易受骗的、自满的王八，难以胜任管理这个国家。

拿破仑穿越比利牛斯山脉的时候，已经是法国皇帝，他由于害怕而想尽可能多地从其西班牙盟友那里获得一些支持，决定利用西班牙宫廷内部的纷争。他假装对双方都很同情。1806 年 11 月，戈多伊与法国缔约征服葡萄牙，作为回报，他也分得一份。在费迪南德这边，费迪南德对拿破仑要求其迎娶波拿巴王室的公主的建议予以赞同。

这时拿破仑就可以直接干预了。1807 年 11 月，一支法国与西班 195
牙的联合军队征服了葡萄牙，迫使葡萄牙王室逃往巴西。战争很快就
结束了，但法国军队仍然留在西班牙。西班牙人疑惑不已，但有谣言称
他们到西班牙来是要从戈多伊手里拯救费迪南德国王的。戈多伊与王
室一起逗留在阿兰胡埃斯，在法国军队接近马德里的时候，他怀疑他们
有阴谋，但就在他能够做什么之前，在 1808 年 3 月的晚上，费迪南德的
随员发起了一场针对他的叛乱。戈多伊在躲藏了两个晚上后被发现， 196
国王查理意志消沉，担心其宠臣的生命，让位给费迪南德。

阿兰胡埃斯的骚动标志着西班牙旧制度的终结。一听说这个消息，马德里的群众就劫掠戈多伊及其亲戚的房屋，以示庆祝。举国上下的人们一听说众望所归的费迪南德登基都非常欢欣鼓舞。群众的庆祝活动是经年的混乱和灾难的产物，这些混乱和灾难使得宫廷的名声败坏，唤醒了广大的人民参与国内事件的兴趣。

查理四世很快就后悔仓促逊位，宣称逊位出于威胁是无效的。此时法国军队已经占领了马德里和巴塞罗那，正向西班牙北部进发。争夺王位的双方都意识到拿破仑的支持将决定谁能够保住王位。拿破仑心生一计，他把费迪南德请到法国的巴约讷，让法国军队把查理、玛利

亚·路易莎和戈多伊带到同一个地方。

当拿破仑把要求王位的双方都攥在手里的时候，他先给费迪南德施压，让其将王位归还其父亲。查理随后把王位让给了拿破仑，因为他确信这对于西班牙是最好的选择。拿破仑把王位让给其兄，当时的那不勒斯和西西里国王约瑟夫，并把一批身份显要的西班牙人召集到巴约纳批准一部西班牙的成文宪法。约瑟夫去往马德里，拿破仑把费迪南德、查理、玛利亚·路易莎和戈多伊拘禁在法国的不同城堡。

拿破仑认为西班牙不会反对再次改变统治者，但这次他大错特错。费迪南德离开西班牙去往法国激发了人们的忧虑，1808 年 5 月 2 日，马德里的平民起义以阻止王室家族的剩余成员被带到法国，法国别动队血腥地镇压了这次起义。其他几个城市发生了示威游行，但卡斯蒂利亚议会以下的西班牙官方机构谴责了这次起义，平息了这些麻烦。

一些日子以后，卡斯蒂利亚议会发布了改朝换代的文件。这时人民突然意识到他们年轻的偶像被抢走了，再也不能平静下来。尽管有人警告拿破仑是不可战胜的，巴伦西亚、萨拉戈萨、奥维耶多和塞维利亚的群众迫使犹豫不决的官员们以费迪南德七世的名义，向法国宣战。到 6 月的时候，西班牙所有未占领区都向法国宣战了。

约瑟夫·波拿巴穿着开明改革者的外衣，敦促其新臣民反对下等
197 人的无谓的举动，而且这些行为确实震慑了上层人士。在法国军队控制的地方，西班牙人与约瑟夫合作，因为先前戈多伊的下属们想要保住自己的性命，相信开明的王室当局，但大多数纯朴的人们习惯于接受王室的命令，这些人毫无目的地进行抵抗。

在起义成功的地方，王室官员、高级教士和其他迥然不同的人们组织省级议会，以费迪南德的名义控制各自的省会。他们引用了民族主权和人民的意志，来反对与合法的君主断绝关系，他们的言辞是革命性的，但由于他们是地方名流，他们的行为大体上是保守的，寻求的是控制局势。出版物突然间从官方监督中解放出来，潮水般涌向教士们布道的乡村，召唤西班牙人保卫天主教、国王和国家，反抗无神论的法国人。作为对西班牙求助的回应，当年 7 月 4 日，英国停止了与西班牙的

战争。在一个世纪之前,英国人一边干涉葡萄牙,另外还支持西班牙人起义反抗马德里的新任法国君主。而且像往常一样,英国会在与西班牙帝国的贸易中寻求报酬。

令所有人都吃惊的是,7 月份,在通往安达卢西亚公路的一个叫拜伦的地方,西班牙军队与法国军队第一次主要的军事遭遇战,西班牙人获得了首次胜利。法国俘虏被送到加的斯湾上的废船上,约瑟夫从马德里逃往维多利亚。各级议会接触,9 月份他们的代表在阿兰胡埃斯碰面,组成了一个最高中央政务会(juntas,洪达),以费迪南德的名义施行统治。他们选举德高望重的弗洛里达布兰卡伯爵为政务会主席,霍韦利亚诺斯也是政务会成员,这两个人都是被查理四世罢免的。政务会的主要任务是为组织战争而努力,筹集资金、招募军队,但就其即使急需资金,也决定终止出售教会财产来说,其保守的精神是明显的。因为某些作家撰文质疑西班牙的政治结构,政务会还试图激活宗教裁判以控制爱国的出版业。

拿破仑被西班牙的叛逆所激怒,带领一支新军队在 11 月穿过比利牛斯山脉,并于 12 月重新占领马德里。他一边暂时登上王位,一边还废止了宗教裁判所,然后带领军队镇压反叛。中央政务会逃往塞维利亚躲避拿破仑的掌控,弗洛里达布兰卡死在路上。1809 年,政务会挣扎着在战场上抵抗拿破仑,作为绝望的信号,它把先前认定的私掠船和 198
小股游击队都合法化,它们在随后几年里把拿破仑的军队一点一点吃掉了。

霍韦利亚诺斯和其他政务会内外的人们都敦促重开议会,把它作为国王缺席时唯一的合法当局。越来越多的人谈到要起草一部成文法。拿破仑,追随革命的学说,已经给予他们一部宪法,不过他是他们的敌人,西班牙也不需要这样的榜样。自从 18 世纪 90 年代以来,金塔纳及其他人就私下认为西班牙中世纪的议会代表了一部宪法,而哈布斯堡王朝的绝对主义摧毁了它。西班牙只需要复兴其古代的制度——议会——就足够了。

政务会被 1810 年 1 月迅速进入安达卢西亚的法国军队所逼迫,它下令在西班牙半岛和美洲属地同时选举议会。其成员逃往加的斯,成立了一个五人摄政集团,后来也因不合法而解散。霍韦利亚诺斯失望至极,死在回家乡阿斯图里亚斯的一只船上。曾经历过查理三世时期荣耀的最后一个人物同西班牙的有组织的军队一起消失了。

新摄政机构似乎软弱无力。加的斯处在包围之中,与此同时,布宜诺斯艾利斯和加拉加斯的殖民者们用名义上忠于费迪南德,而不是摄政机构的最高政务会取代了王室当局。此时掌控这个国家的约瑟夫国王,胜利地进发到安达卢西亚地区。在这个节骨眼上,拿破仑命令他拿下加泰罗尼亚、纳瓦尔和巴斯克省,很明显他计划把它们并入法国,这把约瑟夫的胜利毁掉了。这个举动毁灭了约瑟夫赢得西班牙人心的任何希望。

在法国人控制之外的地方,西班牙人正在选举议会代表,美洲殖民地也不例外。对于暂时失踪的议员,他们的选区选择了替代人选出席加的斯议会。中央政务会向议会提供了由主教和贵族组成的第二个内阁,但召集他们的指令从未发布。1810 年 9 月 24 日,足够多的代表来到加的斯,这样就召开了第一次会议。

大多数成员包括许多詹森主义的神父都主张激进变革君主制。在奥古斯丁·奥古埃尔和迭戈·穆尼奥斯·托雷罗领导下,他们给予议会强烈的改革主义的倾向,这是不同于中央政务会和摄政机构精神的剧烈变化。他们以自由主义者著称,作为一个政治名词,自由主义者起源于此。议会做的第一件事是他们情绪的象征,即宣布主权在议会,他们
199 是国家的代表,宣布有关政治问题的出版自由。在接下来的那些年里面,这种自由给予西班牙新奇的体验:不仅在加的斯,而且在其他自由城市都出现了积极的、带有党派性且经常走尖酸路线的政治出版物,连续性的小册子和杂志。

1812 年 3 月,议会使用他们取得的主权颁布了一部宪法。它宣布主权在国家之中,这里界定的国家是指“两个半球所有西班牙人的联合”。西班牙必须是天主教徒的国家,不允许任何其他的信仰存在。宪法建立了一种有限议会君主制政体,带有由非常广泛的男性公民(佣

人、罪犯和没有合法收入的男性和僧侣不得参与投票)普选产生的一院制议会。国王是世袭的、不可侵犯的,拥有受限制的否决权,但其部长要对议会负责。地区差异、领主司法制度和贵族特权都被废除。自治市的议会必须是选举产生的,这样就避免了世袭的统治。自由主义者的宪法包含了启蒙的波旁王朝政策的逻辑目的,也掺和了革命的自由观:一个跨越大西洋两岸的、法制上平等的天主教社会,这里没有殖民地或地区特权,公民可以自己讨论自己的问题、选举制定法律的人员。查理四世败坏了开明专制君主制的名声;部长负责制可以阻止戈多伊这样的人物再次出现。

几十年里,在西班牙的所有地区强制施行一种整齐划一的政治体系会招致卡斯蒂利亚以外地区的敌意,正如一个多世纪以前那样。尽管如此,目前,18 世纪晚期的繁荣和共同抵御法国人入侵的斗争压倒了对过去地区冲突的记忆。对自由主义体系的直接威胁来自不同的方向。

自由主义者们由于同情詹森主义,进一步废除了宗教裁判所,因为他们认为它与由宪法保障的公民权利相矛盾。这样就由主教法庭裁决宗教方面的犯罪。当时一直自顾不暇的保守教士们在这里发现了可以利用的借口。他们把这种行为称为攻击宗教,认为其是拿破仑的自由主义代理人。他们利用自由主义提供的出版自由,更有效地通过神职人员在整个国家传播这个消息,因为大多数西班牙人都不识字。

议会重新制定国家制度的同时,西班牙的游击队正在骚扰法国人占领的地区,这是一场对双方都毫不仁慈的战争。在威灵顿公爵的带领下,西班牙、不列颠和葡萄牙的军队慢慢地转向进攻。1812 年 8 月,
约瑟夫不得不暂时放弃马德里,到 1813 年 3 月就永久性地放弃了。同 200
盟军队在 1813 年 6 月歼灭了约瑟夫的军队,约瑟夫由亲法分子的头目们陪同逃到法国避难。

按照宪法选举的第一次常规议会于 1813 年 10 月在马德里召开,与会的是一小部分自由主义多数派。12 月,拿破仑承认费迪南德为西班牙国王,把他送回西班牙,希望他能够与法国和好。议会下令国王必

须首先向议会宣誓，但费迪南德听信的是一群反对自由主义体系的代表。在确信有军队支持的情况下，1814 年 5 月 4 日他签署了一项法令，宣布加的斯议会为非法，其制定的宪法无效。大多数西班牙人已经被为期六年的迎回众望所归者费迪南德的战争搞得筋疲力尽，都在庆祝国王的声明。仅在马德里有一些小规模的骚乱来捍卫议会。国王的军队支持者逮捕了为首的自由主义分子，把平民送到了非洲的军事堡垒，把教士囚禁在修道院。

卡斯蒂利亚议会、领主制、城市议会及其他旧制度复辟了。费迪南德的敕令承诺召开合法的议会，但从来都没有召开过。教皇重新建立了耶稣会作为反对革命的堡垒，回到西班牙的耶稣会受到了欢迎。新生的宗教裁判所着手废除、取缔了所有自由主义的出版物，它搜索参与过共济会的人员，该会是约瑟夫国王引入用来领导西班牙人或是由自由主义者们在加的斯创立的。在西班牙，像神圣同盟统治下的其他地方一样，复辟的目标是恢复法国革命前统治者们所享有的合法性。尽管如此，费迪南德的所作所为并不能证明其合法性，因为这些行为显示，君主非但不能做人民的仲裁者，他还偏好某些人。

尽管费迪南德受到广泛的欢迎，但宪法的支持者并没有放弃。他们包括许多曾经为议会而战的人，共济会为密谋者们提供了一种联系形式。他们以秘密的仪式聚集，有人误传他们曾经组织过法国大革命。在随后的那些年里，这个军事团体尝试了几次不成功的支持宪法的起义运动，他们的首领被处决。

与费迪南德的西班牙臣民不同，其他在美洲的人们不欢迎他归来。费迪南德派去恢复西班牙主权的军队最初获得成功，但在 1818 年遭到了失败，那时阿根廷和智利独立，西蒙·玻利瓦尔解放了南美洲的北部地区。另一支军队正在加的斯整装待发，此时他的指挥官里埃戈于
201 1820 年 1 月宣布支持 1812 年宪法，以此免除他的军队到要命的热带地区服役。派去镇压里埃戈的将军倒戈，几个西班牙城市也趁势恢复了立宪制的城市议会。看到已经别无选择，费迪南德于 3 月 7 日宣布他将会“领导其人民沿着宪法的道路前进”。西班牙经历了第一次成功

费迪南德七世对自由主义者残忍复仇的高峰,是1823年11月9日在老马德里城区的一个小广场上处决拉斐尔·德·里埃戈。他发动了1820年的革命,后来领导了在保守派看来是不信教和混乱化身的狂热党(Exaltado)。由于被他的军官抛弃,他被前来复辟费迪南德的绝对主义统治的法国军队俘虏,他在病中被带到马德里,被判定犯有犯上罪。为了侮辱他,在一群嘲笑他的人面前,他的敌人用一头驴拉着煤筐拖着他去绞刑架。尽管如此,西班牙自由主义派的一代代人都唱着最先在1820年开始传唱的里埃戈之歌。

的军事政变,其他的军事政变也将随之而来。

议会进行了选举,并于6月9日集会。其自由主义多数派重新拾起他们在1814年未完成的事务。宗教裁判所被理所当然地废除了,他们还驱逐了耶稣会士,承诺给放弃信仰的僧侣一笔年金,并关闭了成员少于24人的修道院。他们出售教会财产以偿付国债,他们的速度、幅度要比查理四世做的时候大多了。由于仍旧把小农社会当作理想,他们投票决定把大片荒地分给老练的农民和无地的农民。他们还废除了长子继承制,实行自由的公共教育,这是识字的选举人所必需的。

在新的时代,自由主义者的联盟破裂了。在议会之外,共济会迅猛发展，更为激进的自由主义分子创建了令公众激动的爱国俱乐部，自由出版活动变得越来越猛烈。政治家每个季节都在加的斯聚集，得到由诗人——拉罗萨的弗朗西斯科·马丁内斯率领的流亡人士控制的立法部门的信息。

出版和街道上的激进活动使他们忧虑，他们想修正宪法，像英国那样在议会设置一个上院，实行受限制的普遍选举权。他们开始以温和派著称。极端派反对温和派，他们致力于原封不动地保留宪法一院制的民主。里埃戈是他们的富有魅力和权威的领袖。他们在军队和省会的市政议会中势力很强大，通过这些渠道他们可以影响议会选举。在1822 年的选举活动中，以里埃戈为首的极端主义分子控制了议会。

在西班牙国内和国外反对这种政体的力量正在发展之中。新的立法活动强化了教士阶层的敌意，由僧侣们领导的游击队拿起武器反对政府。军队打败并杀了几个保皇党分子。在内战初期，鲜血就开始流淌。1822 年，宪法的反对者在加泰罗尼亚的北部为国王建立了摄政机构进行统治，因为他们认为国王不是自由的。

在国外，由 1812 年抵抗拿破仑的人民制订的宪法是整个欧洲的立
202 宪君主制政府支持者的灯塔。紧接着西班牙，1820 年的革命在葡萄牙和意大利的一部分地区制订了宪法。神圣同盟的领导者击败了意大利的革命运动，并欢迎来自费迪南德的秘密请求。英国调停的努力失败了，因为费迪南德不妥协，不允许宪法存在，而极端主义者则充满自信，认为西班牙人民将会像 1808 年那样捍卫他们的主权。

1823 年 4 月，在神圣同盟的帮助下，路易十八派遣一支军队进入西班牙，力图复辟费迪南德的合法统治。没有人民的起义，西班牙军队根本就不是法国入侵者的对手。议会带着国王，先是逃往塞维利亚，然
203 后又逃到了加的斯。这次加的斯再也不能抵抗长期的围困，议会在 9 月份投降了。尽管曾经许诺大赦，费迪南德仍然下令处死以里埃戈为首的自由主义分子，不过其在法国军官的干预下得以幸免。尽管如此，里埃戈仍然被囚禁在马德里，受到谴责，为了羞辱他，里埃戈被装在一个筐子里，由驴子拖着押赴刑场处决。人们购买的教会财产被迫无偿

退回,耶稣会也回来了,但这次在法国的压力下,宗教裁判所未能恢复。

1812 年宪法的失败意味着启蒙运动影响下的小生产者的平等社会的努力告终。极端主义者们宣称能够代表平民,但曾经在 1820 年为里埃戈欢呼的马德里群众,也可以在他去断头台的路上嘲笑他,还能在一些日子以后费迪南德回来的时候欢迎他,这些都动摇了极端主义者的信仰。温和派已经失去了信仰。它只留在人们的心中,而没有变成西班牙社会的现实。启蒙运动的暴君可能会为平民谋福利,因为在这里他们发现了君主制的力量,平民百姓大体上是虔诚的,不会捍卫一部,像牧师们所说的那样,给予他们选举权却使他们的灵魂得不到救赎的宪法。另外一个启蒙的理想,自由市场的社会幸存下来并被未来的温和派所接受,因为它有利于他们实现其所代表的经济上的富强。

美洲大陆的庞大帝国也走到了尽头。自由主义者曾经自欺欺人地认为恢复了宪法,就可以吸引反叛者放下武器,但其改革威胁了墨西哥的克里奥尔人,而且其他地方的革命者也不打算放弃独立和贸易自由。西班牙只剩下波多黎各、古巴和菲律宾,这些帝国盛宴的残羹冷炙最终变成了大块的鱼肉,多少能够减轻他们失去大陆的痛苦。

帝国的丧失意味着一个时代的终结。波旁王朝的统治者们终结了欧洲大陆的消耗,结果一个灿烂的时代随之而来。西班牙不能逃避法国革命带来的冲击,尽管如此,它的敌人现在不是被西班牙的大陆领土所吸引,而是被他们相信藏在美洲殖民地的财宝所吸引。正如哈布斯堡王朝的时候那样,欧洲战争的绳索捆住了西班牙。自从 1793 年以来,这个时期是深具毁灭性的多事之秋啊! 1811—1812 年,卡斯蒂利亚再次遭受了饥荒,马德里成千上万的人饿死。黄热病继续在这个国家肆虐,包括战争期间的加的斯、1821 年的巴塞罗那。1815 年以后,加泰罗尼亚、巴斯克和安达卢西亚猖獗的走私活动,骗取了王室金库,也 204
把法律的尊严抛在了一边。在王室丢失了美洲的财富来源之后,公债大量发行。不过西班牙经济以农业为主,一旦军队解散和饥荒终结,很容易恢复,因为欧洲人会购买它的特产。另外,战争大体上关闭了西班牙美洲属地的市场,倒是把市场向英国制造业开放了,加的斯沦落成了省会级别的港口。工业将会从西班牙和西印度群岛市场中恢复，但在工业革命早期成为领头羊的希望则破灭了，西班牙再也不是世界上的主要强国和经济大国。

此时，成百上千的自由主义的难民生活在直布罗陀、伦敦和巴黎，他们再次图谋推翻绝对主义君主制政体。他们的计划失败了，许多人被处决。帮助意想不到地从国王那里来了。西班牙反对宪法的人们希望能看到更多的自由主义分子被处死，而狂热的天主教也因不能恢复宗教裁判所而愤怒，他们认为没有宗教裁判所，宗教就不可能是安全的。不满者们聚集在一起，自称护教党。他们寻求国王的兄弟唐·卡洛斯的领导，因为费迪南德没有子女，卡洛斯是王位继承人。他们再次主张费迪南德不是自由的，他们的同情者于 1827 年在加泰罗尼亚起义。费迪南德走到前线反驳他们的传言，结果起义者一哄而散。他得到的教训是：他的宫廷应该吸收商人阶级和更为温和的自由主义分子。

1830 年的七月革命增强了自由主义的力量，因为这场革命让一个反对绝对主义君主制政体的国王登上了法国王位，终结了神圣同盟的威胁。同年，费迪南德的第四任妻子玛利亚·克里斯蒂娜给他生了一个女性继承人伊莎贝拉。在结束西班牙王位继承战争的时候，菲力普五世引入了萨利克法典，按照法典，女性不可以继承王位。1789 年的议会取消了这部法典，但查理四世并没有正式颁布文件批准它。费迪南德在王后怀孕期间也这样做，以此为基础，伊莎贝拉的出生剥夺了唐·卡洛斯的王位继承权。费迪南德对其政府作出调整，以获得温和派支持，还宣布大赦政治犯，允许自由主义的难民回归西班牙。当国王的健康恶化后，唐·卡洛斯的支持者准备使用武力把他推上王位。当 1833 年 9 月费迪南德去世的时候，西班牙又被拖进了内战之中。

第八章　自由主义及其反动 (1833—1931 年)

雷蒙德·卡尔(Raymond Carr)

一

19 世纪 30 年代零星光顾西班牙的旅游者公开宣称,他们发现了 205
一个躲避资本主义欧洲的唯物主义影响的国家,它还保存着工业化国家已经失落的传统社会的人文价值。按照英国公使的描述,由最大多数的穷人、纨绔子弟和法国剧院二流演员冷淡的学生们占统治地位,这样一个社会被认为是不可能进步的。然而,本土的政治精英宣称,通过其施行于这个国家的宪法,目的是要把西班牙转化为立宪君主制政体的国家,它把权力给予有财产和有智力的人们,被人们看作是经济和社会进步的先行护航者。即使是 1834 年的保守主义宪法也宣称要调和王国的根本法律,按照符合时代、文明进步的要求加以改进。

然而自由立宪主义把一个选举产生的议会当作政治体系核心的所有尝试,都未能提供稳定的政府。短命、破产的政府遭遇了农村反动派的顽强抵抗。在加泰罗尼亚和阿拉贡有前哨阵地的卡洛斯派,其主要力量位于巴斯克省,在一场野蛮的、代价高昂的内战中,拖住了自由主义者的军队整整六年,从 1833 年至 1839 年。卡洛斯主义不仅仅是一

伊莎贝拉二世在其少数派统治时期，保卫自己对王位的继承权，反抗反动的唐·卡洛斯，使得她成了自由派西班牙的象征。由于登基时只是一个不谙世事的小女孩，她对立宪君主制的惯例知之甚少。在19世纪60年代执政时期支持新天主教的反动派，使她转变为真正的自由主义西班牙的“传统障碍”。由于一系列的财政丑闻而受到质疑，她被1868年的革命赶下台，流亡海外。就其个人来说，她不漂亮，但受人同情，她不是受人尊敬的“维多利亚式”君主。由于嫁给了一个据说性无能的王子，她的风流韵事臭名昭著。

场发生在费迪南德七世的兄弟唐·卡洛斯与国王宣称的继承人——他三岁大的女儿伊莎贝拉二世之间的战争。伊莎贝拉的母亲玛利亚·克

里斯蒂娜,一直摄政直到女儿 1843 年成人为止。这是一场针对迫害、
玷污教会的不虔诚的自由主义的十字军战争,中间也夹杂了巴斯克省
保卫地方自治政府中世纪特权的努力。自由主义者是雅各宾主义的中 206
央集权主义者,他们决心对全体西班牙人实行单一的宪法。古老历史
遗留下来的地区就这样被整齐划一的、以法国为蓝本的行省所取代。
卡洛斯主义是一场隐蔽的、宗教的、乡村反抗自由主义城镇的战争。对 207
于卡洛斯主义来说,毕尔巴鄂是罪恶之地、俄摩拉城。未能攻占毕尔巴
鄂注定了深受宗派主义之害的卡洛斯派的失败。

自由主义者就此被界定为那些保卫伊莎贝拉王位、反对卡洛斯主义的人们。1834—1868 年的政治战争是一场发生在反卡洛斯主义联盟的保守派、逐渐形成的温和派“教会人士”(men of order),与捍卫自由的民主进步派之间的斗争。

西班牙在 19 世纪的时候,大约三分之二的人口以务农为生,大约 60%的人口都是文盲,自由主义缺乏稳固的社会基础,因为城镇的、资本主义的自由主义的自然构成在农村的无知当中就像是一个个小岛。民主进步派和温和派都是为了权力和庇护权争斗的贵族,他们通过各种腐败的手段操纵无知、冷漠的选举人。由于缺乏任何独立的权力基础,政治家恳求将军们通过发动政变把政治家送上台,这些官员的叛乱标志着政府内部的进步派和温和派的权力交替。主要政治家是已经成为民族英雄的将军们,他们在公开出版物上以卡洛斯战争中自由主义捍卫者的面目出现:他们是埃斯帕特罗、后来的胡安·普里姆(他们被称为进步派的“剑”)、温和派的拉蒙·马里亚·纳瓦埃斯和 19 世纪 60 年代自由主义联盟的莱奥波索多·奥·当奈尔。这些政变宣言并不是一系列的军事政变,也极少导致血腥的战役,当这些事件发生时,政府当场就向处于优势的反叛将军们投降,这已成为正常的程序。军事介入政治变革的机制是市民社会软弱的不发达国家的普遍特征。

这些人不把自己当作军方的不满人士,而是当作党派政治家。所有的政变宣言都有市民的支持和党派的程序。就这一点而言,政变宣言与 1936 年民族主义将军计划的军事接管完全不同,当然,并不是只

有雄心勃勃的将军才能够破坏政治的稳定。因为不规矩的私生活和受到质疑的金融收支问题，以及一直滥用宪法特权任命有利于温和派的大臣人选，玛利亚·克里斯蒂娜及其女儿的做法招来了批评，结果颠覆了自由主义的宪政机制。由于政府是经过成功的政变宣言或宫廷内部
208 产生的，而不是通过选举获得权力，他们就能够利用高度集权的政府内部大臣凌驾于地方代理人的广泛权力，在高层构筑一种令他们惬意的多数派。选举的腐败并不是西班牙独有的；区别于其他国家的是，这被委婉地称为内部大臣享有的"道德影响力"。

温和派和进步派逐渐以支持他们的市民的性质和宪政学说来区别。进步派的核心学说是宪法必须代表包含有权投票的少数财产所有者在内的人民主权。由伊莎贝拉的母亲摄政时，或在伊莎贝拉少数派长期执政时，如果为了把进步派排挤出官方，宪法被伊莎贝拉女王歪曲，那么通过军队把西班牙从专制主义中解放出来，就是进步派的职责。这可以采取城镇委员会缓慢的地方革命方式，或采用更为常见的经典的政变宣言。所有这些请求都来自进步派的城市委托人：城镇暴徒和底层中产阶级，后者是指那些占据低级政府部门职位，并以这些职位的收入作为唯一收入的谋求官职者；19 世纪 40 年代，在邮政部门有 3 000 个谋求官职者要竞争屈指可数的邮政部门职位。在一个巨大的分赃体系中，正如成功参与政变的将领可以获得提升和头衔作为报酬，人们期望进步的政治家给予他们卑微的委托人以回报。正是这些委托人组织了城镇委员会，控制了街道。

一旦掌权，进步派就组织国民卫队来保护革命的胜利成果。由于国民卫队向所有的有产家庭开放，因此，它就成了激进的城镇议会的私人军队。温和派把国民卫队当作贵族统治的终结，因为他们已经不得不听命于穿着统一制服的修鞋匠、裁缝、屠夫和理发师。

正如他们的名字暗含的意思那样，进步派把自己当作是政治、社会和经济现代化的领军人物。他们的"朱庇特"是胡安·门狄沙巴尔(Juan Mendizábal，1790—1853 年)，这是个号称在伦敦货币市场冒险的犹太人。由于被迅猛的行省城镇革命推上了权力之巅，1835 年，他成了一

个正在与卡洛斯主义分子进行殊死搏斗的破产国家的首相。他树立国家信用的方案是没收教会的土地财产,首先是正常的修道会的,其次是世俗教士的,并通过拍卖将其出售,发售国家债券并给予持有人值得持有的利息率。进步派不是天主教徒的敌人,他们的剑——"埃斯帕特罗"虔诚到迷信的程度。但对天主教徒来说,修道院要么变成兵营,要么就被拆毁,进步派看上去是大众的反教会的街头暴徒的该受天谴的盟友。超前的自由主义与反动教会之间的裂痕从未弥合。 209

出售土地被想象为不仅仅是一项消除破产的财政措施。进步派的圣经是弗洛雷斯·埃斯特拉达的《经济政策课程》,是炒亚当·斯密及其追随者的著作的冷饭。对于纯粹竞争的信从者来说,旧制度的最大缺陷是缺乏土地的自由市场。因此,不仅法团的、不可让渡的教会土地通过出售给个人而被释放出来,贵族的领地也被废除,允许贵族把领主的世袭领地转化为伴随市场而变动租金的绝对财产权。为了完善市场经济,行会的垄断也被废除了。

以绝对个人财产权的名义,把对法团财产的攻击作为经济进步的依据是 19 世纪真正的自由主义革命。后来,被激进主义者视为丧失了农业改革的伟大契机,这场改革将会使得失去继承权的农村无产阶级受益。由于出售现钞或不可靠的政府债券,土地到了有知识的或在政府中有关系的投机者、地方绅士和大量农民手中。在自由主义的土地革命中,穷人一无所得,农业社会有权势的人却大捞一把。要么是因为征税,要么是因为征召入伍,没有财产的人失去了公民权。自由主义的宪法把投票权仅限于有产者,以温和派的 1845 年宪法为例,投票权仅限于占总人口百分之一的成年男性人口。进步派与他们唯一不同的地方是他们把投票权授予了城市的委托人——工业者。

19 世纪 40 年代,民主党开始疏通被排除的那些人的不满情绪。他们的力量来源于无产阶级正在形成的巴塞罗那、安达卢西亚和勒万特的城镇。为了排斥进步派公正的环境的说法,民主党主张普遍的男性选举权,把农村土地分配给无地的人,并把与雇主斗争的工会组织合法化。民主党的领导者是为了接受民主的君主制作准备,但更左的派

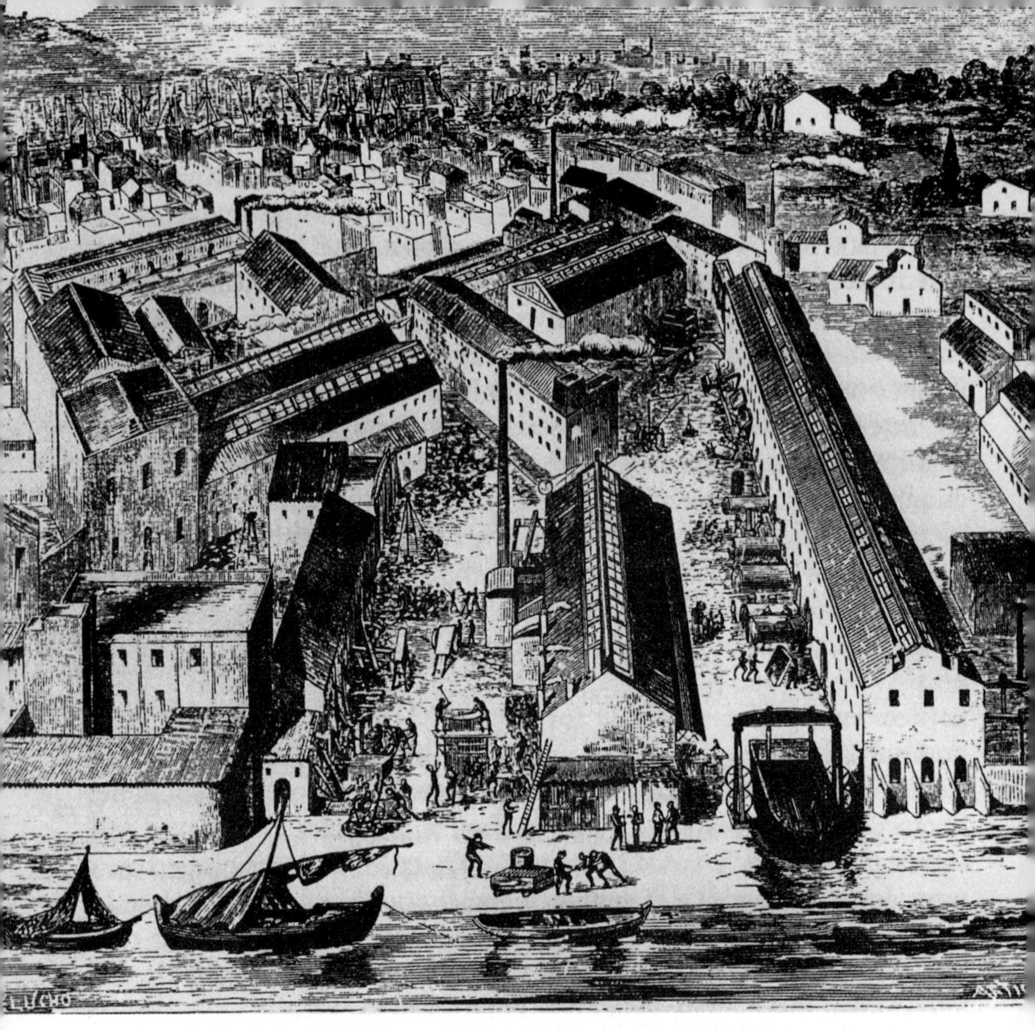

由于受到高关税的保护，巴塞罗那的棉布工业使得它成了"西班牙的曼彻斯特"。到19世纪中期，它开始发展多元化经济。海陆机械制造公司(Maquinista Terrestrey Maritima)成了一家重要的冶金业和工程企业。它制造了西班牙第一个火车引擎，不过在19世纪60年代末期的铁路繁荣崩溃之后损失惨重。由于有大量技术工人，它在20世纪初总是饱受罢工之苦。

别则倾向于一种与共和主义相结合的乌托邦社会主义，尤其是其联邦形式，将会创造一种由自下而上的自治单元或州组成的西班牙。共和党把君主制当作非法的不适合现代的制度。如果要进行一次成功的政变，进步派需要民主党人的支持。民主党人组织了城镇委员会(洪达)，可以把进步者带到街垒上。不过，联盟是不稳定的。进步政治家和不满的将军希望逼迫王室抛弃温和派，并让进步者上台。

210 民主党人对抓住以利用整个体系并不满足；到19世纪50年代，他们希望抛弃腐化的宫廷。1845 年,圣米格尔将军警告,街垒将会用"毁坏、鲜血和混乱"来威胁有产者。一旦掌权,受人尊敬的进步派就寻求摆脱民主党人的拥抱。温和派是自由主义的寡头执政者,作为秩序的捍卫者,反对进步派的过分做法。他们包括高级民事官员、成功的律师和记者、宫廷贵族、农村士绅以及高级教士。布尔支(Burkean)保守派反对主权在民的抽象学说,支持据称包含着国王和议会共同权力的"历史"的宪法,这个教条收录在他们 1845 年的宪法中。由于获得了摄政 211
王后的坚定支持,他们立志摧毁进步派的权力基础:选举产生的城镇议会、他们的私人军队——国民卫队。当温和派在摄政王后的支持下,试图摧毁进步派把持的自治市政府时,进步者求助于他们的宝剑——埃斯帕特罗。他迫使玛利亚·克里斯蒂娜及其温和派首领流亡国外,他自己在 1841—1843 年期间担任了两年摄政。这两个派别的致命弱点是内部宗派分化起来简直无所不能,这使得稳定的政府变得遥不可及。1843 年 7 月,进步派由于有些政客怨恨埃斯帕特罗更重视其军事密友而分裂。他们因纳瓦埃斯指挥的温和派的政变而被放逐到蛮荒之地达十年之久。

进步派是亲英派,他们是边沁和亚当·斯密的崇拜者。温和派是亲法派,他们把法国的中央集权主义当作摧毁进步派把持的地方政府的工具。按照 1845 年的宪法,市长由中央政府任命;他们成了温和派的选举代理人,依靠他们可以很容易使该派在议会中保持多数。温和派促进经济进步和提供扎实高效的行政管理,对正在兴起的资本家阶层的"物质利益"具有吸引力,这使其能够提供一个稳定的政府。正是他们留下了永久印迹的行政改革彻底修补了古代的税收体系,创造了类似法国宪兵队的军队——公民警卫队——一种军事化的警察部队,可以令人信赖地维护公共秩序和财产;国民卫队被撤销;大学改革把大学教授转变为公民的仆人,至今他们仍旧是这样。进步派对教会财产的瓜分使得埃斯帕特罗与梵蒂冈发生公开的冲突。由于意识到作为社会秩序支柱的教会的影响力,温和派与罗马教廷签订了 1851 年的教务协议。教皇承认土地出售行为,作为回报,国家承认有义务补偿教

19世纪40年代到50年代，西班牙较大城镇和城市开始现代化。第一步是摧毁
举行庆祝活动，欢迎它的到来，正如E. 卢卡斯·贝拉斯克斯（E. Lucas Velásquez）

士们。

就纳瓦埃斯打算按照1845年的宪法统治这一点来看，他是一个自由主义者，尽管这部宪法把进步派赶出了官员队伍。但温和派担心进

城墙，允许在原来的限制之外修建房屋。必不可少的要素是提供清洁的水源，人们创作的油画《清水来到马德里》(*La llegada de las aguas a Madrid*)所示。

步派的将军会把 1848 年的欧洲革命带到马德里。对于该党派的绝对主义反动派的使徒胡安·多诺索·科尔特斯(1809—1853 年)来说，“问题不在于是独裁还是民主，而在于是革命的独裁还是政府的独裁”。纳 212

瓦埃斯废除了他的宪法，成了独裁者，据称他在临死时说："我没有敌人，我把他们全杀了。"在原先担任记者，后来又担任哲学教授的布拉沃·穆里略(1803—1873年)的时代，宫廷从军事独裁变成了市民威权主义。他的永恒的成就是把温和派定性为行政改革者。他开始是在伊
213 莎贝拉二世运河工作，这条运河把新鲜的水源带给马德里，而这是马德里要成为现代城市所必不可少的。他对起草宪法的自由派毫无兴趣，在实践中无视他们，他建议起草一部能够反映社会现实、保证有效公民政府的宪法。他的继承人是富有的资本家，由于与参议院军事寡头的意见相抵触，流放了他们的领导者。

结果发生了1854年的革命，这场政变由流亡将军莱奥波尔多·奥·当奈尔和忠于他们原来的英雄埃斯帕特罗的进步派领导，民主党人为之战斗。在执政的两年里，进步派起草了一部以普遍的男性选举权为
214 基础的宪法。不过发动这场革命的联盟在1856年解体。莱奥波尔多·奥·当奈尔逼迫埃斯帕特罗辞职，而进步派未能还击。自由主义家族的宗派主义再次使得官方的特种部队成了政治的仲裁者。

1854年的革命是一次政治失败：1856年的宪法从来都没有付诸实施。但若只将其视为一次政治失败，就误读了进步派两年任期的重大意义。对于进步派，呼吁"物质利益"成了再生的信条：资本主义、信用和自由贸易将会摧毁残存的旧制度。出售市政公共用地是最后一次以绝对个人财产权的名义对法团财产的猛攻，穷人再一次输了。两年任期内，议会事无巨细地关照经济生活的每个方面：造林、铁路、电报、公路、银行。这次立法活动(公司法和采矿法)为直到1866年为止的繁荣和扩张提供了立法结构。

进步派执政两年后崩溃，留下莱奥波尔多·奥·当奈尔担任首相。他担任首相的四年零七个月，貌似提供了政治稳定的景象。莱奥波尔多·奥·当奈尔是前面两年政治时期的继承人，因为他的目标是借助经济扩张项目，治理"物质利益"。贝尼托·佩雷斯·加尔多斯在其小说《莱奥波尔多·奥·当奈尔》中，让他的女主角在富有的资本家住所里有了一次神秘经历之后，舍弃了她的民主党恋人。首相着手在墨西哥和

靠近本土的摩洛哥进行了一系列海外冒险活动,以便能够激发人们的爱国热情,并把军队占用着。正是在摩洛哥,普里姆-普拉茨成了民众心中的英雄,正如奥·当奈尔在卡洛斯战争中那样。自由主义联盟像其他所有的联盟一样想要创立"自由主义政党之间的和谐",但它还是解体了。女王正在做的是政治自杀。在新天主教反动派的影响下,她把本来如果能被吸纳入政权就会效忠她的进步派当作革命者赶出了政府。在尝试一种隐遁(retraimiento)之后——将拒绝参政作为对腐化选举活动的抗议——被排斥的派别别无选择,只能成为革命者。继承埃斯帕特罗成为进步派"宝剑"的普里姆-普拉茨,在一系列流产的进步 215
派政变之后,转投民主党人,联盟不合他的胃口。

1868 年 9 月的革命是那些因为伊莎贝拉女王排他主义的反动行为而丢去官职的政治家和将军、自由主义的联盟以及普里姆-普拉茨的进步派发动的政变。为扩大他们的支持度,这些将军向难以驾驭的城镇民主党人抛出了橄榄枝。伊莎贝拉本人开始流亡生活,然后,行省政府的九月联盟上台。

二

鉴于早期革命已经调动了城市大众对糟糕收成导致的高价格食品的不满,周期性的危机所造成的贫困给 1868 年的光荣革命提供了海啸般的大众支持。1852—1853 年,西班牙对外贸易翻番,主要铁路网络在 60 年代末期竣工,工厂的烟囱改变了巴塞罗那工业化的风景线。1866—1867 年之间繁荣崩溃了,铁路建设一落千丈,银行破产。

这种危机是典型的较为发达的欧洲经济体的投机灾难,但西班牙还未处在工业化的起飞阶段。地形崎岖使得铁路建设成为一项代价高昂的企业行为,此外还缺乏低价的煤炭,没有本土资本和企业家的技能。正是在本土资本家失败的地方,外国资本和专家技术在 19 世纪 60 年代至 70 年代创造了大型企业,开发韦尔瓦的铜和黄铁矿资源。正是外国资本——主要是英国资本——在毕尔巴鄂附近建立了露天铁矿,给威尔士南部地区的鼓风熔炉提供了低磷的铁矿石。

这个事务引起了激烈的争议。外国资本被指责建立由外国经理人管理的殖民据点，来开发西班牙的矿产资源，以从中获利。允许自由进口铁路物资，据称，巴斯克省繁荣的冶金工业有可能在萌芽阶段就被扼杀了。这些由佛朗哥将军再次提出的民族主义的论点是错误的。没有
216 外国资本，西班牙的矿产资源可能还埋在地下，如果铁路依靠巴斯克省炼钢炉生产钢铁，那样要么铁路根本就没办法建造起来，要么就会被耽搁几十年。巴斯克省采矿企业利润的大部分都流到了英国铁矿业主手中，但某些仍旧留在西班牙的，被投到巴斯克人拥有的鼓风炉、炼钢厂、造船厂和银行。进步派作为自由贸易者，充分意识到外国投资的重要性，假如有法制框架使它成为可能的话。

1868 年，西班牙主要的工业重心仍旧是加泰罗尼亚的纺织业，它使内地的手工艺企业家破产，形成了西班牙最早的城市无产阶级，这给民主党人提供机会，借以支持他们的要求而成为委托人，与之联合，一起与雇主斗争。现代化和新发明——自动的骡子和蒸汽动力的磨——导致卢德分子爆发了砸机器和纵火的行为。但工人可以在一个要求下联合起来：实行保护，抵制英国棉布进口。曼彻斯特这个词，理查德·福特在 19 世纪 30 年代就提起过，后来成了控告加泰罗尼亚人的术语。尤其在 1898 年丧失了古巴和波多黎各两个出口地之后，纺织制造业者要求通过禁止性的关税，完全垄断国内市场。这不可避免地会提高消费者的支出，也会使加泰罗尼亚的制造业者失去在世界市场竞争的机会。

现代工业化和商业增长不能使相对停滞的农业的表现与之相适应。这里与英国不同，几乎没有正在改善的地主或受过教育的、成功的农场主。农业革命不会发生在加利西亚手帕一样大小的小块田地里，也不会发生在卡斯蒂利亚农民分散的干燥高地里。对于大土地所有者来说，收入的增长来自由该世纪中期因土地出售而扩大的耕种面积。这里生机勃勃的出口产业是安达卢西亚向英国出口的雪利酒，而且雪利酒贸易使得约翰·拉斯金(John Ruskin)家族的批评家、评论家获得了财富。勒万特的成果流传到北欧。西班牙仍然是一个富裕和贫穷地

区二元分化的经济体,在这里,国民经济的缺乏在地区价格的巨大差异中一目了然。

与北方的先进工业化社会的比较揭示了一条鸿沟,使得西班牙的表现显得平庸。不管怎么说,增长是有的,但不平衡,而且仅限于边缘地区,正如它使得内地成为落后的农业区一样。乔治·博罗在《西班牙的圣经》(*The Bible in Spain*)描绘过,“物质利益”,正如19世纪30年 217
代的行省主义那样,开始使西班牙社会,至少在一些大型城镇,出现了较为舒适的、资本主义的生活方式。随着新鲜水源的到达,特有的卖水者从马德里街头消失了,这是较早时期由技术进步造成的失业。

在这个变动的社会,老的贵族阶层与英国贵族阶层相比,经济上仍旧原封未动,除了他们对宫廷的灾难性的影响之外,已经没有什么经济上的影响力。19世纪30年代和40年代出现的新贵族阶层是显要人物之一,他们形成了政治精英的核心:将军、不动产投机者、杰出的政治记者和律师。英国观察家为他们被称作西班牙社会的“民主”而震惊:出身寒微的人能够爬到权力的顶峰,英国势利的、僵化的阶级区分在西班牙并不盛行,埃斯帕特罗是一个马夫的儿子。在教会中长期存在的社会流动性,仍旧是政治生活的特征。19世纪伟大的保守主义领导人卡诺瓦斯和毛拉是模糊的行省主义者;与英国同时代的格莱斯顿、索尔兹伯里和贝尔福侯爵形成了鲜明的对比。

新贵族阶层经常到处展现暴发户庸俗、赶时髦的模仿特点。何塞·德·萨拉曼卡擅长铁路和房地产投机活动,建造了西班牙首批私人浴室,还雇用了拿破仑的厨师长。纳瓦埃斯,一个安达卢西亚的侍卫,在马德里建造了一座宫殿,一位英国公使这样记录:“确实被钻石所覆盖。”

从银行、建筑到艺术,模仿的都是法兰西第三帝国。正像巴黎一样,19世纪60年代的马德里,是一个连宫廷都牵涉金融和性丑闻的地方。从欧洲进口的现成的浪漫主义运动,席卷了整个西班牙,它产生了一个杰出的诗人古斯塔沃·阿道弗·贝克尔和许多富有地方特色的西班牙作家,他们的文学作品描述了西班牙的典型。戈雅后继无人。新兴的充满自信的资产阶级艺术市场由传统的肖像画家提供。

西班牙的文化生活在外国人看来是二流的。尽管如此，文学社会的基础，尤其是马德里的科学文协会（创建于1837年），是在政治、社会生活中建立知识分子的名望，并随之开展有预告的公众辩论活动。但这种辩论并不能使它获得在英国和法国那样所取得的突出地位。出版
218 业与政治党派绑在一起，传播的量较少。粗俗的政治腐败、正式的笃信宗教、19世纪60年代社会粗鄙的功利主义遭到新知识分子阶层的摒弃，他们正在建立朝向共和主义的、受人尊敬的意识形态基础。埃米

弗拉克尔家族是银行家，从画面中可以看到他们正享受着舒适的资产阶级生活。他们是典型的19世纪40年代开始出现的新兴城市中产阶级，包括成功人士：士兵、记者、律师、银行家和政治家。他们中许多人从教会土地的出售中获利，并在19世纪60年代的铁路繁荣中从事投机活动。在加泰罗尼亚和巴斯克省之外，几乎没有人从事实业。马德里长期以来仍旧是一个手艺人和市政官员的城市。

罗·卡斯特拉(1832—1899 年),哲学教授,是最伟大的共和主义的演说家和好辩论的记者,其对宫廷丑闻的毁灭性攻击,侵蚀了君主制的荣誉。在他被解雇后,随之而来对“教授席位的自由”和出版自由的要求,成了民主党人和共和党人的共同语言。关于西班牙的文化隔离状态,有评论认为知识的重建是晦涩的德国哲学家卡尔·克劳泽(1781—1832 年)的门徒的成果,这很奇特。

克劳泽主义(Krausism),是一个神秘而不是哲学的体系,最好将 219
其描述为自我改善的新教伦理,与舶来的普世主义相比,它极大地重视教育和道德,而不是把功利当作西班牙重建的诀窍。克劳泽主义是一个开放、宽容的社会理想。由此看来,它被天主教徒当作异教的异端,是共济会和新教主义对教会的教育和社会影响力的直接攻击对象。1876 年的克劳泽主义者创建了自由教育学院,它成了自由主义精英的私人学校,其居住区后来成了路易斯·布纽埃尔、加西亚·洛尔卡和萨尔瓦多·达利的马德里之家。

三

伴随着 1868 年革命产生的 1869 年宪法,同 1812 年的宪法一样,都是西班牙历史上的一个里程碑。它似乎要提供一个真正的代议制体系,然而,随着九月联盟的解体而失败了。在五年之久的时间里,九月革命的政治家们坚持战斗,以避免重新回到把人民对波旁君主制的效忠当作政治稳定与和平的唯一保证。每个政府依次寻求把革命稳定在适合他们利益的某个点上——一个被描述为革命保持进行的过程。这些重复尝试的失败的关键,必须在九月联盟的组成和他们就权力组成要素与庇护制的主张中寻求。是谁发动了革命？是谁应该得到报酬？

摧毁了九月的乐观主义的不仅仅是西班牙互相敌对的各党派本身。腐蚀了九月革命生机的癌瘤是古巴战争,自由主义忽略了 20 年的遗产。1868 年,殖民帝国最富庶的孑遗仍旧处在岛上西班牙人社群的都督及其盟友的绝对权力的统治之下。本土的克里奥尔人憎恶挤满了西班牙半岛人的行政机关,与此同时,在经济上依靠西班牙也已经不合时宜，因为他们的甘蔗种植园依赖于向美国出口。克里奥尔人本来可能只要被授予慷慨的地方自治就满足了。只是这类自治要求遭到半岛上和他们的马德里盟友的反对，克里奥尔人为了古巴的独立而奋斗，发动了一场凶猛的游击战争。西班牙调遣军队去古巴，被迫放弃两个使得革命获得大众支持的诺言：免除兵役和食品税。

220 革命的临时政府首先由联合主义派的强人塞拉诺作为摄政，然后是进步派的普里姆-普拉茨作为首相，努力创立一种能够指挥九月联盟的联合主义派、进步派和民主党人的忠诚的立宪君主制。1869 年他们的宪法给予民主党人被称为“自由主义的征服”的民主权力：普遍选举权、司法体系和对宗教自由的承认，但为某些合适的国王保留了君主制。对于民主党人来说，有“一些绅士”想要获得别人（民主党人自己）从树上摇下来的果实。较为激进的民主党人寻求通过发动被军队压制的地方叛乱，“把反叛重新进行下去”。失望的行省狂热分子成为共和主义分子，他们致力于建立联邦国家的理想，作为对联合政府的抵抗。

进步派的强人、这个世纪最能干的军事政治家普里姆-普拉茨选立了萨伏依的阿马德奥（Amadeo）为国王，结果其本人却在国王 1870 年 12 月进入马德里那天被暗杀。联合主义派冷淡地把阿马德奥看作进步派的国王，当进步派与民主党政客纷争不断时，他不能组建稳定的政府。1873 年，他在绝望中退位。

接下来的 1873 年第一共和国陷入了混乱之中。高喊着“打倒埃坡厘特斯”（Down the epaulettes）的士兵，拒绝遵从他们的长官。共和国的四个受人尊敬的总统不能遏制其中一个叫皮-马加尔的联邦主义理论家所说的“幼稚的热情”，行省主义的狂热分子等不及选举一个相关的议会，就要马上建立一个联邦共和国。他们在安达卢西亚和勒万特的城镇，建立了自治的、独立的州。政治狂热暗含了一股原始的社会反叛的暗流。“我已经杀了蒙蒂利亚（Montilla）最富有的人”，一个小镇的狂热者宣称，对于他来说，暴力已经成了一种生活方式。在重新恢复了军事管制之后，帕维亚将军认为把社会和祖国从联邦共和国的狂热中挽救出来是“士兵和公民”的责任。一些枪声足以满足解散议会的要求。由于在北方面临着重新发起的卡洛斯战争的威胁,一元的共和党未能重建“自由主义家族的和谐”秩序。安东尼奥·卡诺瓦斯·德·卡斯蒂略(1828—1897 年)后来拥立伊莎贝拉的儿子,他是未来阿方索十二世君主制复辟的设计师,需要一个有组织的政党来实现公民复辟。一个失去耐心的旅长借助 1874 年在萨贡托的一场经典政变,恢复了君主 221
制。卡诺瓦斯所称的“可耻的军国主义的利益”再一次决定了西班牙的政治命运。

与 1854 年的革命类似,1868 年的光荣革命是一场政治的失败。这模糊了它的重要性。由狭隘的保守寡头政治所维持的天主教君主制,已经遭到了民主和自由思想的假想的挑战。1869 年宪法的“自由主义征服”,后来复辟时期的自由主义首相罗马诺内斯宣称,“再也不能被颠倒”。击败革命的海啸是以处于危险当中的教会的喊叫为基础的。女修道院被毁坏、焚烧,暴徒袭击教士。1869 年宪法的宗教自由承认了“异端”。正如有关宪法的争论所揭示的,战线在开放、宽容的社会和天主教会之间展开,天主教信条在这里是对公民身份的考验。

四

复辟的君主制及其 1876 年的宪法一直持续到 1923 年被一位将军推翻。它是卡诺瓦斯·德尔·卡斯蒂略政治哲学的产物。作为知识分子和历史学家,他经历了一系列的政变和革命,注定要终结它们。1868 年的光荣革命是伊莎贝拉女王一意孤行的政策和她的反动宫廷造成的。她的儿子阿方索十二世复辟的君主制必须包括所有接受 1876 年宪法的人士:进步派、悔改的民主党人和共和党人——包括前任共和国的总统埃米利奥·卡斯特拉尔——只要他们放弃革命,就会为他们提供合法的存在空间。

他稳定政府的秘诀是一个两党制的体系,这将允许一个自由主义党和一个保守党在被称为和平交接中轮流执政。在 1881—1885 年,那些认为自己是九月革命的继承人群体组成了自由主义党,有能力联合起来在他们的首领“老牧羊人”(1827—1903 年)的领导下,作为可供选

1873 年 1 月，议会正在宣布西班牙为联邦共和国，这意味着西班牙陷入无政府状态和军队纪律被破坏。帕维亚将军宣布，挽救社会和祖国于联邦主义者的部长制和混乱之中，是作为士兵和公民的他和他的军官们的职责。许多枪对着空中射击终结了共和国组成的议会，西班牙的命运也落入了炮兵将军的手中。1936 年 7 月，佛朗哥及其随从的同谋者们亲自接过了挽救祖国的职责。

择的党派，组成政府。萨加斯塔恢复了九月革命的某些自由——曾在 1876 年保守秩序中丧失的出版自由和结社自由。1892 年，革命的伟大成果——男性普遍选举权——成了法律。

那时的西班牙就表面上来说，已经成为欧洲最为民主的政体之一。问题是怎样把理论转化为实践，把由显要人士和“政治伙伴”管理的制度转化为自由选举决定政治权力的代议制体系。和平交接是在一个大臣筋疲力尽、由国王提名一位可供选择的反对党大臣接替其职位之后开始运转。在一个高度集中化的体系中，新任的内政部长可以通过他控制下的法官、民事官员和市长，借助明智而审慎地对他们运用“道德影响力”，在新上任的大臣面前，获得压倒性多数的支持率。这种制度化的选举腐败被称为卡西克主义，因为其代理人被称为卡西克。这个词一般指美洲印第安人的首领和当地富豪。只有当大众党派出现的时

1891 年普遍男性选举权的授予未能把西班牙从显贵们的寡头统治转变为议会民主制。选举人受到内政大臣的操纵，为的是给保守派或自由派提供安全的多数。这种选举人的腐败之所以发生，是因为农村的投票人不识字或者弃权。真正的选举人之间的竞争发生在大城市，那里甚至投弃权票的也很多。这幅讽刺画里，投票站前面只有狗在跷起腿撒尿。

候，这个体系才不再是制造多数的机器。这种情况没有发生，部分原因是显要人士几乎没有表现出多少热情来组织选举，但归根到底，正如卡诺瓦斯坦承的，英国模式的选举在一个农业人口占压倒性多数、只有25%的投票者会阅读的社会中并不存在。他对选举人的腐败视而不
224 见。“他没有利用干净的选举来夯实议会制度的基础。”一位崇拜他的记者这样写道，正是这个原因，他的副官弗朗西斯科·席尔瓦抛弃了卡诺瓦斯，泄漏了保守党的机密。变形的立宪主义不仅鼓励政治碎块化，还把一件危险的武器放到国王手里。只要这个体系起作用，给他提供两个强大党派之间明晰的选择，他就能够起到宪法设计中立的调和力量的作用。一旦两党制体系解体，正如 1909 年那次那样，他就成了权力代理人。

五

1898 年，人为设计的制度及其昏昏欲睡的公众被所谓“灾难”事件所震惊：西班牙作为古巴独立派的盟友被“制造香肠的美国佬”彻底击败。被打败的后果是失去西班牙殖民帝国的剩余部分：波多黎各、古巴和菲律宾。这一民族的耻辱造成洪水般的自我检查。在其他欧洲国家正在构建帝国的时候，为什么西班牙却失去了它的殖民帝国？西班牙是不是一个堕落的民族，或正如历史学家阿尔塔米拉主张的那样，它拥有开创民族复兴的力量吗？这种悲观主义和乐观主义结合为所谓的重建主义。重建主义，在一个讽刺作家的笔下是“弱国的补品，由最好的医生、使徒和救世主介绍。”

重建就其内容而言，绝不是新奇的，也不是连贯的。阿拉贡农民的儿子、自学成才的剥削者华金·科斯塔(1846—1911 年)，后来成为重建主义的预言家，他长期以来一直在思考西班牙落后的历史根源。重建清除了政治巨头统治——他创造的普遍谴责的词语，使得社会的“现有势力”进入政治生活。他希望不满的农业生产者和商业部联合起来，迫使政治家着手进行教育、社会和经济改革，科斯塔的这个努力失败了。他所设想的重建主义需要一个前提：现有的势力将会回应他的召唤，

可是他们并没有这样做。由于既没有公众,也没有党派,科斯塔为了把西班牙变成民主国家,求助于“冷酷的外科医生”。

1898 年代的文学复兴是对在美西战争爆发前就存在的平庸文化保守派提出的抗议。西班牙最伟大的作家加尔多斯(西班牙的狄更斯)和克拉林(Clarín,笔名莱奥波尔多·阿拉斯,其作品《庭长夫人》是精神 225
分析杰作)在 1898 年之前已经发表了其主要著作。尽管如此,随着那些逐渐被称为“1898 年的一代”及其继承人的作家的出现,西班牙不再是文学上落后的国家。比西班牙作家在外国有限的影响力更重要的是——怪异作家皮奥·巴罗哈的作品被译为俄文——他们自身对欧洲文化的熟悉。对于哲学家何塞·奥尔特加-加塞特来说,欧洲是“西班牙问题”的解决方案。

重建主义的修辞给予复辟的君主制一种紧迫感。正是这一政体明显弱点把西班牙带入了 1898 年的灾难之中,当衣衫褴褛、受尽病痛折磨的战败军队回到西班牙的时候,这给予旧的抗议以新的力量。回顾过去,令人吃惊的是这个政体从灾难中幸存了下来。之所以会这样的原因在于:抗议运动由于内部分歧巨大,证明它不可能为包括政体内部要素在内的,被视为虚假、腐败的体系提供一个可替代的解决方案,因为这套体系仍旧被保守主义的重建主义者席尔瓦描绘为贫血、没有冲动的,在诗人安东尼奥·马查多看来则是在分裂的国家扎下了根。抗议和改革活动随着灾难的到来给予加泰罗尼亚、巴斯克的民族主义者、社会主义者和无政府主义者以新生,而被失败羞辱的官方军队,也开始指责政治家为了那些自私的党派需求,牺牲一支英勇的军队。

对于卡洛斯派来说,他们效忠于唐·卡洛斯的继承人,阿方索十二世不过是一个篡权者。他们尝试使卡洛斯主义者重登高位,重整农村地区天主教十字军来抵抗毕尔巴鄂的“巴比伦”,但最终在 1878 年被打败。卡洛斯主义已经成了天主教反动派堡垒;不过在 19 世纪 80 年代,当时天主教右派由于接受教皇利奥十三世的建议,在体制内组成了一个保护教会利益的党派。这使得卡洛斯主义的传统主义派别于 1888 年从主流政党中分裂出来,作为特兰托天主教主义的幸存者,宣扬“基督徒国王的社会统治”。吵吵嚷嚷的少数派的存在削弱了那些承认自由主义国家“不太邪恶”的天主教徒的影响。对传统主义来说，它是绝对邪恶的。巴斯克省的卡洛斯主义仍旧是受到工业化威胁的极度笃信宗教的农村社会的抗议，它一直到第二共和国时期还存在着，像第一共和国时期一样叫喊着“教会处于危险之中”。

226 在 1873 年的混乱中名誉扫地的共和主义运动沉浸在学说的斗争中，既没有组织，也没有计划，除了共和主义是不证自明的政治真理这一信条外。这个运动成为当地俱乐部的事务，仍旧有一个派别寻求武力推翻政权。他们在西班牙农村影响很小，其力量主要在马德里、巴塞罗那和巴伦西亚等大城市。

1900 年之后共和党的复兴沿两个方向进行。亚历杭德罗·勒鲁，兽医的儿子和典型的中产阶级的代表，是古代城市革命传统的继承人，这种传统利用了生活在大城市贫民窟中的工人的不满。作为一个煽动人心的政客，相较于任何特殊的项目，他对巴塞罗那无产阶级的吁请更多地立足于工人阶级和自鸣得意的资产阶级的文化差异，后者轻视那些没有文化的工人和那些寻求选票的人。他攻击资产阶级的价值观，使 19 世纪 30 年代暴力的反教会主义复兴。“劫掠堕落的文明，摧毁它的庙宇，撕毁新信徒的面纱，把她们变成人母。”正是他的追随者们在 1909 年“悲剧的一周”的无节制的活动中焚烧女修道院。他的另外一个呼吁是禁止加泰罗尼亚移民像潮水般涌入巴塞罗那周围的工厂。他们在与被攻击为反西班牙的加泰罗尼亚民族主义者进行艰苦选举战中为共和党投票。作为一个虽然腐败但是有能力的机械般的政治家，他的激进共和党一直主宰着巴塞罗那的政治生活，直到 1914 年他的工人阶级的代表人消失，而他也开始踏上成为一名受人尊敬的资产阶级政治家之路。

共和党的资本主义派别——改革的共和主义政党创立于 1912 年，以其领导的才能与智慧而著名，因而吸引了哲学家何塞·奥尔特加-加塞特和后来成为第二共和国总统的年轻的曼努埃尔·阿萨尼亚。该政党的理想是建立带有最新的社会和教育立法的现代、民主的西班牙。

如果阿方索十三世的君主制能够做到,那就是万幸;如果不能做到,君主制就必须被取而代之。改革者古梅辛多·德·阿斯卡尔拉特写道:“我相信某种宿命阻止了王朝解决今天的社会和政治问题。似乎能够提供解决方案的唯一一种政体是共和国。”他的预言随着君主制分子在1931 年 4 月较大城镇的市政选举中失败而实现,虽然君主制未能拥抱民主,其道德、政治基础也并未发生共和党人所说的大规模腐烂。1931年的选举结果再次揭示的,不过是共和党的宣传未能深入西班牙农村地区。

加泰罗尼亚主义像爱尔兰或捷克的民族主义一样,依赖对过去辉 227
煌的回忆和一种遭受异族国家压迫的受害意识两者的结合。保护繁荣的重商主义帝国的自由的中世纪制度已经被波旁王朝的国王和自由主义的中央集权者们摧毁;其工业又受到亲英分子、自由贸易者的威胁。加泰罗尼亚的实业家吵着要求保护。马德里的政治家是剥削勤奋的加泰罗尼亚人利润的寄生虫。始于 19 世纪 30 年代的加泰罗尼亚语言和文化的文学复兴,19 世纪 90 年代经历了政治加泰罗尼亚主义,要求在加泰罗尼亚语言地区实行加泰罗尼亚人自治。对于政治加泰罗尼亚主义的领袖普拉特·德·拉里瓦来说,西班牙国家是个“依靠暴力形成的巨大的机械单元”,它将加泰罗尼亚把持在“一个类似于土耳其人的奴隶制”之中。但他和他的信徒弗朗切斯·坎波,一个自我奋斗的百万富翁和天生的政客,反对西班牙人的激进民族主义;作为地方主义者,他
们通过参与政治体系,在西班牙范围内,为了加泰罗尼亚人对地方自治 228
的要求而战斗。他们组织的政党——伊加,可以被看作是第一个现代政党。

加泰罗尼亚主义的问题是其组成部分的多样性。它包括主教、财阀、联邦共和党人、受人尊敬的公民和咖啡馆的波希米亚人。1906 年,所有这些人,除了勒鲁(Lerroux)外,投身于一个叫作“加泰罗尼亚团结阵线”的保卫民权的运动中,他们向司法部的军队投降,并要求加泰罗尼亚的地方自治。团结阵线发起了一场有 10 万人参加的示威游行,还击败了地方豪酋,为 1907 年的普选扫清了道路。坎波希望利用这些力

1909 年“悲剧的一周”在虔诚的天主教妇女向即将前往摩洛哥参战的士兵分发十字架时爆发。传统的工人阶级反教会派别反对“富人的教会”的斗争由共和派的会团和无政府主义者挑起，12 座教堂和 40 座修道院被纵火烧毁，罢工使得巴塞罗那瘫痪。照片表现的是国民卫队围捕嫌疑人，大约 1 000 人被捕。

量使加泰罗尼亚的要求得到令人满意的回复，未能成功。到 1914 年的时候，加泰罗尼亚人获得的不过是创建了代表四个加泰罗尼亚省的行政联合体，其主席普拉特·德·拉里瓦称利用该实体推动加泰罗尼亚文化和语言发展，使之成为民族复兴的基础。加泰罗尼亚主义不再是 19 世纪 30 年代文艺复兴下的文学爱好者的事务。现在出现了加泰罗尼亚工人阶级的唱诗班，与此同时，大众图书馆也在热情传播加泰罗尼亚文学。

坎波和伊加通过威胁以及与马德里政府合作两者结合，寻求加泰罗尼亚人要求的“西班牙内部”的地方自治的解决方案。但他愿景中的由地方自治的加泰罗尼亚产生的大西班牙，在加泰罗尼亚之外根本没有支持者，在外人看来，地方自治就是通向分离主义的第一步。在加泰罗尼亚内部的巴塞罗那，坎波遭遇到勒鲁的西班牙民族主义的抵触，后者利用了工人阶级对加泰罗尼亚要求的漠不关心(甚至敌意)。对于离开伊加的加泰罗尼亚人来说,通过与马德里的政治家合作,使得加泰罗尼亚成了“君主制保守主义的附属”,而西班牙也成了“一个劣于其压迫的民族的压迫者的国家”。随着 1922 年加泰罗尼亚行动的成立,政治加泰罗尼亚主义转向了共和党的左翼。激进的民族主义的修辞在与马德里的不妥协态度相结合的情况下,把西班牙保守的民族主义的恐惧转化为能实现的预言。加泰罗尼亚人必须为使加泰罗尼亚成为一个联邦共和国中的自由的共和国而战斗。

与加泰罗尼亚人一样,巴斯克人把自己看作是受害者,他们的古代的自由,由于主张自由主义的中央集权者惩罚卡洛斯派的叛乱而被破坏。但巴斯克民族主义从未严重挑战复辟。它缺乏类似加泰罗尼亚的政治影响力。由于地方工业寡头的支持微乎其微,它的文化、语言和政 229
治根基不够稳固。最杰出的巴斯克知识分子、哲学家米格尔·德·乌纳穆诺和小说家皮奥·巴罗哈讽刺巴斯克语是一门文学语言,虽然乌纳穆诺把加泰罗尼亚语的诗人加辛特·费尔达古尔看作是现存的最伟大的西班牙诗人,后者由工业巨头科米利亚斯伯爵资助。在巴斯克文学中没有如此杰出的人物。本土巴斯克人有着强大的社群意识,但与加泰罗尼亚人不同的是,巴斯克省没有曾经辉煌的单一政治实体的记忆可以指望。来自卡洛斯家族的萨比诺·德·阿拉纳,巴斯克民族主义及其政党——巴斯克民族主义党(PNV)的创立者,认为巴斯克语社群正在受到潮水般涌入的卡斯蒂利亚语工人移民的威胁,后者来到毕尔巴鄂附近的矿区和工厂工作。为了挽救这个社群于冒牌货之中,萨比诺·德·阿拉纳发明了民族主义的单元,他称之为乌兹卡迪(即巴斯克地区),将会从西班牙分离出去。这些独立国家的官方语言将是巴斯克语,他将其视为把卡斯蒂利亚语工人移民从政治社群中分离出去的一种手段。他的民族主义本质上是种族主义。巴斯克民族主义党散发着其种族主义的排他性,但与加泰罗尼亚民族主义不同,它从未向左翼发展,而一直是天主教保守党派,其法制策略将要变得难以被种族、民族所接受。在 20 世纪 60 年代,他们采用了恐怖主义。既然有着广泛的社会支持和坚定的语言、文化根基，加泰罗尼亚民族没有必要转而求助于暴力。

19 世纪 40 年代以后，有组织的工人阶级抗议活动一直以协会的方式存在。它的新力量与重建主义几乎没有什么关系，它是工业化的结果。它的致命弱点是其不管是意识形态上，还是地理上，都被乌托邦革命无政府主义者和准备成为政党的社会主义者（实际的马克思主义者）搞得四分五裂。社会主义政党西班牙工人社会党（PSOE）创立于 1879 年，其工会西班牙劳工联盟（UGT）创立于 1880 年。两者都是在伊格莱西亚斯，一个贫穷洗衣妇的儿子的启迪下创立的。作为一个严格的道德主义者，伊格莱西亚斯从法国马克思主义者那里继承了对资产阶级共和国的敌意。由于独自在选举活动中战斗，直到 1910 年，工人社会党在整个西班牙获得的选票从来都没有超过 30 000 张。这种政治清教主义遭到因达莱希奥·普列托的反对，正是他与共和党的联合在 1923 年使工人社会党获得七个代表席位。除了马德里的劳工贵族——伊格莱西亚斯本人是印刷工——社会主义的大本营在阿斯图里亚斯的采煤区和毕尔巴鄂及其周边的露天铁矿和冶金工厂。西班牙劳工联盟在 19 世纪 90 年代的罢工中采用的暴力行为是面对雇主的不让
230 步时虚弱的表现，他们拒绝接受工会作为解决劳工冲突的参与方。与西欧其他地方一样，1914—1918 年的第一次世界大战期间，工会成员戏剧性地增长。1917 年，西班牙劳工联盟放弃了议会策略，在革命的罢工活动中参与了无政府主义者的联盟。一次灾难性的失败以及接下来转向寻求合法性，驱使使用暴力的人们参与了小规模的共产党。

与其说西班牙工人社会党的重要性在于它作为有组织的劳工（与意大利和德国的社会主义相比，它的增长是微不足道的），代表所具有的权力不如说它继承了作为封建君主制的批评者的共和主义者。从伊格莱西亚斯以降，它一直寻求为这个腐败的体系寻找一个可供选择的道德之路。它开会教育工人阶级，使他们脱离酗酒和小酒馆的堕落。

无政府主义者的大本营巴塞罗那的无产阶级和安达卢西亚的大庄
231 园中无地的、随处游荡的短工，是杰拉德·布伦南（Gerald Brenan）描述

从19世纪90年代开始,巴塞罗那的四只猫咖啡馆(café Els Quatre Gats)成了在加泰罗尼亚现代主义艺术复兴的中心。正是在那里毕加索展示了他的早期作品,还有同样出生于富裕资产阶级家庭的圣地亚哥·鲁西尼奥尔(Santiago Rusiñol,生于1861年)和拉蒙·卡萨斯(Ramón Casas,生于1866年)。卡萨斯早年被巴塞罗那工人阶级的斗争所吸引。1894年的这幅油画表现的是绞死一名无政府主义者。

的最不幸、半饥饿的欧洲工人阶级。社会主义几乎没作渗透到西班牙乡村地区的尝试,把纳瓦尔和卡斯蒂利亚留给了天主教徒的联合会,把安达卢西亚和勒万特留给了无政府主义者。在主要欧洲国家无政府主义的主张曾经让历史学家迷惑,这或许可以用雇主和土地所有者对任何形式的把暴力当作唯一可供替代选择的劳动组织的敌意来解释。安达卢西亚的无政府主义采用弥赛亚的、原始叛乱的形式。但短工有着实实在在的要求:废除计件工作和临时工,在1917年之后,由于布尔什维克革命(十月革命)的鼓舞,罢工和占据土地的浪潮席卷安达卢西亚,把领主们驱赶到城镇的安全地带。

无政府工团主义者(Anarcho-syndicalist)的联合会——西班牙全国劳工联合会(CNT,也称西班牙全国劳工联盟)创立于1910—1911年,目的是组织无产阶级与行将就木的衰朽的资本主义社会进行最后一战。但就如何能够实现这种社会的伟大的革命性转变,无政府主义者有着分歧。对于工团主义者,这将会通过有组织的、永久的针对雇主采取直接行动的军事联合会来实现。但工团主义对于维克多·瑟奇所称的巴塞罗那的广大被抛弃的人们没有什么吸引力,除了渴望暴力,被边缘化的人们不能发现任何可以解决他们的绝望的出路。这可以从无政府主义的强大的个人传统中得到出路。它采取爆炸、暗杀行动来为自己作宣传。在1893年,无政府主义者把炸弹扔到了吕克昂剧院——富有的资产阶级的社交中心——炸死了22人。逮捕和酷刑不仅在欧洲复兴了西班牙——宗教裁判所的国家——的黑色传统,在西班牙本身也开始了仇杀的循环,卡诺瓦斯本人也在1897年被暗杀。1914—1918年的战争期间以及之后,西班牙全国劳工联合会(CNT)组织了加泰罗尼亚的民众罢工,罢工遭到雇主抵制工人的要求而停止。西班牙全国劳工联合会的职业杀手与雇主的刺客之间展开了野蛮的社会战争,巴塞罗那是他们的战场。

与社会主义者类似,无政府主义者在他们的平民学校中创造了可供替代的文化,它在传统上强烈地反对教会(教士被视为在思想上传播资产阶级文明的战士),甚至拥抱自由的爱、素食主义和裸体主义。但与社会主义不同,其革命的乌托邦主义、对国家的反对和不可救赎地对工人阶级的敌意,使得政府不得不使用军队和国民警卫队对任何有组织的抗议进行血腥镇压,也使得无政府主义与民主政治水火不容。不
232 道德的资本主义体系的毁灭将是街头革命还是一般罢工的结果,无政府主义者们将会导致革命取得不可逆转的胜利,意见不一。

除了卡洛斯主义之外,重建主义的抗议运动分享了现代化的西班牙的愿景。尽管如此,天主教会把现代化当作一个必须回归过去才能解决的威胁,如天主教徒所想象的那样,一个忏悔的国家的宗教统一丧失在1876年宪法的有限宽容之中。世俗化大踏步奔来,保守主义的宗

教失去的阵地必须用相应的进攻来重新夺回。教会在 19 世纪 60 年代扩展了由伊莎贝拉女王的忏悔者——克莱里特神父(Father Claret)——开始的传教活动,这加剧了以耶稣圣心和圣母无玷成胎为中心的奉献行为。在罗马教皇通谕的鼓舞下,社会天主教主义将会为基督重新赢得疏远的工人阶级。

天主教反攻行动的先头部队是宗教团体,他们提前承担了贫穷的自由主义国家所难以承担的福利和教育功能。在复辟时期,女性宗教团体增长了三倍,男性增长了十倍。这个壮观的成长警告了自由主义者,他们看到了正规的修道会的教育计划和耶稣会企图为反动的教会重新占据社会的道德高地。自由主义的反教会人士和天主教徒都沉浸在阴谋理论中。耶稣会士是教皇的秘密军队;天主教徒看到共济会正在渗入自由主义机构。对于天主教徒、博学者马塞利诺·梅嫩德斯-佩拉约(Marcelino Menéndezy Pelayo)来说,西班牙已经被启蒙运动的继承人毒害了。

天主教徒的反攻未能实现其使城市工人阶级和安达卢西亚的农村无产阶级改宗的目的,部分是因为资源的错误配置。古老的城市中心、卡斯蒂利亚的周围和北方地区有大量的教区教士服务,对于安达卢西亚大庄园和贫穷的新工人阶级,一个教士要管理 8 000 个灵魂。更重要的是,宗教的复兴是由地主和商人提供资金支持的。巴斯克的实业家在毕尔巴鄂创办了杜埃斯特罗大学;加泰罗尼亚的工业巨头科米利亚斯伯爵资助文森特神父的贸易联合会告解室,救赎妓女使其往罗马朝圣。“社会天主教主义”停留在家长制和尊重等级社会上,在这个社会中工人必须学会服从、雇主则要施行基督教的慈善。文森特的僵化的联合会告解室遭到伊格莱西亚斯的唾弃,认为其目的就是创造一个 233
顺从的工人阶级。天主教在卡斯蒂利亚和纳瓦尔获得了成功,是因为那里的民族天主教农耕联合会给予挣扎在温饱线上的农民以贷款活命。

重新出现的交战状态加深了右派的宗教负担,对教会的保护成了它的身份的标志。对于左派,最为直接的影响是复兴 19 世纪 30 年代和60年代的反教会暴力，在1909年“悲剧的一周”的焚烧教堂运动中，直接反对富人教会。对于自由主义者来说，他们中很少有人是自由思想家，教堂的社会和教育影响力能够处在进步的路上，这一点只能通过第二共和国的政治家阿萨尼亚寻求创造的中立、宽容的国家来得到保证。但中立的国家对于所有的天主教徒来说，是不敬的行为，能理解这一点的只是少数。

复辟时期的政治家意识到他们操控的体系的随意性和腐败，也意识到“自下而上”革命的危险。“自下而上”的革命必须通过“自上而下”的革命来满足，这个对体系的彻底检查将会弥合官方西班牙与被排除的中立的、因政治巨头统治机制而失声的大众之间的鸿沟。保守主义领导人安东尼奥·毛拉（1853—1925年），一个虔诚的天主教徒、严格的遵循秩序的人和那个时代最伟大的演说家，对他来说，“自上而下”的革命采取了改革地方政府，清除地方豪酋的形式。他的改革活动遭遇了自由主义和共和主义党派的毫不妥协的敌意，他们组成“左翼的街垒”，大叫“毛拉，没门！”在毛拉严酷镇压那些为“悲剧的一周”负责的人之后，他的改革在1909年获得了成功。阿方索十三世国王由于害怕因毛拉的不受欢迎而威胁其王位，解雇了他，虽然他在议会中受到绝对多数的支持，任命自由主义者塞希斯孟多·莫雷特担任其职位。莫雷特已经与反王朝党派的“缝纫者”结成了同盟，毛拉拒绝与其合作。和平交接，自由主义派和保守主义派的和平交接，以两个党派之间的共识为基础的复辟后的基本机制受到了威胁。

自由主义派对重建的秘诀是维护国家的主权，调整如蘑菇般快速生长的致力于精英教育的宗教团体。现代的教育体系是现代社会的前提。宗教问题的悲剧不仅仅在于它开启了一系列暴力的示威游行和反示威游行，而且在于它把自由主义派领导人何塞·卡纳雷哈斯（1854—1912年）的注意力从一系列社会、政治改革的项目转移开去，而这些项
234 目本来可以使他变成西班牙自由主义的劳合·乔治。他在1912年被暗杀，此后自由主义党分裂为互相竞争的个人派别，与此同时毛拉的不妥协正在威胁着保守主义党的团结。

西班牙在摩洛哥具有长期利益。由于从法国和英国人手里获得了一块摩洛哥北部的保护地，它遇到了平定当地部落人的任务。1921 年，在宣布里夫(Rif)独立共和国的阿卜杜勒·克里姆的领导下，他们每年都要屠杀一支军队。照片显示的是西班牙军队守卫首府得土安(Tetuan)，抵抗叛军的进攻。1926 年，阿卜杜勒·克里姆最终被击败。佛朗哥在摩洛哥的“肮脏战争”中出了名。

像欧洲其他地方一样，碎块化的政治体系面临着一系列危机，1914—1918 年第一次世界大战造成的混乱导致了上述后果。西班牙作为一个中立国，从出口中获利，富了雇主，但却给不够幸运的人带来了通货膨胀和高物价。1917 年，西班牙劳工联盟暂时与西班牙全国劳工联合会结盟，它们试图把一次铁路争端转变为全国罢工。在巴塞罗那的加泰罗尼亚政党组织了一个议会外的非法集会，向马德里施加压力，要求自治和立宪改革。最后是军队上演了一次复辟。由于军队既 235

是官僚机器，又是战斗的力量，为了优待在西属摩洛哥战斗的军官，本土的官僚们创立了国防委员会，敦促按照年资和更好的薪水优待军官。在爱国的军官伪造的一篇民族重建的文章里，这些军事贸易联盟，用自由主义政治家的话来说，成了“国中之国”，他们在让步、压制之间不断转换的同时敲诈和推翻政府。

这个政权由于抗议者的分化在1917年的危机之后依然存在。它掩盖了这样的事实：当时的政权已经无法提供高效、强大的政府，其证据是“执政能力的危机”，它是政党碎块化的结果，在整个自由主义历史上已被证明是致命的。在巴塞罗那和巴伦西亚这样的大城市，原先为两个可供选择的党派提供绝对多数的机制正在走向末路。在1910年，自由主义党和保守主义党的政府都在内部的争吵中经历了绝对多数的丧失，1919年，毛拉的内政大臣未能获得绝对多数。不论是单一政党的，还是联盟或国民政府的稳定政府越来越难以形成。在1902—1923年之间共有34个政府上台，这使得任何一以贯之的改革努力化为泡影。例如，1898年之后，政府曾经作出连续不断的改革军队的努力，然而在1898—1909年之间却有20个政府为此负责。来自军方的压力开始家常便饭般地解散投身于琐碎事务的议会，它们没有能力解决军队或国家的问题。

1906年宪法把内阁的组成置于成年的阿方索十三世国王手中，而不是碎块化的政党体系之中。由于在隔绝了公众意见的被哈罗德·尼科尔森称为欧洲等级最森严的宫廷中长大成人，阿方索十三世被宠臣和助手的阿谀奉承包围，他因难以形成强大的内阁而恼怒，突然认为立宪制体系走到了尽头。在1921年的一次演讲中，让其大臣们震惊的是，他宣称，不管有没有宪法，“他都必须施加他的意志，为了祖国而牺牲”。他把自己定位为一个人的重建者的角色。多年以后，他儿子把这篇演讲称为“丝毫不亚于开始专制统治”。

在摩洛哥——西班牙被授予一片居住着难以驾驭的部落的荒芜地带——建立专制统治是一场灾难。在1921年，成千上万的西班牙士兵
236 在一次从前方的据点后退时被部落人血腥屠杀。这个能够吸引公共注意力的悲剧，以官方军队无效、腐败的谣言形式，从受检查的出版业中走漏出来。议会中的左派提出要求，议会应该质询和裁决那些应该为这种灾难负责的人：将军、政治家和国王本人。为了避免这种羞辱，普里莫·德·里维拉于1923年9月在巴塞罗那发动了一场政变，国王也接受了他军事独裁者的身份。这是一场致命的冒险，国王已经打破了对

给予君主制合法性的宪法所宣示的加冕誓言。

突然告终的自由主义立宪制度可以被视为欧洲的现象。在1923—1926 年之间,整个中部、东部欧洲不稳固的派系争斗的民主制崩溃,取而代之的是威权主义和独裁制度,与此同时,在西班牙,所谓的"舒适的阶级"组成私人军队把社会从布尔什维克主义中解救出来。曾经反对卡洛斯主义反动派、捍卫自由主义国家的军队,此时把自己看作是保守社会秩序的捍卫者。

六

如果自由主义是一个以民主政党未能实现的真正的代议制为基础的政党,那么可以说进步派的现代资本主义社会的梦想正在成形。现代化反映在人口增长模式上,西班牙的人口从 19 世纪 30 年代的 1 100 万增加到了 20 世纪 20 年代的 2 350 万,以高于欧洲的出生率和死亡率为标志。到 20 世纪的时候,即当死亡率开始下降的时候,它开始接近欧洲的模式。如果经济的缓慢增长仍然使西班牙远远落后于北方的经济体,且被意大利远远抛在后面,那么就蒸汽机和后来的发电机,电动面粉厂、榨油厂和工程方面而言,尤其在 1910 年之后,西班牙已经足以使其工业结构现代化。除了手工工厂之外,出现了大型的现代企业。制铁联合大企业,毕尔巴鄂的比斯开钢铁公司雇用了 6 000 个工人。最后一次周期性饥荒,旧制度下的生计危机,以及随后的霍乱危机,在1880 年到来了。

在 1875—1887 年之间,巴塞罗那流行着"淘金热"。大工业巨头在
接下来的猛烈冲击中生存了下来:像洛佩斯和古埃尔王朝这样的财阀
在纺织业、面粉业、铁路、波特兰混凝土、银行业、煤气和航运中生存了
下来。巴斯克省的冶金业和船坞业,由于从出口英国的铁之中获得资 237
金支持,在 1870 年之后得到了扩张,与巴斯克的银行一起,创造了西班
牙最有权势的 12 个家族的工业寡头集团。随着重工业向毕尔巴鄂周
围集聚,加泰罗尼亚及其工业日益摆脱对昂贵的煤炭产生的依赖,开始
了向化工和冶金业的多元化发展进程。到 20 世纪 20 年代的时候,巴

1914—1918 年战争期间的中立使得西班牙的实业家和轮船主通过给好战的国家提供货物发了大财。伊斯帕诺-苏萨汽车有工厂设立在巴利亚多利德和巴塞罗那，供应飞机引擎。战争时期的繁荣到 1920 年的时候就崩溃了。伊斯帕诺-苏萨继续生产受欧洲富人欢迎的奢侈的旅行车。到 20 世纪 70 年代，西班牙才成为大众市场的轿车主要出口国，这是西班牙现代工业第一个成功的故事。

塞罗那正在制造铁路器材、航海涡轮和欧洲最精良的奢侈小汽车——伊斯帕诺-苏萨。西班牙在第一次世界大战期间的中立使得其从向交战各方出口中牟取了巨额的利润，并进一步使加泰罗尼亚的工业多元化。伊斯帕诺-苏萨的工厂能够向法国空军提供其引擎；特尔萨和萨巴德尔的羊毛工业给军队提供了厚大衣。利凡特的柑橘属作物作为出口产品兴盛起来。但繁荣并没有触及加利西亚和卡斯蒂利亚的挣扎在生存线上的农民或安达卢西亚的无地的劳动者，他们唯一的谋生之路像
238 东欧和爱尔兰一样，就是向新世界或是巴斯克省和加泰罗尼亚地区移民。对于巴斯克和加泰罗尼亚的民族主义来说，吸收这些“外国”移民长期以来一直是一个问题。从农业贫困地区向工业城市的移民，与战时劳工一样，这是现代化过程的一部分。毕尔巴鄂在 19 世纪 60 年代

到 20 世纪 20 年代人口翻了一番。通过吸收其周围较小自治市的人口,20 世纪 20 年代的大巴塞罗那包含了 100 万居民。早在 19 世纪 50 年代,城镇就在推倒限制发展的古代的城墙。新的宽阔街道穿越巴塞罗那和马德里;电车线路连接着老的城市中心和新的疾病横行的工人阶级的郊区,使古代城市的中心鱼龙混杂。城市化向外省扩散,加利西亚的渔港维哥日益增长的繁荣反映在伊格莱西亚斯曾经演讲过的、最著名的男演员和女演员曾经表演过的华丽的集会大厅、体育馆和剧院。

1888 年的大博览会把巴塞罗那树立为一个欧洲大都市。加泰罗尼亚人是内向的,他们把家庭农场当作传统天主教的展示,但加泰罗尼亚人也曾经为他们接受欧洲文化的影响而开放引以为傲。巴塞罗那的剧院在欧洲是第一批迎接瓦格纳登台表演的剧院。这座城市成了现代主义和新的建筑艺术的展示舞台。其天才安东尼·高迪,一位严格的天主教徒曾经为新富的人建造宫殿。加泰罗尼亚主义的政治领导路易斯·多蒙尼齐-蒙塔涅在他的音乐宫殿(1905—1908 年)中将加泰罗尼亚主题与最为大胆地使用铁和玻璃结合起来。正是在这样的大都市环境中,巴勃罗·毕加索和霍安·米罗吸收了法国的影响,1912 年的达茂画廊分阶段展示了巴黎之外的第一批立体派艺术。加泰罗尼亚当地技艺的复兴受到了威廉·莫里斯的鼓舞。

马德里没有巴塞罗那的文化活力前卫建筑。油画家达里奥·德·雷格耶斯、詹姆斯·昂索和卡米拉·毕沙罗的朋友遭到马德里学术机构的嘲笑,在巴塞罗那却受到欢迎。仅纯粹的规模和装饰的奢华而言,马德里的银行和新公共建筑就使人印象深刻,但其本质还是保守的。但在巴斯克人的银行搬到这里之后,马德里正在成为一个金融之都。以其糟糕的居住条件和拥挤的街道而闻名,马德里开始以欧洲现代都市的面目出现。阿方索十三世在 1910 年为欧洲的丽兹酒店揭幕,然后是 1919 年的地铁。一个日益扩张的服务部门催生了一个新的职业阶级,他们在 20 世纪 20 年代人数翻了一番。这是妇女首次发现做家务之外
的其他选择,去百货商店工作或是做电话接线员的工作。城市更新和 239
扩张伴随着文化复兴,与此同时,前卫杂志的现代作家也体验了象征主

义、印象主义和超现实主义。现代主义者都是坚定的精英主义者。何塞·奥尔特加-加塞特，普鲁斯特的早期崇拜者，主张现代主义精英的社会划分艺术，应该是等级社会的基础。“时代到了，从政治到艺术，社会应该再次按照它应该的那样分成两个秩序：优秀的人和普通的人。”普通人的需要通过新的大众娱乐方式就可以得到满足：电影和足球。这种精英主义反映了自由主义文化和民主文化缺乏传播，这在一个不识字的公众人数众多、缺乏可以像英国和法国那样把候选人政治化的大众出版业的国家是不可避免的。马德里有 30 种日报，最重要的日报有望获得每天 80 000 份的发行量，而在法国和意大利主要报纸可以获得 500 000 份的发行量。

朝着现代化的进步是缓慢的，当代人反思西班牙与北部欧洲先进的经济体之间的巨大差距。传统上有关这个落后的解释是：由种植谷物占主导地位的静止的农业部门没有能力为工业化的货物创造需求。近来，对于这种平衡的某些指责转移到非竞争的本地工业的暗淡表现，还有就是设计错误的经济政策，它一方面用来保护农民的生计，另一方面用来保护已确定的纺织业和冶金业。两种利益都有着政治上的影响。19 世纪 90 年代之后处于保护主义时代的西班牙，有着欧洲最高的关税，这并非事实，西班牙人只是选错了保护对象。尤其是通过高额的保护性关税来保护谷物生产者，不仅使并不能为工业产品提供市场的不景气的经济部门得以苟延残喘；对于实业家来说还要面对被迫提高的食品价格。反过来，工业的利益需要国内市场的保护，因此牺牲现代化的可能来提高出口竞争力。

从 19 世纪 30 年代一直到其政治终结的 20 世纪 20 年代，自由主义的根本问题是其干涉的国家是贫困的，这种贫困不仅仅体现在与相当多的地理、气候、文化难题所进行的经济斗争上。税收不足以支付花费，在卡洛斯战争之后，国家回复到了以不利条款借款的境地。这种债务的利息对于预算是个难以容忍的负担。此外，国家从 19 世纪 40 年代的温和派那里继承来的税收体系，其设计不仅是为了保护占支配地
240 位的寡头集团的利益，因而使得不够幸运的人处于不利的地位，而且被

证明对于动员现有的财富不灵活,也不足以动员。一旦偿付了债务和政府与军队的固定花费,留给重建主义宣称的基础设施建设,或者是被所有改革者称为现代社会不可或缺的基础现代教育体系的投资,也就所剩无几了。像卡纳雷哈斯这样的自由主义者和诸如达托这样的保守主义者是真诚的、见多识广的社会改革家,但他们被剥夺了财政手段,甚至一个胜任的工厂视察员都没有,更不用说提供劳合·乔治的"新自由主义"。更重要的是,没有足够的钱满足军队的职业需求。反复的经济助长了在强迫征兵中表达出来的不满。

七

毫不奇怪的是,面临想象中的布尔什维克革命的威胁,加泰罗尼亚的资产阶级和安达卢西亚的地主会热烈欢迎 1923 年普里姆·德·里维拉的政变,因为它缓解了罢工。《太阳报》的独立自由主义长期以来一直主张,老式的政治应该为西班牙在欧洲的边缘化负责。自从 1898 年以来,知识分子已经成了西班牙社会的一支力量,他们对老式政治的厌烦是如此深重,以致他们准备好将潜在的重建者的怀疑津贴赠送给 19 世纪风格的西班牙士兵政治家,这是作为一名潜在的重建者的怀疑带来的好处。只是不久之后,阿方索十三世收到了他支持普里姆·德·里维拉的罚单。除去被革职的"老政治家",大多数西班牙人认为他作的伪证给西班牙政治生活带来了其长期渴望着的震动。普里姆·德·里维拉把自己看作是海边的"冷酷的外科医生",被召唤去清除那些只代表自己的腐败的、无效率的议会政治家。他是个享乐主义者、业余政治家,他的直觉将会告诉他什么是必须做的;投身政治的军人倾向于相信复杂的问题可以通过颁布法令来解决,为此普里姆颁布了一大批法令。

正是作为一名政治家普里姆失败了,他不能为被其摧毁的立宪君主制创造替代的制度。"我们正打算给西班牙准备一个由以前从未统治过的人进行统治的政府。"但他尝试在民族政治联盟中发动一场以爱国者代替党派政治家的运动,却只吸引了一些右翼的狂热分子和一群机会主义分子。不像佛朗哥,他从未把自己永久固定在某个位置上,在

241 短暂、严厉的军人训政之后，他想恢复到“正常状态”，但正常状态远离了他。1925 年，他召集了一个国民大会，制订一部新的、法人的宪法。有关它的辩论揭示的不过是对他的支持正被削弱。

普里姆也有自己的成就，他经常巡回演讲，用经过检查的出版机构报道新闻，这使得他相信他统治的是一个宜人的国家。属地的摩洛哥部落终于被征服了。他一个人的重建主义的一部分是雄心勃勃的国家出资的公共工程，尤其是大坝、灌溉工程和公路。汽车协会对他赞许有加，因为他把西班牙带入了汽车时代。这些公共工程将会为未来的工业起飞提供基础设施。他的理想——得到佛朗哥的继承——是一个自给自足的、封闭的、自我满足的国民经济，在保护政策下，强制施行进口替代，牙医不再使用进口手术刀，西班牙不再饮用香槟酒。他的结合国家干预的政策，覆盖了从兔毛到石油精炼的经济的所有方面，被巴伦西

在 1923 年 9 月发动政变之后，普里姆·德·里维拉废除了 1875 年的宪法，他在这张照片上任军事指挥官的随从将军的建议下，把老的政治阶级赶回草地上并统治西班牙，各个省份在下级军官管理之下。业余军人的政府在 1925 年下台，因为那些文官的“技术官僚”政府从事雄心勃勃的公共工程项目，这些工程因为 1929 年大萧条的开始而被削减。

亚的经济学家佩皮尼亚·格劳斥为自杀。尽管如此,生产率和人均收入迅速增长,这可能是欧洲战后恢复的结果,而不是施行的自给自足政策的结果。在西班牙的历史上,从事农业的人口比重第一次下降到一半以下,从 57%下降到 45%。工业革命的开始反映在消费社会的开始上。1923 年的 18 000 辆卡车到 1929 年的时候已经变成了 37 000 辆,63 000 部电话机则变成了 212 400 部。在其创造了混合委员会解决劳工冲突的劳工立法过程中,普里姆确保了与西班牙劳工联盟之间的合作,后者很高兴地看到它的竞争对手全国劳工联合会被压制了的西班牙劳动者总工会复兴了。西班牙劳工联盟的领导拉尔戈·卡瓦列罗成了国会议员。

普里姆将永远不可能得到他曾经侮辱、伤害过的“老政治家们”的支持,对于他们来说,1876 年的宪法仍然是神圣的、准许他们执掌政权的法典。1928 年,在不满的官员们的支持下,保守派领导人桑切斯·格拉(Sánchez Guerra)发动了一次虚弱的政变。加泰罗尼亚的资产阶级抛弃了他,他迫害加泰罗尼亚主义,结果不过是鼓励了他们再次保卫加泰罗尼亚文化和民族身份认同。此外,社会的救世主显示出了其将转变为危险的社会改革者的信号。当他的公共工程项目遇到金融危机的时候,改革税收体系的计划遭到强烈反对,被其财政大臣称为“黄金的雪崩”。普里姆未能持续获得工人社会党的支持,后者在因达莱希奥·普列托的影响下,反对西班牙劳工联盟的合作主义。首要的是,政治家的反对党、知识分子原先的批评目标现在确保了他们的支持,在一个文化复兴的时代,知识分子成了独裁者最难以接受的批评家。流亡的乌纳穆诺成了知识分子反叛的象征。巴伦西亚的受欢迎的诗人布拉斯科·伊瓦涅斯出版作品猛烈批评阿方索十三世。学生在街头骚动,打碎国王的半身像。最后,将领们也因为普里姆废除严格的资历来改革军队的尝试而疏远了他。他们建议国王赶走他,阿方索国王在恢复因他 1923 年承认普里姆而丧失的政治根基的最后尝试中,接受了他们的建议。然而,军队仍然是政治变革的主要出力方。但到那时,不仅普里姆自己快要完蛋了,作伪证的国王及其代表的立宪君主制也在劫难逃。一次公众暴乱在 1931 年 4 月向第二共和国当局致以问候,它将把西班牙带入群众政治的时代。

第九章　1931年以来的西班牙

塞巴斯蒂安·巴尔富尔(Sebastian Balfour)

第二共和国

243 1931年4月14日,第二共和国宣告成立并受到西班牙人的欢迎,他们在街道、广场上举行庆祝活动。新制度是引领着西班牙的第一个真正的民主制度。在之前那个由显要人士的寡头政治控制,特权的、大体上不宽容的教士和压迫性的军事当局统治的国家,共和派承诺现代性和社会正义,其支持者对其有着很高的期望。对于南部无地的农民,它主张迫切而必要的农业改革,重新分配土地,提高他们可怜的生活水准;对于工业和服务业工人,它承诺较高的工资、工会权利和更多的讨价还价的权利。对于其他许多人来说,这意味着共和国社会和文化的广泛改革:它将权利延伸到少数民族,承认这些地区历史的自治权利,推广教育和给予广大的人民以权利。对于同情它的一般人来说,共和国的诞生预示着权力和财富从一小部分人手里转移到社会的绝大多数人手里的历史性转折。对于左派的激进分子来说,它意味着社会革命的第一个阶段。因而新政府被赋予的期望很大。

另一方面,第二共和国也迎来了较多的私人领域的震动和忧虑,诸如高级职员的食堂、会议室和教堂。传统的社会部门不仅把共和国看作对他们利益的威胁，而且把它看作对西班牙的身份认同本身的威胁。天主教会害怕他们期望的共和国会带来摆脱宗教色彩的改革，摧毁他们施加的社会影响，也给他们的老对手：自由思想家、抗议者、无神论者打开门户。土地所有者和实业家对于土地成本上升，授予集会、讨价还价的权利的司法制度的前景战栗不已。保守的军官把地方自治当作西班牙的领土完整被打破的开始，而他们自己制定的职责就是要保全 245
它；他们还关注军官膨胀导致大量人员冗余的军队可能的重组。对于社会的许多保守等级，民主不仅仅是在反对他们的利益，还是在反西班牙。尽管如此，只有当这些事情迫在眉睫的时候，他们才计划通过军队推翻共和国。

自上而下的改革

新共和国的省级政府把已达成广泛政治共识的代表集中到一起，这些人已经眺望到了君主制和复辟国家的尽头。他们包括社会主义者、左翼共和派，诸如自由主义知识分子曼努埃尔·阿萨尼亚，以及保守主义的、天主教徒共和主义者，诸如第一任总统阿尔卡拉·萨莫拉。他们给自己设定的最高目标是改革腐败的、不能代表民意的政治体系，把它转变为多元主义的民主制度，自上而下地实行使西班牙社会现代化的改革项目。政府通过的第一部法律聚焦在劳动关系上，目标是即刻改善农村和实业工人令人揪心的状况。这些措施在某些土地所有者看来，是对他们权力和财富的挑战。作为陆军部长，阿萨尼亚着手把军队置于共和国的控制之下，并把他们转变为现代的、纯粹职业的机构。他的改革虽然在那些愿意退休的军官看来是慷慨的，却激怒了另外一些人，其中许多人觉得给予他们的在摩洛哥英勇作战的报酬少得可怜。

在1931年阿萨尼亚接替阿尔卡拉·萨莫拉时制定的第一部宪法中，清晰地陈述了共和国的目标。它废除了不具有代表性的参议院，建立了一院制议会。修正了选举人法，以便保证推行民主，给予妇女投票权和出席议会的权利。一系列民事自由得到许可，包括一部进步的离婚法和拥有大量私人财产的权利。如同其社会立法一样，新宪法较有争议的篇章也是针对现存的秩序。他们使政教分离，限制教会财富，使它退出对教育的控制。经过这样的打击，官方对教会的表述从代表西班牙身份认同转变为纯粹的志愿协会。阿萨尼亚鲁莽地宣称，西班牙不再是天主教国家。借口耶稣会只效忠于梵蒂冈，政府解散了耶稣会
246 的组织，以使西班牙所有的制度都能够对国家负责，保证政府拥有足够的使社会现代化的工具，这些是一系列下定决心努力实施的目标的一部分。尽管如此，这些去宗教化的措施激怒了教会，进一步使其疏远这个新国家。

改革的障碍

新共和国面临的最为紧迫的问题是它必须在世界范围经济衰退的背景下运转。正是经济衰退帮助共和国应运而生，但也是因为这一点使得实行一系列社会和劳工改革困难重重，而使共和国不能触及西班牙的精英们强烈反对的财富再分配活动。由于有义务实行正统的财政政策，阿萨尼亚政府不愿意改革低额的税收体系（最高等级的税收是4％），该体系自从19世纪温和派之后实质上一直没有变化。从普里姆·德·里维拉独裁政权那里继承的预算赤字使寻求给改革提供财政支持变得更加困难。1930—1931年冬季的干旱给收成造成了恶劣的影响，使南部乡村地区穷人的生活更加困苦，这些使得再分配成了一项更加紧迫的任务。然而，原本打算补救乡村地区危机的农业改革法，是个三心二意的、不够清晰的措施。

更深层次的问题是西班牙国家对社会控制的薄弱。西班牙现代化的过程极不均衡，发达地区主要集中在北部、东北部和勒万特地区，而在较为落后的地区，传统精英仍旧行使着相当大的权力。新共和国必须在广泛的互相矛盾的各种社会和政治势力之间寻求平衡，这些势力没有哪个在议会中有能力维持平衡。总之，西班牙的危机在每个地区的表现不尽相同，它从第一次世界大战开始就震惊着整个欧洲，在这里，战后国家重建的、三个敌对的目标——自由主义的民主、法西斯主义和革命的社会主义——为了霸权而争夺不已。

共和国的社会基础极为薄弱。职业的中产阶级数量相当少,他们和无地的劳动者、至少是潜在的产业工人,以及农村的佃户和小业主代表了一系列不同的、有时又互相敌对的利益。如果想要挑战权力精英和他们的宪法来推进改革项目的话,所有这些社会群体必须被共和国召集到一起,并加以动员。但共和国发现它自己几乎马上就与自己的支持者们争吵起来。

这方面的主要问题之一是法律和秩序。随着共和国的来临而被唤 247
醒的期望,反映在联盟成员从 25 万上升到 1930 年的 100 万,产生了罢工和占领土地的浪潮。在缓慢的改革步伐和农村劳动者令人绝望的状况的鞭策下,无政府主义者发动了流产的起义活动。1932 年 1 月的加泰罗尼亚起义给罗布雷加特谷地带来了 4 天的自由论者的共产主义。由于忽视重组法律和秩序的力量,共和国发现它自己必须为动用惯于打倒抗议者的国民卫队,血腥镇压这些起义负责。一年以后,国民卫队在加的斯附近的一个村庄屠杀 21 个劳动者及其家属,加速了阿萨尼亚政府的倒台。

共和国内部的分裂

支持共和国的集团也是四分五裂的。他们从希望使西班牙的资本主义社会现代化的保守主义共和派,到寻求推翻资本主义社会的无政府主义者,不一而足。在这个谱系的中心是中间和左翼共和派的代表(在其中有加泰罗尼亚寻求自治的共和派),其社会基础大体上是中产阶级。更左的是社会主义党——议会最大党和唯一的全国范围的组织——还有就是仍旧弱小的共产主义党和反斯大林主义党。教会改革使共和派和社会主义派的联合政府出现了第一个裂缝。它导致了两个保守派政府成员总理本人阿尔卡拉·萨莫拉(他后来当选为总统)和内务部长米格尔·毛拉的辞职。

在左翼内部,甚至在社会主义党内部关于战略也存在着尖锐的分歧。无政府主义者把资产阶级国家当作工人阶级的压迫者,把议会当作一个纯粹的“妓院”;在社会主义者内部,议程涵盖从改革一直到革命。这些差异经常在紧张的气氛中，以花言巧语的方式被清晰地表达出来。缺乏文化共识和支持共和国的党派间的对话，部分是在长期委托人政治和接近八年的独裁专制制度之后缺乏议会民主经验的结果。它也起源于社会经济问题的强度，最主要的是在南方必须马上有个解决方案。

248 ## 右派的回应

社会经济问题在右派对民主作出了回应之后恶化了。少数派，所谓的“劫数难逃论者”转而阴谋推翻共和国，1932 年 9 月，何塞·圣胡尔霍发动了一场漫不经心的流产政变。右派的大部分，自称为“偶然论者”接受共和国，为的是在其内部发挥作用，恢复教会的特权地位，阻止社会、经济权力的平衡的转变（尽管他们内部有一批基督教-民主党派支持社会改革）。右派联盟，西班牙右翼自治组织联合会（Spanish Confederation of Autonomous Ring-Wing Groups）或称西班牙自治权利联盟（CEDA），简称塞达党，在坚定的天主教律师何塞·马里亚·希尔·罗夫莱斯的领导下，于 1933 年 2 月成立。新联盟的核心是人民行动党，一年前组建的党派，获得教士和有大量地产的寡头支持。其基础是整个西班牙经济上落后地区的小行省城镇的以农民阶层为信众的教会和土地所有者的网络。对于西班牙的危机，它渴望有一个威权的、法团的解决方案，这一点也不是什么秘密，为此新联盟着手创造一个新的群众党派以赢得选举、保卫教会。右派还能向阿萨尼亚政府施加极端的经济压力，大部分实业和金融资产阶级支持右派，导致比塞塔在国际市场上贬值。右派的农村支持者相信共和国的农业改革威胁了他们的财产，他们组织起来对抗以提高工资、改善劳工状况和降低失业率为目标的立法活动。

通过逃避社会改革和阻碍立法（阻止议案在议会中通过），塞达党扩大了共和国的支持者内部的分歧。他们还加深了左翼对议会民主制度的不信任。1933 年夏天，社会主义联盟的领导人和劳工部长弗朗西斯科·拉尔戈·卡瓦列罗在与资产阶级改革者的合作中醒悟，撤出了他

对政府的支持。由于渴望保持对他的较激进的派别和观点的支持，他
宣称："今天，我确信，在资产阶级的国家内要实现社会主义是不可能
的。"这个国家日益增长的两极分化导致总统阿尔卡拉·萨莫拉把他的
支持者从阿萨尼亚的社会主义和共和派联盟中撤出来，这样便宣告了
改革派长达两年半的西班牙现代化尝试的终结。尽管失败了，共和国
的第一任政府实行了一系列的现代化改革措施：确立一个新的、较为 249
民主的宪法，将教育从教会中分离出来，新的学校已经建成，加泰罗尼
亚人已经被授予了自治的地位。

右派的政府

由于被矛盾撕裂，社会主义者和共和主义者未能在 1933 年 11 月的选举中联合争取选票。由于选举人法的生效，尤其是社会主义派失去了一系列不稳固的席位，塞达党成了新议会的最大政党，它支持右翼的激进共和党的少数派政府，向其施加了沉重的压力。因此，新政府开始废除 1931—1933 年改革主义者政权下的进步的立法。

1934 年秋天，塞达党进入政府，其三个成员被安置在司法部、农业部和劳工部等关键的部门。公告导致了在所有左派组织支持下、计划下的起义者的总罢工，反对他们认为的西班牙法西斯的到来。这个活动在大多数省份组织得都很糟糕，除了巴斯克省和最出名的阿斯图里亚斯省之外，那里的矿工，西班牙劳工运动中军事训练最多的群体，加入了左翼的所有分支，组成一个联合阵线——工人联盟。整整两个星期，工人们与一支由西班牙海外军团和摩洛哥雇佣军加强的军队作战。与此同时，在加泰罗尼亚，加泰罗尼亚共和党民族主义分子利用大罢工，短暂地建立了自治政府。这次叛乱被粉碎后，政府反过来对阿斯图里亚斯工人实行血腥报复。

10 月份革命的失败，正像左派所称的那样，导致了劳工领导人整批整批地入狱，左翼组织也被取缔，甚至前任总理曼努埃尔·阿萨尼亚也被审讯，入狱一个月，尽管事实上他没有参与起义。塞达党的代表进入了政府，开始向他们的激进主义的同事们施压，要求进一步废除共和

党的立法。吉尔·罗布雷斯在 1935 年 5 月加入新内阁，任国防部长，着手进一步清除同情共和国的军官，与此同时，他把未来的军事同谋者，诸如弗朗西斯科·佛朗哥提拔到关键位置。从他的印刷品和演讲中，可以很清楚地看出，他们通过获得议会中的多数，寻求在西班牙建立独裁主义的政府。

250 大众前线

尽管如此，当激进主义者因为腐败丑闻而遭到削弱之后，激进党与塞达党联盟到 1935 年底的时候开始不稳定。为了保护共和国免受塞达党的进一步侵蚀，阿尔卡拉·萨莫拉决定举行干净的选举。在曼努埃尔·阿萨尼亚和温和的社会主义领导人与共和国前部长因达莱希奥·普列托进行了漫长的谈判之后，社会主义派和改革派的共和党人的老选举人的同盟艰难地重建起来。在这些谈判之后诞生了人民阵线(the Popular Front)，除了无政府主义的劳工联盟西班牙全国劳工联合会之外，大多数左翼组织签订了排他的选举人条约。另一方面，西班牙全国劳工联合会的成员以群众的方式为人民阵线投票，以确保在 1934 年叛乱后被拘禁的军事活动成员获得释放。

1936 年初，选举人战役的鲁莽的措辞使人产生这样的意识，西班牙被分裂为两个互相敌对的集团。拉尔戈·卡瓦列罗宣称，如果右翼获得胜利，“我们必然发动内战”。吉尔·罗布雷斯的宣传也同样是分裂性的：“为了上帝和国家；要么征服，要么死亡。”在 2 月份的选举中，人民阵线成了干脆利落的获胜者，虽然它获得的选票只比支持率正在上升的右翼稍稍多一点。选举人的地图勾画出类似的图画，左翼的大本营在西班牙工业地带的城市以及南部和西南部，那里农业人口的失业问题和废除大地产的要求最为迫切。人民阵线还在贫困农民聚集的加利西亚的很多地方获得了多数票，在加泰罗尼亚和巴斯克省，城市和工业的选票在人民阵线支持地方自治政策下得到巩固。

另一方面，右派在西班牙中部地区获得了压倒性的支持，那里大片的产麦地区点缀着城镇，土地所有者、小土地所有者、城镇居民和神父们都享有同样的恐惧和仇恨,把左派当作布尔什维主义的先兆。这时,右派在政治上已经分裂。选举结果使得塞达党获得议会多数,使得扭转共和国第一届政府的改革举措的策略成了泡影。人民阵线的胜利也加强了军事集团发动政变、颠覆民主、实行独裁主义国家的要求。塞达党发现自己在右翼被受欧洲法西斯主义影响形成的两个政治集团包抄了,其中最重要的是由何塞·加尔沃·索特洛的独裁主义右翼君主制分 251
子领导的民族阵线(National Block),对他来说民主是"最愚蠢的"。为了建立一个天主教的、独裁主义的政权,加尔沃公开呼吁军队推翻共和国。另一个叫喊更为激烈的右翼是法西斯主义长枪党,在 1933 年由独裁者的儿子何塞·安东尼奥·普里姆·德·里维拉建立。由于比较习惯于法西斯的抒情诗体,长枪党高声朗诵道:"我们的位置是在开阔的地方,看着我们的武器在星光的照耀下闪亮。"由于面临着这样的竞争,塞达党的年轻人接受了许多法西斯主义的外部标志——群众集会、行举手礼、旗帜和围绕在吉尔·罗布雷斯的图像附近举行领袖(Führerprinzip)庆典。当他的支持者日益转向军事手段的时候,塞达党领导人的选举策略面临破产。起义反对共和国的战略受到西班牙最老的右翼编队——传统主义者或卡洛斯主义者的支持,他们在过去曾无数次发动叛乱,反对自由主义君主制和 1873 年的共和国,毫无成效地尝试复辟被抛弃的、独裁主义的王朝。

再次由阿萨尼亚领导的新政府只由中间和左翼的共和党人组成,因为由拉尔戈·卡瓦列罗领导的社会主义者不再愿意与一个"资产阶级"的政府合作。拉尔戈日益增加的革命措辞导致其与普列托系的社会主义者公开决裂。阿萨尼亚深切地关注着改革进程。最为尖锐的问题同往常一样是南部的乡村地区日益增长的失业率。政府的改革远远落后于在社会主义者的土地工作者联盟指导下的无地劳动者的行动,他们占领了大约 100 万公顷的土地。在工业地区,罢工的浪潮爆发,目的是恢复 10 月份革命之后丧失的工资水平和身份。罢工活动标志着较为激进的决心,即使不是革命的,因为 1931—1933 年的第一届改革派政府相当失败。

美国人罗伯特·卡帕(Robert Capa)拍摄的照片显示共和国民兵和攻击卫队于 1936 年出发保卫马德里。它捕捉住了内战初期共和国守卫者充满了自信，他们认为通过动员大众，能够驱逐右翼分子的叛乱。

不仅仅是乡村的罢工和骚乱，右派通过民间的混乱动摇共和国稳定的尝试也使西班牙开始弥漫着危机气氛。城市街道上左派与右派之间的冲突，在双方日益升级的互相揭丑的措辞下，于 1936 年春天倍增。军方长期以来发动一场政变的准备也日益成熟。由于意识到这些计
252 划，政府把一些将领们(政府认为他们在策划阴谋)转移到遥远的据点。佛朗哥，即使还没有决定是否要参与密谋，也被迁到了最遥远的指挥

所——加那利群岛。在这些阴谋家内部,他持续的犹豫给他赢得了“加那利群岛小姐”的昵称。7 月 13 日,卡尔沃·索特洛被暗杀,给政变提供了再好不过的导火线。7 月 17 日,由于错误地相信共和国能被轻易地推翻,非洲的西班牙军队在摩洛哥起义,第二天西班牙的所有驻军紧随其后。军事政变的失败导致了迁延日久的、血腥的内战。

内战 253

掌握在反叛者手中的地区大体上复制了 1936 年选举的投票类型。经过了在某些城市激烈的战斗之后,尽管工人们使用很少的武器顽强抵抗,西班牙中部、西北部和南部的部分地区还是被叛军占据。共和国占据了大部分的北部海岸(虽然与共和国控制的其余区域之间被隔开)和所有的东部、中东部(包括首都马德里)、部分南部海岸。最重要的是,由于由极少武器武装的工人们的抵抗,共和国在几次未遂政变之后还是生存了下来。假如政府及其地方代表准备好武装共和国的民间支持者的话,更多的城市本来可以被保留下来。他们不愿意这样做,显示他们对革命的害怕同他们对反革命的害怕一样,即使他们害怕革命不甚于反革命。

尽管如此,内战中效忠的人群在地图上的分布,并不必然与个人或社会群体效忠的方向相符合。在那些被叛军通过军事行动或欺骗攻陷的城市里,大量的共和国的支持者发现自己站错了队伍。不过,也有不少人不知道站在哪一方好,或者对哪一方都没有强烈的感情,其效忠的对象取决于当内战爆发时,他们在哪里。有些家庭以这种方式分裂了,兄弟之间还发生过文字上的争斗。内战爆发时,诗人安东尼奥·马查多在马德里,作为共和国事业坚定的支持者,与其他知识分子一起签订了一项宣言,支持政府和人民,“他带着可模仿的英雄主义正在为了自由而战”。而叛乱爆发当天,他的兄弟和伙伴、诗人曼努埃尔·马查多正在布尔戈斯,这座城市落到了叛乱者手中。马查多加入了由佛朗哥的姻兄弟拉蒙·塞拉诺·苏涅尔领导的知识分子叛乱队伍。他在内战期间一直为叛乱者的事业做宣传。他的几篇诗歌献给了反对共和国的叛乱领导者。

有关战争的议题

对于每一方来说，战争都是为了不同但互相关联的议题而进行的。在反叛者的一边，从保卫传统秩序到法西斯主义的“现代性”，广泛的政治议题同时共存。由于就取代共和国之后采用何种制度缺乏共同限定
254 的目标，反叛混合了许多基本的原则：恢复天主教会的角色、保卫领土完整、反对所谓的加泰罗尼亚和巴斯克的分离主义者、恢复秩序、回归精英统治和摧毁（用某个教士的话来说）“无神论的”民主。在反叛者中，统一性的力量是天主教主义，保卫信仰是上帝和西班牙的职责。按照萨拉曼卡主教在9月30日名为“双城”的演讲，冲突是全球斗争的一部分。“在西班牙的土壤上，血腥的冲突正在两种生命观之间进行，两种准备好在地球上每个国家进行普遍冲突的势力：共产主义和无政府主义是该隐（Cain）的儿子，他们杀害那些培育了美德的人。”他继续说道，“战争采取了内战的外在形式，但实质上是一场十字军战役。”宗教和民族主义纠缠在一起，保卫宗教被看作反对反基督分子，保卫真正的西班牙。

共和主义派内部正在为常常互相不能够兼容的目标而战斗：为了保卫自由民主的现代性；为了多元主义；为了重新分配土地，立即改善工人、农民和乡村劳动者的生活水准；为了历史地区的语言和文化得到承认，并授予他们以自治的政府；为了社会革命；在国际层面上，为了保卫民主，反对法西斯主义扩张。更使这些潜在分裂加剧的是，共和国的支持者内部的两极分化，由于未能克服右派的阻碍而产生的战争与革命之间的错误的两分法。无政府主义者的首领费德丽卡·蒙特塞尼大声惊呼：“我们为了民主党死了太多人。”

那些支持革命先于战争的人、无政府主义者、持不同政见的共产主义者和某些左派的社会主义者能够证明工人、劳动者对政变予以了全心全意的回应。在1936年夏天“自发的革命”中，民兵们阻止正在行进中的反叛者，工人接管工厂、商店和运输系统，农村劳动者占据士绅的

大量田产,把它们分割后并入集体。按照西班牙全国劳工联合会的看法,如果没有革命,战争不可能取得胜利。在许多造反者被击败的地区,在那个政变余波首次奔腾的时刻,看上去人民的力量似乎是不可阻挡的。受革命气氛鼓舞,人民是如此自信,以至于在各种各样不同的前 255
线,纪律和组织变得松懈。一个温和的社会主义派领导人宣称,尽管工人在战争时情绪松懈,他们仍然保持了“工会要求的频率和工时”。对于那些共和主义者、改革派社会主义分子和共产主义者来说,胜利只能通过如下方式取得:构建一个强大的中央集权政府;利用未遂政变激发的革命能量,锻造一支中央集权化的大众军队来抵抗敌人的职业军队。但是他们相信还有更多的危险。共和国拥有的基础要比工人和无地的劳动者宽泛得多,要维系或获得中产阶级和小业主的支持,除此之外,还要调和社会的要求。共和国潜在的盟友——英国和法国,需要再次保证,包括前线在内,它处在自由民主的领导下,这样,政府才能依赖他们的支持。

欧洲列强

国际上的支持对于反叛者来说也成了一项紧迫的需要优先考虑的事情。他们成功的关键是驻扎在摩洛哥的非洲军团——善于打硬仗的西班牙士兵和摩洛哥雇佣军——曾经粉碎了 1934 年 10 月的革命。但这支军队不能通过直布罗陀海峡回国,因为大部分西班牙海军支持共和国,要么因为他们的军官是忠诚的或因为反对共和国的军队已经叛变。由于意识到他们不可能在没有外援的情况下获得胜利,民族主义者寻求墨索里尼和希特勒的帮助。意大利独裁者本能地同意起义者的目标,但在给他们提供军事援助之前,他小心谨慎地考虑了法国和英国政府未来的反应。因为他正确地猜测到这两个国家都对共和国不甚热心,即使没有什么敌意的话。他提供轰炸机把非洲军团空运到西班牙本土,然后他开始进一步、大规模的军事援助行动,包括援助了总数达 100 000 名的意大利正规军士兵。

希特勒也计算过,在直布罗陀门户与使盟军警惕的风险相比,赢得东地中海的战略要地所能获得利益更大。他和他的将军还欢迎这个测试新武器和演练新战争技术的机会，所以德国运输机也来到摩洛哥帮助实施空运，接着进一步援助武器和最好的军队。

256 那时英国的绥靖外交政策是想避免发生另一次欧洲战争，希望德国扩张主义者的野心能够转移到苏联那边。内战被斯坦利·鲍德温的保守党内阁看作是一个可能引发进一步战争的火星，所以他们优先考虑的是尝试把西班牙的冲突局限于半岛之内，这意味着对德国和意大利的干涉行为睁一只眼闭一只眼。在英国保守党内部，没有人同情西班牙的共和国，因为其改革活动以威胁英国在西班牙的广泛的商业利益而著称，即使革命并没有把他们清理得一干二净。

法国人民阵线政府与英国一样，采取不干涉政策。虽然对共和国表示同情，在欧洲和平面临威胁的时候，法国总理莱昂·布勃鲁考虑的是保持英国的战略支持。他也很渴望避免加剧法国内部的政治紧张，在其国内，内战对于左派和右派都是激动人心的动因。英国和法国的中立、美国的外交孤立主义意味着西班牙被剥夺了从其民主国家的伙伴那里购买武器的权利。这样它就被迫转向私人武器市场，而其购买代理人发现那里是一个他们不熟悉的诈骗者的世界。苏联很快承诺给予西班牙物质援助，尽管如此，斯大林关心的还是保持与英国和法国的友好关系，由于有来自德国的战争威胁，因此，他们反对看上去将要淹没西班牙的共和国地区的社会革命。

英国和法国政府把西班牙内战遏制在地方冲突的层面的努力，看上去得到了回报，欧洲列强在 1936 年签订一个不干涉的协定，并批准设于伦敦的委员会监督其实行。尽管如此，不论是德国还是意大利都没有遵守这个协定，两国继续把军事援助送到民族主义者控制的地区之中。处在萨拉兹独裁统治下的葡萄牙也给军事叛乱分子提供了后勤支持。法国和英国未能对这种明目张胆地违反不干涉协定的行为作出反应，导致斯大林改变了想法，因为迅速的法西斯胜利将会加强欧洲的法西斯主义，进一步威胁苏联。所以按照通货膨胀后的价格，以西班牙的黄金储备支付的苏联的军事援助，于 10 月中旬开始抵达共和国控制的地区，正好及时加强了马德里的防御，对抗反叛者的猛烈的进攻。

战争的暴行 257

此时叛乱的一方，包括非洲军团，开始从首都的北部和南部包围过来。他们从几个方向发动进攻，从南部的安达卢西亚和埃斯特雷马杜拉，从北部的巴斯克和阿斯图里亚斯，从东北的阿拉贡。事实上，战线的前沿延伸到了西班牙的大部分地区。他们执行一项以故意制造恐惧来化解抵抗的政策，屠杀了成千上万的被俘虏的共和国士兵、政府官员和知名的共和国支持者、工团主义者、共济会成员、男人和女人。在阶级斗争激烈的南部，暴行尤其野蛮。在格拉纳达，工人阶级的聚居区被炮轰，右翼军队被给予权力自由杀害共和国的同情者。诗人费德里科·加西亚·洛尔卡，由于他是同性恋还喜爱吉卜赛文化，成为特殊的被仇恨对象，他被绑架、谋杀。

暴行在共和国战线内部也有发生，主要是在起义后最初几周公共秩序短暂崩溃的时候。超过 4 000 个教士，2 600 个以上的修士、修女和 13 个主教被谋杀。教会被抢劫或焚烧，修女扭曲的尸体暴露在公众的目光下。大众发泄愤怒的主要目标是教会，因为它站在叛军一边，而且教会是容易得手的压迫阶层的象征。但双方所施行的暴行之间有个关键的区别。共和派的当局和政党都没有把报复合法化。实际上，他们谴责暴行，很快就在共和派控制的地带内恢复了民主的秩序。野蛮的镇压贯穿在民族主义者这一边，另一方面，它是一个官方的、系统的、有计划的劝阻战略，目标是清除西班牙的敌人。

马德里战役

随着两支叛军逼近马德里，由佛朗哥指挥的非洲军团向东前进，去占领历史名城托莱多，因为这里的要塞阿尔卡萨中有少量的叛乱分子被共和派的民兵包围了。进攻马德里的战役被耽搁了两周，这给共和派军队以保卫首都的准备时间。那时第一批国际反法西斯志愿军即国际纵队，已在共产国际的帮助下到达马德里。内战成了欧洲左派和其他抵抗法西斯主义的人们激动人心的象征。用英国诗人塞希尔·迪伊·刘易斯的话来说，保卫共和国的战斗是一场“光明与黑暗之间的战役”。

258 有人认为，佛朗哥决定把军队从马德里撤出，取得一场战略上次要但却名动一时的攻占托莱多的胜利，是他发起的提升自己成为民族主义者无可争议的领导人的战役之一。在发动反叛之后许多天，反叛的将军在布尔戈斯城成立了洪达，在起义名义上的首领何塞·圣胡尔霍于一次飞机失事中身亡后，9 月 21 日，选举佛朗哥为总司令。解围阿尔卡萨要塞确实成了起义活动中最持久的象征，确立了佛朗哥至高无上的地位。

叛军在 1936 年初秋的推进和共和派控制的城市街道上的群众力量已经迫使共和国政府的内部组成发生了意义重大的变化。单独的共和派内阁已经在 9 月 5 日让位给了一个能够更好地代表共和国这边力量平衡的内阁。这个内阁由社会主义者联盟首领拉尔戈·卡瓦列罗领导，由左翼的共和派、社会主义者和共产主义者组成。两个月以后，当叛军部队已经进入马德里郊区的时候，四个无政府-工团主义者(代表西班牙全国劳工联合会)加入了政府，打破了西班牙全国劳工联合会拒绝参与资产阶级政治的传统。他们在最初的混乱的努力之后，共和派的防御力量也被组织起来抵御装备精良、大体上由职业军人组成的敌人。效忠的军官、一些部队、无数的民兵和委员会在战争的最初一周里开始被并入单一的大众军队。新的军队都设有政治代表，其主要职责是在部队内部灌输纪律。

马德里战役是内战中最为艰苦的战役之一。由于驻扎在城市郊区的反叛军队的炮兵连续不断、无保留地向城中炮轰，与此同时，飞机毫无困难地轰炸街道、建筑，杀戮了许多平民百姓。绝大多数马德里人遵循这座城市不投降的传统，顽强抵抗，挖掘战壕，救助伤员，运输供给，马德里的冶金工人翻新使用过的弹药筒，以补充短缺的军火。正是群众的支持和军队奋战两者结合保证了首都防御的成功。马德里群众部队的所有作战单位，包括无政府主义者和共产主义者，都在防御中发挥了作用，其公民的士气由于国际纵队在场而得到提高。

内战中的内战

尽管共和国遭到了国际上的封锁，苏联的援助间接帮助站在共和 259
派一边的西班牙共产党巩固了日益增长的力量。由于他们坚持法律、秩序和政治上的宽容，共产主义者还获得了共和国中产阶级的支持。在政府觉得首都将要陷落，作出搬到巴伦西亚的决定之后，他们的角色在马德里的防御战中得到了加强。

共产党影响的提升使共和国内在的紧张浮出了水面。共和派国家决心恢复食品供应，缓解街道上、巴塞罗那工厂里由双重权力产生的劳工关系。它对这个目标的追求导致 1937 年 5 月巴塞罗那爆发了小规模的内战，这是一场共和国内部的互相敌对的组成部分之间的社会战争。在几天巷战之后，无政府主义者决定放下他们的武器，支持反对叛乱的战争努力。

共和国营垒内的权力天平现在决定性地转向了能够发动战争的中央集权化国家的拥护者。共产主义者继续迫害他们的内部敌人。马克思主义统一联合党(POUM)的领导人，被共产主义者称为托洛茨基派的安德鲁·尼恩被苏联秘密警察绑架、严刑拷打、处死。建立于 1931 年的加泰罗尼亚自治政府被剥夺了在加泰罗尼亚境内控制公共事务和军事秩序的权力。冲突以总理拉尔戈·卡巴列罗被放逐而告终，并在 5 月 18 日组成了一个由改革派社会主义者胡安·内格林领导下的新内阁。

新总理在之后的内战期间与共产党关系密切，以致有人控诉他是共产党的配角。事实上，尽管他不同意他们的宗派主义，但因为他们在内战时共享同一战略，内格林别无选择，只能与共产党人紧密合作。此外，共产党是共和派这边唯一一个组织良好、有纪律的党派。内格林和他的政党，像共产党一样，确信共和国的事务——战争、法律和秩序、经济——不得不处于一个重组的、中央集权化国家的充分控制之下。他们都确信共和国必须以较为广阔的阶级联盟为基础，保持中产阶级对共和国的效忠。同样重要的是，这个议题是他们认为的唯一一个能够

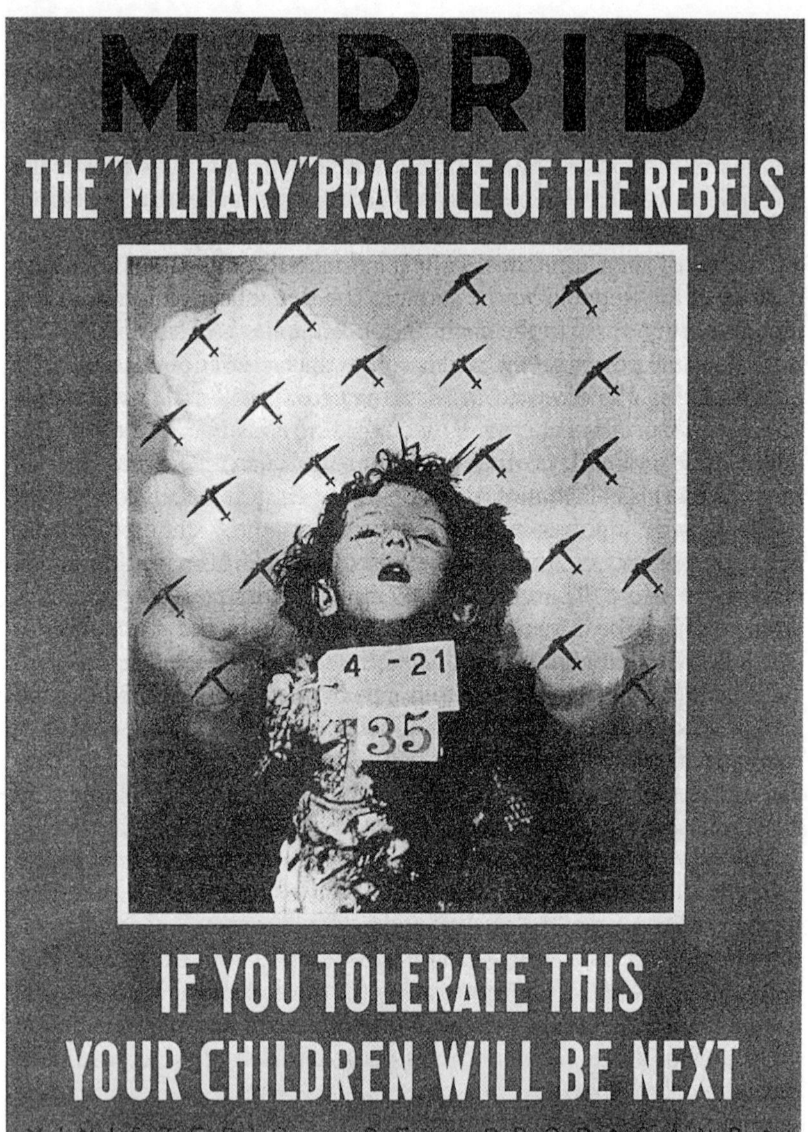

一张声援共和国的国际蒙太奇照片海报表现的是格尔尼卡轰炸的受害者。比内战中其他事件更严重的是，由德国秃鹰军团实施的格尔尼卡轰炸，它激起了国际公愤。这是历史上第一次一座城市被航空轰炸摧毁。海报和毕加索的著名油画对于传播民族主义分子的残忍起到了很大的作用，尽管他们试图否认轰炸。

说服英国和法国理解他们,帮助共和国的一个议题。必要的援助不仅是军事的,而且是经济的,正如共和国开始面临工业进口和必要的供应
的缺乏一样。佛朗哥占领了产麦区,以至于共和国依赖内格林博士的 261
抵抗药丸——小扁豆——来养活充满着难民的过度拥挤的城市。在战争期间,大约 2 500 人因为营养不良而死亡。在后方,饥饿导致了纪律松弛。

战役前线

在战争的前线,共和国军队慢慢被赶了回去。民族主义者的军队在意大利军队的帮助下,在南部消灭了共和国的军队。民族主义者的军队在北部的一次进攻,在首次采用闪电战(Blitzkrieg)的德国秃鹰军团(Condor Legion)的支持下,使巴斯克省的防线后撤。在尝试打破马德里附近的僵局时,佛朗哥和意大利总司令赞成在 1937 年 3 月初,从西南和东北方向发动突击。意大利军队在西南部袭击瓜达拉哈拉时遭遇到了困难,这归因于寒冷、大雪和共和国军队坚固的防御。由于不能动员后备运输和军队,或使用他们的飞机,意大利军队被共和国军队击败,在这里,国际纵队的加里波第营(Garibaldi Batallion)的意大利志愿军发挥了重要作用。

尽管如此,瓜达拉哈拉的胜利也不能扭转共和国的命运。在北部,德国秃鹰纵队在对西班牙高级指挥官了解的情况下,1937 年 4 月,针对巴斯克省历史上的首府格尔尼卡进行了一场高爆炸性的燃烧弹猛烈轰炸。这个目标的战略价值是可疑的,不过打击这个目标对巴斯克人的士气的打击是毁灭性的。6 月,毕尔巴鄂陷落,8 月桑坦德陷落。到 10 月的时候,北方落入了反叛者的手中,至此他们不仅获得了港口和工业,而且也获得了铁矿、煤矿,这对于饱受禁运之苦的共和国的战争努力是致命的。

共和国高级指挥官最初尝试了几次成功的牵制策略: 7 月,他们把马德里西部的敌人防线冲开了一个口子,但他们的军队太虚弱而不能随之深入;第二个冲击是在阿拉贡前线,由于糟糕的通讯和人民阵线

罗伯特·卡帕的一张照片，拍摄的是共和国军队 1937—1938 年的冬天在阿拉贡的特鲁埃尔反攻。对特鲁埃尔的攻击是人民阵线军队失望的尝试：试图削弱民族主义者的军队，阻碍他们向马德里推进。战役是在令人震惊的状况下进行的。战争期间记录下了 20 世纪最低的温度，许多士兵被冻死。

军队内部持续的政治分歧而中断，政治分歧也因共产党人想要摧毁无政府主义对当地的控制而加剧；第三，1937 年 12 月，在崇山峻岭的阿
262 拉贡南部地区，在糟糕的冰天雪地的状况下，共和国军队占据了特鲁埃尔镇，但在 1938 年 1 月，共和国军队又被民族主义的炮兵队、坦克和空军赶了出来。

在空军和炮兵的压倒性支援下，叛军在 1938 年 5 月从阿拉贡和加泰罗尼亚西南部发动了一次进攻，然后进军到埃布罗河河谷地带。他们在 4 月份到达了海边，把剩下的共和国的领土截成两块。他们尝试从那里向政府立足的巴伦西亚推进，此举在共和国军队坚强的抵抗下速度慢了下来。尽管本来可能发动一次针对加泰罗尼亚的更具决定性的进攻，佛朗哥较为喜欢遵循一项谨慎的军事战略。7 月，共和国发动了最后一次充满想象力的牵制性的进攻。军队在夜里穿越埃布罗河河谷，迫使敌人后撤 40 公里。共和国军队再一次未能按照预期的那样随

之突破防线。民族主义分子使用他们优越的军事力量,在进行了长达三个月的血腥的会战之后,人民阵线军队被迫撤退。

内格林政府死死地抱着最后的救命稻草,认为正在逼近欧洲的新 263
世界大战的威胁将会说服英国和法国保护共和国——他们的盟友。尽管如此,1938 年 4 月英国-意大利条约和 9 月 29 日的慕尼黑协定不过宣判了英国进一步漠视不干涉西班牙的协定被破坏。由于和平谈判未果,内格林下令国际纵队于 10 月份撤军,在 11 月 15 日,他们从街道上走过,向西班牙的人民致以深情的告别。

战争的结束

在内战的最后阶段,民族主义者的军队推进到了加泰罗尼亚地区,空中炸弹的轰炸和机枪的猛烈扫射,散布着恐慌和死亡。1939 年 1 月 26 日,他们的队伍行进到几乎是一座空城的巴塞罗那,街道上散落着纸张、解散的党派和联盟成员的卡片。总统曼纽埃尔·阿萨尼亚逃往法国,然后辞去了他的职务。在仍旧由共和国控制的中东部地带,内格林在共产党的支持下,呐喊着继续抵抗。但以马德里为基地的社会主义派、无政府主义派和共和国的领导,确信这样的情形已经没有希望,而且也对共产主义者怀有敌意,发动了一次新的内战之内的内战,并不成功地向佛朗哥求和。他们的行动导致了士气低落和饥饿的平民前线的突然崩溃。当民族主义者开始最后进攻的时候,他们几乎没有遭到多少抵抗。3 月 27 日,他们进入马德里,三天以后战争结束。

在战争失败的所有原因之中,最重要的是民族主义者的军队比人民阵线军优越。确实,战争双方的技术资源都不是最现代的;按照两次任共和国政府外交部部长的阿尔瓦雷斯·德尔·巴约的看法,这是一场“殖民战争”。然而,佛朗哥的武装部队拥有较好的武器,他们是经历过战役的部队,而且从一开始就保留着处在单一领导之下的、拥有军事纪律的正规军。另外一方面,人民阵线军却是从早期民兵那里继承下来的、政治上分裂的战斗单元,其中某些部分不愿意失去自己的独立。一条无政府主义的口号是:“民兵,是的;士兵,不是!”共产党的阵地由于

缺乏协调或因政治分裂而崩溃。有时，他们会因为武器用完了或武器
264 不够好就撤退。不像民族主义者的军队，共和国的军队一直缺乏统一的中央指挥。在某些场合，可靠的编制不得不由于他们侧翼的虚弱而被放弃。讲到战败的辛酸之处，谋划共和国军队进攻的将军文森特·罗约指责部队总是在后院发生政治上的混战，把胜利拱手让给了敌人。对比民族主义者的军队团结在一面单独的旗帜——所谓的民族运动——之下，共和派的后院总是发生小规模的内战。

法国和英国等民主国家未能提供援助使共和国的失败不可避免。英国保守派尤其对共和国有敌意，因为他们把它看作是共和主义的特洛伊木马。另一方面，因为叛军看上去能够给英国在西班牙的投资提供较好的保证，所以他们同情叛军。英国和法国都未能认识到纳粹的严重性和法西斯对欧洲民主的威胁。他们支持的不干涉政策迫使共和国到黑市上去寻找武器，他们被迫出天价来购买，还经常被骗。不干涉政策也使得运输不可或缺的苏联装备发生困难。英国和法国准备使其伙伴民主国家不能好好防御，增添了他们未来敌人的信心，使得他们能够在实战中测试新的军事技术，为新的世界大战作准备。英法的不干涉政策也把未来的盟友交到了轴心国的手里，这可能威胁直布罗陀——英帝国和地中海上最具有战略意义的至关重要的军事据点。成千上万的西班牙人以难以估量的牺牲为盟国的错误买单。

佛朗哥的独裁统治

内战结束后，取代共和国的是民族主义国家，是在冲突的过程中成就的。1937 年 4 月，所有支持叛乱的政治党派都联合到了单一国家政党——民族主义运动——的旗帜下。佛朗哥成了新政权的化身，作为国家元首和 1936 年其下属将军们授予的政府首脑，享受绝对权威。他的权力依靠三种制度，教会、军队和长枪党，但在这一政权的内部存在非官方的“家族”的多元主义，代表参与叛乱的具有不同政治倾向的派别——原来的长枪党、卡洛斯主义者、天主教保守主义派和君主制分子。在他们之上存在着支持过叛乱的多种多样的社会力量。除了共同

的宗教、民族主义和反民主的意识形态，把这些互相矛盾的利益焊接起
来的是所谓的“鲜血盟约”。这个盟约是在内战的暴力和之后批准、实 265
行的血腥镇压中形成的。

佛朗哥主义分子的国家实行的基本上是保守主义、独裁主义的制度。其由佛朗哥代表的极权主义的倾向在国家创立初期中展示了出来，当时看上去轴心国将要赢得世界大战。尽管如此，它们处于教会、将军们和君主制分子的控制之下。接近战争末期的时候，作为群众政党的长枪党的权力被有效地削弱。借助他们对政权中的必要的社会组织，以意大利的工团主义为蓝本的国家工会体系，和年轻人与妇女的组织的控制，他们觉得在某种程度上得到了补偿。佛朗哥自己的意识形态主要倾向于保守主义，但相对于佛朗哥自己的权力永存来说，它是次要的。他根据内部和外部的压力，不断通过转变制度内部的影响力的平衡，来保持控制；而且他通过允许其精英借助国家制度为自己获取财富，来继续掌控他们的忠诚。

获胜的政权还通过借助其他手段延长内战得以巩固。尽管拥护基督教价值观，新国家对失败者却毫不宽容。国家广播电台在胜利的日子宣布：“西班牙人，警惕，和平不是懦夫的舒适的安乐窝，撒落在祖国土地上的鲜血不允许健忘、思想贫乏或背叛。西班牙人，警惕，西班牙仍旧与国内、国外的敌人处在交战的状态。”在民族主义者后方进行的镇压以一系列法律的形式制度化，目标不仅针对共和国的支持者，而且也针对阶级和地方身份。1939 年 2 月民族主义者的军队进入巴塞罗那城不久以后颁布的政治责任法，宣布没有强烈地反抗共和国就是犯罪，而且它要一直追溯到 1934 年。犯罪的定义本身是如此宽泛，以至于能够控告共和国时期进行的工会活动。

公然压制的目的是为了驱除西班牙的“腐蚀”及其“真正特性”的体系和意识形态。民主、无神论和作为自由市场体系的资本主义，至少在执政的前几年中是存在的。西班牙腐败过程的开始被认定在 18 世纪启蒙运动时期。最为直接的敌人是依靠西班牙腐败的躯体来生活的共产主义者、犹太人和共济会成员。真正的西班牙必须在帝国和天主教

266 国王的等级制传统中寻找。被神话了的卡斯蒂利亚的乡村地区是健康的，而城市被看作是使西班牙患病的根源。结合宗教和医药用语，新制度寻求西班牙精神上的免疫。达成这个目的的手段是处决、囚禁大批人口，通过惩罚性的劳动救赎，通过教育、心理规划和媒体宣传该制度的价值观。

很难夸大接下来成百万上千万西班牙人所遭受的苦难。为了击败和镇压共和国的支持者，当局采取了流放、囚禁、处决(按照外交部谨慎的估计，内战结束后的5个月之内大约有10 000人被处决)等手段，此外，佛朗哥统治初期大多数家庭遭受了半饥饿、疾病和剥削。对于那些不与新政权分享共同的目标的人们来说，生活好比是患上了幽闭恐惧症；没有表达自由，也没有信仰自由，而且在加利西亚、巴斯克省和加泰罗尼亚，他们自己的语言被局限在私人空间内使用。在公开场合，他们不得不行举手礼，搞清官方的语言“为了向着上帝的帝国”。语言成了胜利者的工具。甚至足球的术语也被重新起名，剔除了带有外国来源的词汇。

自给自足

佛朗哥主义治疗糟糕的经济的方法是从世界市场上撤退，创立进口替代的工业，以国家干预来补充私人资本的不足。经济的发动机是残酷剥削驯服的劳动力。因此，自给自足是以欧洲法西斯主义国家为模型的，反映了佛朗哥及其长枪党支持者对纳粹德国和意大利的羡慕。虽然西班牙在第二次世界大战期间仍旧保持着官方的中立，从冲突刚开始的时候，佛朗哥的政权就与法西斯独裁体制保持着密切的联系。佛朗哥的主要顾问是他的姻兄弟拉蒙·塞拉诺·苏涅尔，后者首先作为内政部长，然后作为外交部部长，尝试通过谈判，让西班牙加入大战的轴心国一方。然而，对于希特勒来说，西班牙对于德国的战争只具有边缘的利益；此外，佛朗哥要求参战，他得到的回报是获得法属摩洛哥，希特勒相信这超过了西班牙所作的贡献的价值。1940年10月23日在法国和西班牙边境的昂代(Hendaye)，双方之间糟糕的会议的结果是

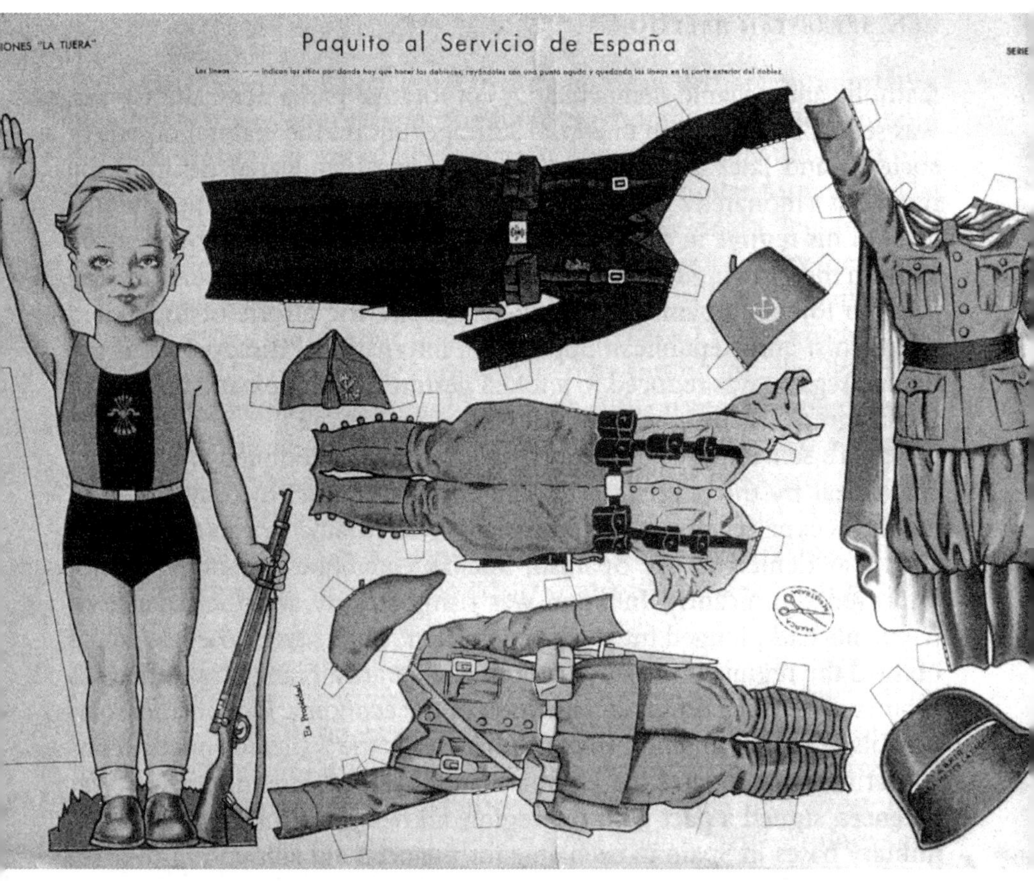

"在西班牙服役的童子军"。佛朗哥主义分子为儿童设计的服装(Paquito 是儿童的普遍名字,是佛朗哥的昵称)。国家不懈地努力向儿童灌输他们尚武的和超民族的价值观,鼓励他们把佛朗哥看作他们的价值观的化身。

西班牙正式承诺参战,不过却没有本来应该有的具体参战日期。希特 267
勒后来向墨索里尼抱怨他与佛朗哥(他后来称之为又矮又胖的士兵)的会面:"如果要我再开一次那样的会议,我情愿拔掉三四颗门牙。"佛朗哥本人倒没有对希特勒留下太多的印象,只认为他是个"舞台演员"。在此期间,佛朗哥政权提出了不参战的官方政策,却又招募了一批志愿兵,称为蓝色师团(Blue Division),在苏联前线为德国战斗。

盟军在 1942 年 11 月进军北非之后,佛朗哥开始紧紧地看好自己的本钱,在继续给德国提供物资援助的同时,向盟军保证西班牙对他们是友好的。在1945年和平前夕,佛朗哥宣布了一系列粉饰性的改革措施,包括西班牙人权宪章,目的是用其民主的“证书”来说服盟军。自此
268 以后,西班牙被描述为天主教的、有组织的民主国家。社团的议会——科特斯(the Cortes)——建立起来。它不是以普遍选举权为基础,而是以“社会的自然组织”为基础。此后,公布了一项继承法,把政权定义为以佛朗哥为摄政,没有君主的君主制。尽管如此,他的政权能够在战后世界秩序中生存下来,得益于冷战初期的日益增长的紧张气氛,鼓励西方饶恕了佛朗哥统治下的西班牙。尽管流亡的君主主义分子和共和国派反对这种做法,国际上对佛朗哥政权的不满降到了象征性的姿态,1945年12月联合国通过了针对西班牙的联合外交抵制。

当20世纪40年代末期自给自足已明显失败的时候,西班牙放弃了自己实行的经济封闭政策。与那些经历了快速工业增长的国家相比,由于马歇尔计划拒绝援助西班牙,西班牙的经济状况没有特别大的改善。通货膨胀快速增长,收支平衡掉入了持续的赤字泥淖之中。40年代的危机迫使该政权修正其自给自足的政策。佛朗哥改组了他的内阁,保证经济的小步慢走式的自由化进程。外交的封锁也在1953年走到了尽头。那一年,梵蒂冈与西班牙签订了一个教务协议,渴望扩张其冷战防卫的美国,与该政权签订了一项协定,允许美国在西班牙建立军事基地,作为交换,美国提供的金融援助在6年内达到大约6.25亿美元。两年以后,联合国投票重新接纳了西班牙。

经济的自由化

尽管实行了半自由化的政策,西班牙的经济在20世纪50年代中期仍旧处在麻烦之中。财政赤字翻了番,有记录的通货膨胀吃掉了工资的价值,工资的价值只有内战前水平的35%。第一波非法的罢工活动席卷了西班牙,新一代大学生也开始从先前由长枪党支配的官方学生协会内部,组织起来反对政府。在政权内部也发生了第一波激动人心的对抗。裂缝首先出现在教会曾经热情的支持者中,佛朗哥与军方

的紧张状态也在加剧,军方有许多人是君主主义分子,而佛朗哥拒绝立阿方索十三世的儿子唐·胡安为君主。由于这些人反对他的意志,佛朗哥被说服于 1957 年罢免了他的部长们,建立一个由更为顺从的长枪党分子和一支由新自由主义技术官僚组成、与主业会(Opus Dei)有联系的经济团队。

技术官僚的目标是在没有实现政治、文化和社会的自由化的条件 269
下,肢解自给自足的“修补的机构”,并向西方发达经济体开放经济。它是由这样一种信仰驱使的,认为经济增长和随之而来的生活水平的上升足以维持该政权。在这样做的过程中,政权的立足于内战胜利的“起源的合法性”被能带来繁荣的“行使的合法性”所取代。佛朗哥勉强接受了技术官僚们的 1959 年的稳定计划,该计划把比塞塔变成了可兑换货币,从此以后其币值贬值达 50%。它还减少公共开支,向外国投资开放门户。该计划对以后的受保护的经济有着很深的影响。在经历了短暂的衰退之后,西班牙开始享受比西方其他国家高得多的经济增长率,一度达到欧共体国家经济增长率的两倍。西班牙曾经是农业经济的国家,只是部分地融入了欧洲经济体之中,不过,在 20 世纪 70 年代早期的时候,成了西方国家的工业化、城市和消费社会的一部分。

西班牙经济增长的发动机是西方经济体的经济繁荣。外国投资因为它的增长潜力、政府补贴和劳动力成本低而被吸引到西班牙。欧洲生活水平的提升和西班牙比塞塔便宜的币值吸引了日益增多的旅游者。该计划实行后四年,旅游收入从 1.29 亿美元增长到了 9.19 亿美元。经济的转型还导致 1960 年到 1973 年之间 125 万西班牙人移民欧洲。同期,他们向西班牙的家庭寄回的钱达到了大约 500 亿美元。外国投资、旅游业和移民汇款有助于平衡西班牙由于经济增长所造成的财政赤字。

为政权辩护的言论把西班牙经济的繁荣归功于技术官僚对国民经济的统制。实际上,在西班牙,大部分经济增长都毫无计划。尽管试图减轻地区间的差距,经济增长仍然集中在有传统工业的地区:马德里地区、加泰罗尼亚、巴伦西亚和巴斯克省。虽然外国公司逐渐在资本形成中扮演了关键角色，西班牙传统的国家资助和保护，通过亲戚关系和共享的意识形态，成了佛朗哥政权本能的做法，这种做法有利于低效率的国内垄断者的发展。

270 经济增长转变了西班牙社会。与政权对农业生活的赞赏矛盾的是，乡村人口大减。农村人口大批离去，随之而来的是大规模的、大体上无计划的、以投机、过度拥挤和缺乏城市基础设施为特征的城市增长，然而，健康、营养和教育有了很大改善。现代化也极大地改变了西班牙的产业结构，西班牙从一个以农耕为主的社会变成了以工业和服务业为主的社会。职业中产阶级的规模迅速扩大。西班牙进入消费市场的速度可以用电视机的数量来说明，60 年代，只有 1%的家庭拥有电视机，9 年以后 62%的家庭都拥有了电视机。

随之而来的文化转型与政权古老的价值观发生了冲突。佛朗哥害怕“来自外国海岸的微风腐蚀我们环境的纯洁性”。尽管如此，伴随着现代化而来的文化矛盾大体上源自国内，这里面显著的例子是教会的变形。教会从制度最为热忱的保卫者变成了内部的直率的批评者。这种剧烈的变化不仅是因为第二次梵蒂冈公会之后的世界天主教变革，还因为其平民组织和城市教士的激进化。1971 年，教会投票要求宽恕西班牙人民在内战中扮演的角色。1973 年，主教要求教会与国家分离。这对佛朗哥来说，犹如“芒刺在背”。

抗议和反对

现代化也培养了抗议。政权的垂直的、独裁主义的财团正在日益偏离机动的、受过教育的、多元的社会的需要。结果，社会和文化的抗议具有了更多的政治特性。在这些抗议之中，最大的挑战来自从未停息的劳工运动。甚至在 40 年代，它也从未停止发动罢工，抗议令人绝望的工人的状况。罢工浪潮从 1962 年开始席卷整个西班牙，部分是生产转型的结果。1958 年勉强引入的集体商谈制度损害了其垂直的实业关系模型的合法性，因为它导致车间、办公室内部的民主结构的成长。在整个西班牙的工作场所出现的秘密组织是由共产党的军事分子

主导的工人委员会。劳工抗议以团结运动的形式,蔓延到附近的地方 271
和工作场所。它还影响了其他组织,如邻里协会等。公民权和民主的思想正是在这个过程中培养的。

50 年代以后,政权面临来自学生和知识分子的新挑战。西班牙的大学从精英的机构转变为大众的机构,在这个过程中,学生发动暴力抗议,反对官方联合会缺乏民主以及大学生活的糟糕条件。这些累积在一起导致了 1969 年整个国家宣布进入紧急状态。由于学生压倒性地来自中产阶级家庭,政府发动的镇压抗议学生的行动激发了广泛的团结。

政权不得不面对复活的地方民族主义。到 60 年代的时候,加泰罗尼亚和巴斯克省地区的地方权利成为广泛的民主要求的焦点。加泰罗尼亚主义更被看作是与欧洲模式相联系的现代化的、民主的工程,与佛朗哥政权的古代、压迫性的民族主义背道而驰。另一方面,在巴斯克民族主义的边缘,还存在着仇视外国人的意识形态。向这个地区的大量移民激化了运动之初就存在的不安全感和排外主义。随着 1959 年恐怖组织埃塔(ETA)的创立,巴斯克省的地区抗议采用了暴力的形式。1968 至 1975 年是埃塔组织最活跃的时期,47 名与国家政权及其镇压机构相关的人被暗杀。埃塔成了反对佛朗哥政权的象征。针对埃塔成员及其同情者的布尔戈斯审判在西班牙和整个欧洲引起了广泛的团结运动。

在 1960 年代躁动的时刻,新的政治反对派也产生了。与社会主义者和无政府主义者形成鲜明对比的是,前者的巨大组织大体都被镇压活动摧毁了(尤其是社会主义者,虽然在许多地方获得了许多居民的支持),现代化产生了新的问题,共产主义者继续抗争。在谴责了 40 年代的游击队斗争之后,该党采取了民族和解的政策,由共产党领导的广泛的政治同盟将会指引西班牙走上民主之路。在他们的身旁,新的较为激进的、与欧洲革命的左派联系密切的组织出现了。尽管其具有一定的成长性和影响力,60 年代到 70 年代早期的政治反对派未能围绕着一个共同的项目而联合起来,该项目应该包含针对现有政权的可行的

衰老的佛朗哥在庆祝民族主义者胜利 30 周年时，向人群挥手致意。几十天以后，佛朗哥宣布他的职位将由僭取王位者唐·卡洛斯的儿子胡安·卡洛斯亲王继承。这时佛朗哥已经极少参与制定决策。在其治疗重度帕金森症之际，他把几乎所有的决定权都交给了他的部长们，尤其是副总理卡雷罗·布兰科。

272 可供替代的选择，其原因在于冷战造成的分歧和各自对西班牙政治变革的不同的议程。

政权的衰弱

对于佛朗哥政权来说，没有民主的现代化制造出了难以解决的矛盾。虽然有人希望西班牙经济的“奇迹”，能够支撑其合法性，但由社会-经济和文化变革产生的要求不可能轻易地顺从于独裁统治的结构。尝试通过面包和马戏团赢得人们的默许只能取得部分成功。皇家马德里足球队成了与政权联系最密切的球队，斗牛士埃尔·科多维斯的成功使国家决定转播 5 月 1 日他的一场斗牛比赛，希望示威者会因此被诱使待在家里。几乎没有艺术家、作家和电影导演为独裁体制辩护。

具有创造性的艺术家们寻求以非直接的、玄学的手段表达他们对西班 273
牙政治、社会生活的不满，为的是逃避出版审查。维克托·埃里塞导演的电影《蜂巢精灵》(*Spirit of Beehive*)描绘的是沮丧的、无精打采的村庄，在平淡无奇的表面之下，就像在蜂巢的盖子之下，一个生机勃勃、永不停息的社会正在成长。

作为重塑其形象努力的一部分，政权对其体制表面进行了粉饰。一项有关社团的法律于1964年获得通过，允许政权下的家庭建立意见群体；但它们受到限制，因为佛朗哥相信他们会蜕变为政治党派。一项出版法于1966年颁布，替代了原先的审查制度。然而，任何进一步的自由化都遭到政权的原教旨主义者，所谓的“顽固分子”的阻碍。国家本质上的反动性由随后一年通过的组织法得到确认。1969年提名胡安·卡洛斯亲王、僭取王位者的儿子为佛朗哥的继承人和未来的西班牙国王，对于解决这些矛盾却是于事无补。

佛朗哥最经常重复的自我辩白是他给一个正处于内战中的社会带来了和平。即使仍旧有市场，这种主张仍然被70年代早期日益增长的社会和政治的躁动所损害。抗议的最为戏剧性的表达是埃塔在1973年暗杀了佛朗哥的得力臂膀、总理卡雷罗·布兰科将军。埃塔在马德里市中心卡雷罗的轿车经过的道路上埋设的炸弹威力如此之大，以致卡雷罗乘坐的豪华轿车被炸到了摩天大楼街区的屋顶上，这促使反对派给他起了个昵称“西班牙第一个宇航员”。由于内部分裂，没有能力也不愿意自由化，该政权转而求助于战争法和国家的野蛮行为，如1975年处决了5名反佛朗哥主义的恐怖分子。排山倒海的抗议加重了由石油危机造成的经济衰退，在佛朗哥统治的最后两年进一步削弱了政权的合法性。他患了病并在1975年11月病逝，他的死融化了该政权末年唯一的黏合剂。

走向民主的过渡

胡安·卡洛斯继佛朗哥之后成为国家首脑，并在独裁者死后两天加冕为国王。虽然他因为害怕激怒该政权的死硬支持者，而不得不小心翼翼地前进，致力于西班牙的民主化。他的姻兄弟希腊国王康斯坦丁与军事独裁者的合作导致了希腊君主制的覆灭，这个例子不可能被
274 他忘却。在胡安·卡洛斯内部圈子里，具有相似想法的顾问包括阿道弗·苏亚雷斯，原来的国家电视台和广播电台台长，当时的国民运动的副总书记。1976 年 7 月，国王成功提名苏亚雷斯接替老佛朗哥时的总理卡洛斯·阿里亚斯·纳瓦罗的职务。苏亚雷斯过去的记录是曾有助于使顽固分子不能接近他们的卫兵，但起初这并不能取悦那些寻求变化的人。

新首相不得不在“死硬”的佛朗哥主义分子的党羽(在希特勒最后的抵抗之后被反对派称为“死硬分子”)与大众对改革的动员之间掌舵。不过通往民主的艰难航行得到了政治反对派的适度的帮助，他们赞成把社会改革置于政治改革的成就之后，部分原因在于他们未能把主要的、地方化的、由问题驱动的社会抗议转变为全国范围的政治行动。它之所以得以完成，还得益于在几年时间内针对一群天主教改革派分子所做的工作，该派与佛朗哥主义的机构——所谓的 tácitos——有着密切的联系。非官方的谈判包括承诺和甜言蜜语，由苏亚雷斯及其团队很有技巧地与反对派和佛朗哥主义分子展开，他的团队拥有控制着国家媒体的关键优势。

民主改革

佛朗哥死后一年，首相成功地说服不具代表性的佛朗哥主义分子的议会批准一项有关政治改革的法案，这有效地预定了他们的集体自杀，并通过推行普遍选举权，把民主带给了西班牙。在随后的全民公决里，大约 94％的投票者赞成这项法案。在准备 1977 年 6 月的选举时，围绕那些几乎没有什么政治基础的群体和个人建立了中间和右翼的政党，来对抗左派在流亡和秘密状态下长期建立起来的组织。苏亚雷斯组成的民主中间派联盟赢得了选举，并获得了超过三分之一的选票，与此同时社会主义者以数量接近的选票获得第二名。

事实上，弥漫在主要党派之间的温和的气氛使各党派在经过了冗

一幕戏剧性的场景。1981 年，国民卫队的特赫罗上校短暂地劫持西班牙议会为人质。特赫罗于 2 月 23 日袭击西班牙议会，是不妥协的佛朗哥主义派的“死硬分子”尝试反对新民主的另一次政变的一部分。作为武装部队总司令，国王在夜间的干预，完全阻止了政变，几乎没有多少官员参与行动。到早晨，特赫罗及其士兵已经投降。

长、高强度的谈判后达成妥协，于 1978 年通过了新宪法。其至高无上的目标是允许曾经数十年只有一个意识形态和文化的国家可以有多元
主义。有异议的话题，诸如堕胎，留给未来人去处理。哪里有关于根本 275
问题的争论，措辞就故意模糊；例如，西班牙的“不可分解的统一”和“领土完整”很难与西班牙所有“民族和地区”的自治权利相协调。但宪法关于新民主的主要线索是清晰的：两院制的议会、强有力的执行机关、一个无忏悔室的国家以及承认地方民族主义的权利。在 1978 年的全民公决中，宪法得到了 88%的投票人的同意。

佛朗哥死后三年，他的政权已经解体，被一个以普遍选举权为基础的现代多元主义民主制代替。这是一个引人注目的成就，并成为东欧及其他国家向民主制过渡的一个模式。尽管如此，西班牙变革的容易

46
ENTRADA POR
LA PUERTA
DELANTERA
POR FAVOR
LLEVE EL IMPORTE
PREPARADO
AGENTE UNICO

程度和速度可以归功于西班牙社会的现代性,也归功于政治家的努力。 276
同样重要的是有关民主和社会改革的广泛群众动员,使得激进的政治变革不可避免。然而,制度变革的充分性并没有延伸到军队,其军官大都反对肢解佛朗哥主义的国家,成了反动力量重整旗鼓的据点。“用马刀的喋喋不休的人”作为独裁统治的一项遗产,在新民主制度下占据很大的分量。

新民主

新国家面临的一个最伤脑筋的问题是借助新一代军事分子的、阴魂不散的巴斯克恐怖主义。在过渡时期,巴斯克民族主义分子在新内政部长——佛朗哥时期的官僚的管理下,继续遭到法律和治安力量的压制。历史遗留下来的巴斯克民族主义的政党公开参与新的民主制度。不过,一批原教旨主义分子继续沿着暴力路线行进,民主和权力转移的不确定性对于巴斯克民族的伤害并不少于老的独裁制度。

警察的残酷性是众多问题(法律、规则、军队、情报部门传统的、压迫性的本质)的一部分。然而这些著名的施酷刑的机构诸如巴塞罗那郊外拉雷萨的警察首领已经被一劳永逸地用养老金遣散了。对于这些国家机构没有什么合适的改革,这是转型必须支付的部分代价。在军方内部,有人正在密谋推翻民主制度,一次有计划的政变在 1978 年被挫败了。1981 年 2 月 23 日,由特赫罗上校率领的一支国民卫队围攻议会,并把议员抓作人质,与此同时大批坦克出现在巴伦西亚,军队开始被动员到布鲁内特。这样做的结果促使国王作出保卫民主的举动,他作为武装部队总司令,说服其他参与军事行动的人员撤出来。

社会主义党执政 278

由未遂政变引发的广泛的愤怒和苏亚雷斯过渡政府各不相同的组

⬅费利佩·冈萨雷斯在其 1982 年当选首相前夕出现在竞选海报上。支持左派,尤其是社会主义党的人投票的方向摆动很大。在新民主的结构被苏亚雷斯 1977—1982 年的政府奠定了基础之后,正如他逐渐受人欢迎的那样,费利佩及其同事们承载着成千上万西班牙人的希望——激进地变革西班牙的政治和社会。

成要素的崩溃，导致社会主义党——工人社会党——在1982年选举中取得巨大胜利。工人社会党在接下来的14年里执掌政权，但其支持率一路下滑。相较于其所有的失败而言，社会主义党的政府见证了西班牙民主的稳固、地区完全自治、西班牙加入北约和欧共体及一系列关键的社会改革的实施。并不是没有惨痛的内部争斗和分裂，工人社会党的意识形态已经从马克思主义转变为社会民主主义，而且一旦上台，实行费利佩·冈萨雷斯领导下的经济自由主义。在经历了一次严重的危机——经济经历了成长和通货膨胀之后，经济增长率缩减了50%，失业率达到了创纪录的近23%。

1990年，工人社会党政府遭遇两个主要问题。开始由独立法官和媒体针对党内腐败实行监督制度。最恶劣的指控是关于工人社会党的高级官员试图通过虚设顾问公司，为政治活动筹集资金。在个人层面上，政府的某些成员和议员被指控利用公职为自己或其家族聚敛财富。苏尔埃兹(Sleaze，即攻击对手的私生活)，如委托、回扣、裙带关系和给人找工作，成为佛朗哥时期政治和金融生活的普遍特征，可以在许多党派和商业圈子里发现。这对于把自己的名誉建立在诚信上面的社会主义党人来说损害最大。

另外一个严重冲击工人社会党的丑闻是，有人揭露在他们统治时期，秘密警察在80年代建立了国家恐怖主义者班组，用来绑架和谋杀在法国的埃塔分子。1998年，主管国家安全的前任内务大臣拉斐尔·巴里奥努埃沃和他的年轻的国务秘书拉斐尔·贝拉由于参与该事件被判入狱。近来，有关秘密警察的传言涉及他们非法窃听政要包括国王的电话。

社会主义党失去了支持，再加上1992—1993年经济半衰退的影响，导致了投票时的流血事件，后果是，在1993年选举时，他们被迫与约迪·布霍尔领导的加泰罗尼亚保守党和民主联合党达成约定，组成一个少数派政府。1995年，布霍尔撤出支持导致了1996年3月的重
279 新选举。人们当时预期保守民族党即大众党(PP)将会全胜，社会主义党的投票人否定了它的绝对多数。结果，人民党被迫与地区党达成协

议,组成政府,这是自佛朗哥政权以来,第一个明显保守的政府。

保守党执政

按照计划,在委托统治的过程中,大众党发现自己为了保持执掌政权,向巴斯克省和加泰罗尼亚的民族主义者作出的让步,比其他党派曾经作出的要多得多。尽管如此,新政府迅速地解除了曾经被社会主义党人在选举战役中利用的疑惑,大众党的胜利标志着佛朗哥主义从后门返回了。首相何塞·马里亚·阿斯纳尔的团队执政时,与传统的西班牙保守派不同,他们是新自由主义的现代化者。他们的计划包括私有化、国家干预的最小化和福利国家的改革。虽然该内阁成员来自组织严密的群体,与扎根于佛朗哥主义的家庭、财产和事业联系在一起,它包含了尊重民主体制的基本规则的、革新的西班牙保守主义。

在从之前的社会主义党的经济改革和欧盟的慷慨资助中获利的同时,大众党驾驭着西班牙经济朝着欧盟制定的货币联盟的标准行进。虽然西班牙的失业率仍旧是欧洲最高的,但通货膨胀和公共领域的借贷需求日益得到削减,与此同时,高新技术和服务产业越来越多地代替了老的制造业。大众党政府也通过解除民主过渡时期工会与之讨价还价继承下来的复杂的劳工法律,着手刺激劳工的流动性。尽管如此,撤出国家补贴和解除劳工市场的管制导致社会关系紧张。

因为从 1990 年代持续的经济增长中受益,大众党在 2000 年 3 月的大选中赢得了绝对多数,使得该党能够自由地追求其政府政策,而不用先与加泰罗尼亚保守党讨价还价。选举结果显示:大众党在动员对旧的过渡时期的政治关心不多、知道不多的新一代这个方面,要比工人社会党更为成功。社会主义党则由于未能激发人们对其仓促的、临时凑成的与前共产党左派的协定的信心,失去了近 300 万张的选票。这个结果加深了工人社会党的内部危机,由于没有强大的民族领导和有 280
凝聚力的政治战略,其成员分裂。

西班牙政府面临的突出的国内问题是寻求巴斯克独立的埃塔组织的持续暴力活动。恐怖主义者的谋杀计划和绑架激起了 1997 年巴斯

1996 年 2 月，100 万人民在马德里举行示威游行，抗议埃塔组织暗杀一名法官。当埃塔组织曾经是为了民主反抗佛朗哥主义独裁体制的一部分时，群众游行曾经支持过巴斯克恐怖主义组织。埃塔继续使用恐怖主义反对新民主制度，追求独立，结果动员了所有能够从政治上被说服的 100 万西班牙人参加对他们的抗议活动。

克人和整个西班牙群众的抗议。这就是动员全民反对埃塔组织，以至于这个组织就像自己给自己挖了一个坑。这一年快要结束的时候，其非官方派别的领导，人民党的埃里·巴塔苏纳在其竞选时被拘禁，因为他为了政治目的，通过广播，寻求为暴力手段正名。出于巴斯克省的大众的呼声，1998 年秋天出现了埃斯特利亚或利扎萨协定——一个把巴斯克民主党与埃里·巴塔苏纳党联合起来的民族主义阵线。其政治目的是寻求结束暴力的循环，就巴斯克民族主义者的要求开启与政府的谈判。1998 年 10 月，埃塔宣布停火，人们开始希望他能像之前的一代代巴斯克军事分子的领导人一样，与暴力绝缘。

通往和平协定的道路上有两个主要障碍。不论是激进分子，还是温和派都希望在与政府的谈判中，当作核心来谈的是巴斯克民族的自决权，这个权利是以往历届西班牙政府都未曾思考过的。进一步使这项议题复杂化的是纳瓦尔和法国巴斯克地区的地位问题。激进的民族主义分子与温和派不同，继续要求把上述这些地区合并为一个巴斯克国家，作为自决程序的一部分。通过与埃塔的政治派别签订协议，巴斯克民族主义党派希望他们给恐怖主义组织提供的是进入民主制度的降落跑道。埃塔领导人反而使用该协定提高他们的要求，要求民族主义党追求独立。停火之后 14 个月内，埃塔继续使用暴力，炸死了马德里的一名西班牙官员，在 2000 年早期谋杀了社会主义党的代表及其警卫，两者都是巴斯克人。

激进巴斯克民族主义已经表现了令人惊讶的沉默。虽然在 1996 年全国选举中，埃里·巴塔苏纳在巴斯克省仅获得不到 12%的选票，拒绝在 2000 年 3 月参与选举，但其已经开展了一部分活动，通过关于失业率、吸毒和生态及其他社会事务等问题的选战，为其创造了社会、文化的基础。对于巴斯克年轻人来说，埃塔极其成功地招募了许多军事 281
分子。这些活动与巴斯克省的日常生活紧密交织在一起；通过家庭或朋友或对激进巴斯克主义的最终目的的同情，许多巴斯克人都与他们相联系，以致人们很难清楚地把巴斯克民族主义党与埃塔分开。与此同时，埃塔不断地恐吓巴斯克公民，还通过威胁使用暴力从地方商业中抽取“革命税”，这阻挠了国家和地区当局隔离该组织的尝试。

结论

自从锻造民主以来，西班牙社会迅速的变革并不是毫无痛苦的。 282
西班牙人不论是感激或是不情愿，都学会了忘记过去，因为历史健忘症是民主变革不得不付出的代价。独裁者的对手在过渡时期之初兴高采烈，当结果与他们的希望相比看似如此虚弱的时候，又让位给了觉醒。高度政治化让位给了日益增加的被动性和缺乏团结。但西班牙是文化上充满活力的社会，其以灵活的、老练的政治结构设计自治国家，是为了同时安抚地区民族主义和中央右派；与此同时，对于历史遗留地区的领导人来说，向所有地区（包括某些新编制的地方）让步，都给予其自治，等于“每个人都有咖啡”。不过在持续的托付过程中，有历史影响的社群总是走得比其他地区快几步。武装力量已经成功地重新构建，现在因为整合在北约和欧盟之下，装备了现代武器，军官又有正当的薪水，他们不再对民主国家构成威胁。

以政治家和新闻界的措辞来说，西班牙现在是一个宽容的、包容的、多元的社会。各个地区的西班牙人通过动员群众反对恐怖主义，展示了他们寻求共存的决心。尽管如此，并不是所有过去的幽灵都安息了。民主过渡的代价是：佛朗哥主义者不需要为他们破坏民主和他们40年来迫害民主捍卫者而受惩罚。少数年长的怀旧的人们继续静静地赞赏着民族主义运动的神话。共和国的老的支持者学会了对过去的历史保持沉默，这意味着许多年轻人对于他们家族在20世纪30年代的历史已经知之甚少，许多人对于最近的过去露出些许的好奇。独裁者落入了被一代人遗忘的空间之内。另一方面，老一代人对于先前的时代的憎恨却仍然存在于新的民主制度的表面之下。在西班牙东北部的村庄，一个轻微疯癫的老人刚刚过世。自从20世纪40年代早期开始，他就在他跳蚤丛生的小屋里过起隐居生活，因为他曾经为了共和国而战，而其他的许多村民都欢迎佛朗哥主义分子。在崭新的西班牙，与过去的和解仍然是一项未竟的事业。

（感谢海伦·格雷厄姆和安德烈斯·罗德里格斯-波斯对本章的帮助）

进一步阅读书目

第一章　史前和罗马时期的西班牙

J. de Alarcão, *Roman Portugal*(Warminster,1988).

A. Arribas, *The Iberians*(London,1963).

M. E. Aubet, *Phoenicians and the West: Politics, Colonies, and Trade*(Cambridge,1993).

B. Cunliffe and S. J. Keay (eds), *Social Complexity and the Development of Towns in Iberia*(London,1995).

L. A. Curchin, *Roman Spain: Conquest and Assimilation* (London,1991).

Ma. C. Fernández Castro, *Iberia in Prehistory*(Oxford,1995).

R. J. Harrison, *Spain at the Dawn of History*(London,1988).

S. J. Keay, *Roman Spain*(London,1988).

J. Lazenby, *Hannibal's War*(Warminster,1978).

J. S. Richardson, *Hispaniae: Spain and the Development of Roman Imperialism*(Cambridge,1986).

J. S. Richardson, *The Romans in Spain*(Oxford,1996).

P. O. *Spann*, *Sertorius and the Legacy of Sulla* (Fayetteville,

1987).

第二章　西哥特王国时期的西班牙(409—711年)

Roger Collins, *Law, Culture and Regionalism in Early Medieval Spain*(Aldershot,1992).

——*Early Medieval Spain: Unity in Diversity, 400—1000*(2nd edn. ,London,1995).

A. T. Fear(trans),*Livers of the Visigothic Fathers*(Liverpool, 1997).

Alberto Ferreiro, *The Visigoths in Gaul and Spain, AD418—711: A Bibliography*(Leiden,1988).

Edward James (ed.), *Visigothic Spain: New Approaches* (Oxford,1980).

P. D. King, *Law and Society in the Visigothic Kingdom* (Cambridge, 1972).

E. A. Thompson, *The Goths in Spain* (Oxford, 1969).

Kenneth Baxter Wolf(trans.), *Conquerors and Chroniclers of Early Medieval Spain*(Liverpool,1990).

第三章　中世纪早期(700—1250年)

GENERAL

T. N. Bisson,*The Medieval Crown of Aragon: A Short History* (Oxford,1986).

Roger Collins, *Early Medieval Spain: Unity in Diversity, 400—1000* (2nd edn. , London, 1995).

Richard Fletcher, *The Quest for El Cid* (London, 1989).

——*Moorish Spain* (London, 1992).

Hugh Kennedy, *Muslim Spain and Portugal: A Political History of al-Andalus* (London,1996).

Peter Linehan, *History and the Historians of Medieval Spain* (Oxford, 1993).

D. W. Lomax, *The Reconquest of Spain* (London, 1978).

Angus Mackay, *Spain in the Middle Ages: From Frontier to Empire, 1000 -1500* (London, 1977).

SOURCES

Christians and Moors in Spain, 3 vols. (Warminster, 1988 - 1992) A Collection of Original Sources in Translation: vols. 1 and 2 are edited by Colin Smith, vol. 3 by Charles Melville and Ahmad Ubaydli.

John P. O'Neill (editor-in-chief), *The Art of Medieval Spain AD 500 -1200* (New York, 1993).

第四章　中世纪晚期(1250—1500年)

Y. Baer, *A History of the Jews in Christian Spain*, 2 vols. (Philadelphia, 1966).

R. Highfield (ed.), *Spain in the Fifteenth Century, 1369 - 1516* (London, 1972).

J. N. Hillgarth, *The Spanish Kingdoms, 1250 - 1516*, 2 vols., vol. I (Oxford, 1976), vol. 2 (Oxford, 1978).

G. Jackson, *The Making of Medieval Spain* (London, 1972).

A. Mackay, *Spain in the Middle Ages: From Frontier to Empire, 1000 -1500* (London, 1977).

J. F. O'Callaghan, *A History of Medieval Spain* (London, 1975).

W. Montgomery Watt, *A History of Islamic Spain* (Edinburgh, 1965).

第五章　不可能的帝国

J. S. Amelang, *Honored Citizens of Barcelona: Patrician*

Culture and Class Relations, 1490 –1714 (Princeton, 1986).

Jonathan Brown, *Images and Ideas in Seventeenth-Century Spanish Painting* (Princeton, 1978).

William Christian, Jr., *Local Religion in Sixteenth-Century Spain* (Princeton, 1981).

A. Domínguez Ortiz, *The Golden Age of Spain, 1516 –1659* (London, 1971).

John H. Elliott, *The Count-duke of Olivares: The Statesman in an Age of Decline* (New Haven and London, 1986).

——*Spain and its World, 1500 –1700: Selected Essays* (New Haven, 1989).

M. Fernández Alvarez, *Charles V* (London, 1975).

David C. Goodman, *Power and Penury: Government, Technology and Science in Philip II's Spain* (Cambridge, 1988).

Stephen Haliczer, *The Comuneros of Castile: The Forging of a Revolution, 1475 –1521* (Madison, 1981).

Richard L. Kagan, *Students and Society in Early Modern Spain* (Baltimore, 1974).

——and Geoffrey Parker (eds.), *Spain, Europe and the Atlantic World: Essays in Honour of John H. Elliott* (Cambridge, 1995).

Henry Kamen, *Spain in the Later Seventeenth Century, 1665 –1700* (London and New York, 1980).

——*The Phoenix and the Flame: Catalonia and the Counter-Reformation* (New York, 1933).

——*Philip II* (London, 1997).

George Kubler and M. Soria, *Art and Architecture in Spain and Portugal and their American Dominions, 1500 –1800* (London, 1979).

Peggy K. Liss, *Isabel the Queen* (Oxford and NewYork,1992).

Geoffrey Parker, *The Army of Flanders and the Spanish Road ,1567—1659* (Cambridge,1972).

——*Philip II* (Chicago, 1995).

Carla R. Phillips,*Six Galleons for the King of Spain: Imperial Defense in the Early Seventeenth Century* (Baltimore, 1986).

R. A. Stradling, *Philip IV and the Government of Spain, 1621 -1665* (Cambridge, 1988).

I. A. A. Thompson, *War and Society in Habsburg Spain* (Aldershot, 1992).

第六章　世界霸主的兴衰(1500—1700 年)

Jonathan Brown and J. Elliott, *A Palace for a King. The Buen Retiro and the Court of Philip IV* (New Haven, 1980).

Henry Kamen, *Spain 1469 - 1714. A Society of Conflict* (London,1991). —— *Philip of Spain*(New Haven, 1997).

Geoffrey Parker, *The Army of Flanders and the Spanish Road 1567 -1659* (Cambridge, 1972).

R. Stradling, *Europe and the Decline of Spain. A Study of the Spanish System 1580 -1720* (London, 1981).

第七章　潮涨潮落(1700—1833 年)

William J. Callahan, *Church, Politics, and Society in Spain, 1750 -1874* (Cambridge, Mass. , and London, 1984).

John F. Coverdale, *The Basque Phase of Spain's First Carlist War* (Princeton, 1984).

Charles J. Esdaile, *The Spanish Army in the Peninsular War* (Manchester, 1988).

Nigel Glendinning, *A Literary History of Spain: The*

Eighteenth Century (London and New York, 1972).

Richard Herr, *The Eighteenth-Century Revolution in Spain* (Princeton, 1958).

——*An Historical Essay on Modern Spain* (Berkeley, 1974).

Douglas Hilt, *The Troubled Trinity: Godoy and the Spanish Monarchs* (Tuscaloosa and London, 1987).

Anthony H. Hull, *Goya: Man Among Kings* (New York, London, and Lanham, Md. ,1987).

Henry Kamen, *The War of Succession in Spain, 1700 - 1715* (London, 1969).

Gabriel H. Lovett, *Napoleon and the Birth of Modern Spain*, 2 vols. (New York, 1965).

John Lynch, *Bourbon Spain*, 1700 - 1808 (Oxford, 1989).

Joseph Townsend, *A Journey Through Spain in the Years 1786 and 1787*, 3 vols. (London, 1791).

第八章　自由主义及其反动(1833—1931 年)

Sebastian Balfour, *The End of the Spanish Empire* (Oxford, 1997).

S. Ben-Ami, *Fascism from Above: The Dictatorship of Primo de Rivera* (Oxford, 1983).

Carolyn P. Boyd, *Praetorian Politics in Liberal Spain* (Chapel Hill, 1979).

Gerald Brenan, *The Spanish Labyrinth* (Cambridge, 1936).

Raymond Carr, *Spain, 1808 - 1975* (Oxford, 1982).

Daniel Conversi, *The Basques, The Catalans and Spain* (London, 1997).

C. A. M. Hennessy, *The Federal Republic in Spain* (Oxford, 1962).

Robert Hughes, *Barcelona* (New York, 1992).

G. H. Meaker, *The Revolutionary Left in Spain, 1914 -1923* (Stanford, 1974).

David Ringrose, *Spain, Europe and the Spanish Miracle, 1700 -1900* (Cambridge 1996).

Adrian Shubert, *A Social History of Modern Spain* (London, 1990).

Joan Connelly Ullman, *The Tragic Week: A Study of Anticlericalism in Spain, 1875 -1912* (Cambridge, Mass., 1968).

第九章　1931 年以来的西班牙

Sebastian Balfour, *Dictatorship, Workers and the City* (Oxford, 1989).

——and Paul Preston (eds.), *Spain and the Great Powers in the Twentieth Century* (London, 1999).

Raymond Carr and Juan Pablo Fusi, *Spain: Dictatorship to Democracy* (2nd edn., London,1981).

Helen Graham, *Socialism and War: The Spanish Socialist Party in Power and Crisis, 1936 -1939*(Cambridge, 1991).

——and Jo Labanyi (eds.), *Spanish Cultural Studies: An Introduction: The Struggle for Modernity* (Oxford, 1995).

Paul Heywood, *The Government and Politics of Spain* (London, 1995).

John Hooper, *The New Spaniards* (Harmondsworth, 1995).

Stanley G. Payne, *The Franco Regime, 1936 -1975* (Madison, Wisc., 1987).

Paul Preston, *The Coming of the Spanish Civil War: Reform, Reaction and Revolution in the Second Republic* (2nd edn., London, 1994).

——*Franco: A Biography* (London, 1993).

——*The Spanish Civil War* (London, 1986).

——*The Triumph of Democracy in Spain* (London, 1986).

大事年表

约公元前 16000 年	坎塔布连出现旧石器时代的马格德林期洞穴岩画
约公元前 10000 年	中石器时代的勒万特洞穴岩画出现
约公元前 3800 年	巨石建筑在半岛上出现
约公元前 2600 年	阿尔梅里亚和塔古斯河谷的青铜文化兴盛
约公元前 800 年	腓尼基殖民者建立加的斯
约公元前 700—500 年	“塔特苏斯”文化在西班牙南部地区兴盛
约公元前 575 年	来自马赛的希腊殖民者建立了安普里奥斯
约公元前 535 年	阿拉利亚战役结束了希腊人向西地中海地区的殖民扩张活动
公元前 237 年	西班牙的巴西德(迦太基人的)王朝建立
公元前 228 年	哈斯德鲁巴建立卡塔赫纳城
公元前 218 年	第二次布匿战争爆发。汉尼拔从西班牙入侵意大利,罗马军队入侵西班牙
公元前 211 年	非洲人西庇阿(阿非利加的)到达西班牙
公元前 206 年	迦太基人在西班牙的统治结束
公元前 197 年	伊比利亚半岛上建立了两个罗马的行省
公元前 147—137 年	维里阿图斯抵抗罗马人统治卢西塔尼亚

公元前 133 年	努曼提亚陷落
公元前 123 年	巴利阿里群岛并入西班牙
公元前 80—73 年	塞托里乌斯在西班牙进行罗马内战
约公元前 60 年	辩论家老塞涅卡出生于科尔多瓦
公元前 45 年	在可能位于现在的拜伦附近的蒙达的战役之后,恺撒最终确立了他的统治地位
约公元前 27 年	罗马皇帝奥古斯都把伊比利亚半岛划分为三个行省
公元前 19 年	加的斯的卢奇乌斯·科尔内利乌斯·巴尔布斯,恺撒心腹和银行家的外甥,因非洲战争的胜利被授予举行凯旋式的奖励。他是意大利之外第一个获得这一罗马最高军事奖励的人。阿格里帕政府征服了整个半岛,把半岛上所有的地方都归于罗马的统治之下
约公元前 4 年	哲学家小塞涅卡在科尔多瓦出生
39 年	诗人卢坎在科尔多瓦出生
约 40 年	诗人马提雅尔在卡拉塔尤出生
53 年	未来的皇帝图拉真(98—117 年)出生在塞维利亚附近的意大利人聚居点
70 年代	韦斯巴芗授予伊比利亚半岛省份拉丁身份;卡拉奥拉的昆体良被任命为罗马的修辞学教授
76 年	未来的皇帝哈德良(117—138 年)出生在塞维利亚附近的意大利人聚居点
171—173 年	摩尔人进攻安达卢西亚
260—270 年	西班牙成为脱离的“高卢帝国”的一部分
约 284 年	皇帝戴克里先把半岛划分为五个省,其中一个与非洲的丁吉塔纳-毛里塔尼亚合并

348 年	诗人普鲁登提乌斯(Prudentius)出生
407 年	西班牙被僭位者君士坦丁三世占领
409 年	阿兰人、苏维汇人和汪达尔人侵入西班牙标志着罗马对半岛的政治统治告终
约 415—417 年	布拉加的奥罗修斯写作其《反异教史》
417—418 年	瓦里亚(416—419 年)领导下的西哥特人在西班牙为罗马征战，消灭阿兰人和打败汪达尔人；然后西哥特人被召唤去了高卢
418—429 年	在入侵北非之前，哈斯丁汪达尔人主宰了西班牙南部地区
430—456 年	苏维汇人占领了除半岛西北部之外整个半岛的地方，以梅里达为都城
456 年	提奥多里克二世(453—466 年)领导下的西哥特人与罗马人联盟入侵西班牙，推翻了苏维汇人的王国。半岛南部和中部的大部分地区都并入了他们的高卢王国
466—484 年	西哥特国王欧里克统治时期，结束了对罗马西班牙的征服
494 年、497 年	有关西哥特人定居西班牙的记录
506 年	阿拉里克二世(484—507 年)发布了有关狄奥多西二世的罗马法典的补充和修订版《摘要》(*Breviary*)
507 年	武耶战役：法兰克人推翻了高卢的西哥特王国
511 年	法兰克人对西班牙和法国西南部的西哥特王国发动进攻，导致这些领土被东哥特王国的提奥多里克国王(493—526 年)接管
531—548 年	最后一个东哥特人国王提乌迪斯统治西班牙，紧接着这个时期的是西哥特国王的短

	暂的、虚弱的王权统治
551 年	阿塔纳吉尔德(551—568 年)反叛埃吉拉(549—554 年)导致东罗马皇帝查士丁尼一世干预,沿着西南海岸建立了一块帝国领地
569—586 年	莱奥维吉尔德统治时期,标志着开始重新征服拜占庭帝国的飞地、恢复王室的管辖权
579—583 年	赫尔门尼希尔德叛乱,在南部建立一个短暂的独立王国,直到被莱奥维吉尔德镇压
585 年	莱奥维吉尔德征服加利西亚残余的苏维汇人的王国
587 年	雷卡里德(586—601 年)皈依天主教
589 年	第三次托莱多宗教会议正式确认了西哥特人从阿里乌斯派改宗天主教
599/600—636 年	塞维利亚主教伊西多尔成为 7 世纪早期占据领导地位的学者
624 年	拜占庭人被苏因提拉(621—631 年)赶出了西班牙
633 年	希森安德(631—636 年)主导下的第四次托莱多宗教会议发起了一系列王国范围内的教会会议
654 年	辛达斯文德(649—672 年)国王颁布《法律论集》(*Forum Iudicum*)
673 年	据托莱多主教朱利安(680—690 年)的《瓦慕巴史》记载,保罗反叛国王瓦慕巴(672—680 年)
681 年	埃尔维希国王颁布修订、增补版的《法律论集》,该法典带有大量排斥犹太人的条文

694 年	埃吉卡国王(687—702 年)下令把西班牙境内大部分犹太人收为奴隶
710 年	维提扎(694—710 年)去世,接着爆发了内战
711 年	阿拉伯人入侵击败了罗德里格(710—711 年)。阿吉拉统治下的小王国在西北部苟延残喘(710—713 年)
711—718 年	穆斯林军队征服了西哥特王国
718 年	科瓦栋加战役
720 年	阿拉伯人征服了以纳博讷为中心的阿尔多王国(713—720 年)
756 年	阿卜杜勒·拉赫曼一世在科尔多瓦创立了倭马亚埃米尔国
778 年	法兰克人在龙塞斯瓦列斯战败;罗兰战死
801 年	查理·马特之子虔诚者路易占领巴塞罗那
818—842 年	孔波斯特拉发现了据称是圣詹姆斯的尸体
866—910 年	阿方索三世统治阿斯图里亚斯
929 年	阿卜杜勒·拉赫曼三世自称科尔多瓦的第一任哈里发
约 967 年	欧拉里克的吉尔伯特在加泰罗尼亚学习
981—1002 年	摄政曼苏尔在科尔多瓦掌权
约 1020 年	巴塞罗那重新开始使用金币
1031 年	最后一任哈里发下台：塔伊法国家时期开始
约 1055—1060 年	伊本·哈兹姆撰写《教派之书》(*Kitab al-Fisal* 或称为 *Book of Sects*)
约 1060 年	莱昂-卡斯蒂利亚的费迪南德一世开始每年给克吕尼修道院支付报酬
约 1067 年	红衣主教休·坎迪乌斯作为教皇的特使,首

	次访问西班牙
1070年	马拉喀什的建立标志着阿尔摩拉维德人扩张到了摩洛哥北部地区
1080年	莱昂-卡斯蒂利亚公国废除了所谓的穆扎赖卜圣餐礼仪式
1085年	莱昂-卡斯蒂利亚的阿方索六世征服了托莱多
1086年	阿尔摩拉维德人入侵,在萨拉拉哈斯击败了阿方索六世
1086—1124年	伯纳德(塞迪拉克的)担任托莱多大主教
1094—1099年	“熙德”罗德里格·迪亚斯统治巴伦西亚
1118年	阿拉贡的国王,阿方索一世,征服了萨拉戈萨
1137年	阿拉贡王国和巴塞罗那郡之间王朝联合
1140年	阿丰索一世恩里克斯宣称自己为葡萄牙国王
1142年	在克吕尼修道院受人尊敬的彼得院长监督下,把古兰经翻译为拉丁语
1147年	阿丰索·恩里克斯征服里斯本,阿方索七世征服了阿尔梅里亚
1148年	阿尔摩哈德人开始干预安达卢西亚
1169—1184年	伊本·拉什迪担任科尔多瓦和塞维利亚的卡迪(qadi)或宗教法官
1170年	圣地亚哥骑士团建立
1173年	阿尔摩哈德人结束了对安达卢西亚的征服
1188年	城市代表有记录的第一次参加王室在莱昂的等级会议
1212年	拉斯纳瓦斯·德·托洛萨战役
1229—1235年	阿拉贡的詹姆斯一世征服了巴利阿里群岛

1238年	詹姆斯一世征服巴伦西亚
1248年	卡斯蒂利亚的费迪南德三世征服塞维利亚
约1250年	美利奴绵羊引入西班牙
约1250年	贡萨洛·德·布尔希奥的诗篇诞生
1258年	阿拉贡的詹姆斯一世和法国国王路易九世签订《科尔贝协定》
1264年	穆迪扎尔人在安达卢西亚和穆尔西亚发动叛乱
约1270年	梅斯塔组织开始出现
1282年	阿拉贡的彼得三世征服了西西里
1287年	联盟特权法
1292年	征服塔里法
1309年	围攻阿尔赫西拉斯
1332年	卡斯蒂利亚的编年史家和大臣佩德罗·洛佩斯·德·阿亚拉(卒于1407年)出生
1337年	英法百年战争爆发
1340年	卡斯蒂利亚的阿方索九世在萨拉多战役中击败了穆斯林
1343年	阿拉贡的彼得四世吞并了巴利阿里群岛
1348年	黑死病
约1350年	伊塔的大教士胡安·鲁伊斯写作《真爱之书》〔*The Book of Good Love*(*Libro de Buen Amor*)〕
1350年	残忍者彼得伴随着特拉斯塔马拉派的反对和宣传攻势登基
1367年	残忍者彼得和黑太子在纳赫拉战役中击败了特拉斯塔马拉派
1368年	卡斯蒂利亚的亨利二世与法国签订《托莱多条约》

1369年	亨利二世在蒙蒂尔杀了其同父异母的兄弟——残忍者彼得
1371年	冈特的约翰兰开斯特公爵与残忍者彼得的女儿康斯坦丝结婚,自称拥有卡斯蒂利亚国王的头衔
1378年	大分裂
1385年	卡斯蒂利亚的约翰一世在阿尔茹巴罗塔战役中被葡萄牙人击败
1386年	兰开斯特公爵的军队在拉科鲁尼亚登陆,不过对卡斯蒂利亚的入侵以失败告终
1388—1389年	兰开斯特公爵与葡萄牙人达成协定,结束西班牙的英法百年战争和兰开斯特公爵对西班牙王权的主张
1391年	伊比利亚半岛上的反犹情绪爆发了一波大屠杀
1412年	卡斯佩妥协:卡斯蒂利亚的摄政,安特克拉的费迪南德成了阿拉贡国王
1442—1443年	阿拉贡的阿方索五世获得对那不勒斯的控制
1445年	卡斯蒂利亚的约翰二世和阿尔瓦罗·德·卢纳在奥尔梅多战役中击败了他们的敌人
1465年	卡斯蒂利亚的亨利四世的肖像在阿维拉的滑稽戏表演中被销毁;卡斯蒂利亚爆发内战
1469年	费迪南德和伊莎贝拉结婚
1473年	安达卢西亚各城镇屠杀犹太人改宗者;印刷术传入西班牙
1478年	宗教裁判所建立
1479年	卡斯蒂利亚与阿拉贡联合

1492 年	征服格拉纳达;驱逐犹太人;哥伦布发现美洲
1516 年	根特的查理继承西班牙王位;在西班牙被称为查理一世,后来在欧洲被称为哈布斯堡王朝第一任统治者查理五世皇帝
1521 年	埃尔南多·科尔特斯在长期围困阿兹特克帝国的城市特诺奇蒂特兰之后攻克了该城
1556 年	菲力普二世在其父亲查理五世退位后继承了西班牙的王位,他自从 1543 年开始就一直管理着西班牙
1567 年	阿尔发公爵到达布鲁塞尔,担任西班牙军队的首领,发起一次激起荷兰人叛乱的镇压活动
1571 年	基督教联合舰队在唐·胡安的领导下,获得了对土耳其主力舰队的勒班陀战役的胜利
1580 年	菲力普二世的军队占领葡萄牙
1588 年	派去攻打英国的西班牙无敌舰队大败
1598 年	菲力普二世去世,菲力普三世继承王位
1609 年	与荷兰反叛者签订了十二年的停战协定;同时也与英国和法国签订停战协定
1618 年	波希米亚的政治危机引发了欧洲的三十年战争
1621 年	菲力普三世去世,菲力普四世即位。同年终止与荷兰的停战协定
1625 年	西班牙军队从荷兰手中重新夺取了巴西的巴伊亚城和尼德兰的布雷达
1639 年	在英吉利海峡的唐斯战役中遭受了决定性的大败

1648 年	威斯特伐利亚条约结束了三十年战争，确认了荷兰共和国的独立
1659 年	比利牛斯条约达成了法国和西班牙之间的和平，割让北部加泰罗尼亚给法国
1665 年	菲力普四世的过世和疾病缠身的查理二世的登基，埋伏了未来西班牙王位的继承问题
1700 年	在指定法国国王路易十四的长孙为其继承人之后，查理二世（哈布斯堡王朝）去世。菲力普五世开始统治（波旁王朝）
1704 年	英国和荷兰的联合舰队占领了直布罗陀
1707 年	菲力普五世废除了阿拉贡王国和巴伦西亚王国的习惯法
1713 年	乌得勒支条约和拉施塔特条约结束西班牙王位继承战争。菲力普五世被称为西班牙国王。西班牙让出了西属尼德兰，把其在意大利的领地让给了奥地利，把直布罗陀和马略卡割让给了英国，把西西里让给了萨伏伊公国
1716 年	《新组织法》法令用附属于马德里的机构代替了加泰罗尼亚政府，卡斯蒂利亚语言开始用于司法领域
1724 年	菲力普五世退位；开始了其子路易一世的统治。菲力普五世在路易一世死后继续占据王位
1726—1739 年	贝尼托·赫罗尼莫·费霍的《普遍批判性戏剧》（*Teatro Crítico Universal*）九卷本向西班牙读者介绍了启蒙运动的批判精神
1728 年	加拉加斯的皇家吉普斯夸公司的建立打破

	了加的斯和塞维利亚对美洲贸易的垄断
1739—1741 年	西班牙和英国之间的詹金斯耳朵之战
1740—1748 年	奥地利王位继承战争，西班牙与法国结盟对抗奥地利
1746 年	费迪南德六世统治
1749—1756 年	拉恩塞达侯爵对卡斯蒂利亚的省份进行有关不动产和收入的仔细普查
1759 年	查理三世统治时期
1762 年	西班牙由于家族的原因，与英国开战(七年战争)，被英国夺去佛罗里达，被法国夺去路易斯安那
1765 年	谷物贸易自由，在坎波马内斯的鼓励下，停止对谷物价格的控制
1766 年	马德里的埃斯基拉切骚动抗议城市改革和高涨的面包价格，其他地方也随之发生了面包叛乱
1767 年	在巴勃罗·德·奥拉维德作为长官的管理下，莫雷纳山脉的模范农业殖民地建立。当年 2 月下令从西班牙及其帝国驱逐犹太人
1777 年	何塞·莫尼诺，也就是弗洛里达布兰卡伯爵被提名为首席国务大臣，实际上成了查理三世剩下的统治时期的政府首脑
1778 年	王室条例开辟了 12 个西班牙港口，从事与帝国的美洲领土(除了墨西哥之外)的自由贸易。11 月，宗教裁判所在一群经过选择的观察家的面前宣判巴勃罗·德·奥拉维德为异端
1779—1783 年	西班牙站在反对英国的一边，参与了美国

	独立战争。西班牙从英国那里夺回了佛罗里达和马略卡
1781—1787年	路易斯·卡纽埃洛的启蒙期刊《监察官》出版
1788年	查理四世统治
1789年	卡达尔索模仿孟德斯鸠的《波斯人信札》,写作于1770年代早期的西班牙风格的讽刺文学《摩洛哥信札》出版。4月,弗朗西斯科·戈雅被任命为王室画家
1792年	查理四世为了改善与法国的关系,用阿兰达伯爵代替弗洛里达布兰卡担任首席国务大臣。11月,拉阿尔库迪亚(La Alcudia)公爵,曼纽埃尔·戈多伊二十五岁就被提名为首相,人们怀疑他是王后玛利亚·路易莎的情人
1793—1795年	与法兰西共和国的战争使得西班牙失去了圣多明各
1795年	马德里的经济学协会出版了霍韦利亚诺斯的《农业法案卷报告》(*Informe en el Expediente de Ley Agraria*)。它主张停止限制财产的自由交换,这是对家族继承权和教会永久经营权的批评。9月,戈多伊被封为和平亲王
1796—1802年	联合法兰西共和国与英国开战。英国的禁运给西班牙与其美洲帝国和欧洲的贸易造成了灾难性的影响
1798年	王室下令出售宗教机构和慈善机构的财产,进一步用来分期清偿贬值的代价券(vales reales)。大规模的西班牙教会财产

	被褫夺继承权
1804—1808 年	与拿破仑统治下的法国结盟，西班牙重新与英国敌对。与美洲帝国的贸易再次遭殃
1805 年	特拉法尔加战役。纳尔逊勋爵指挥下的英国舰队在加的斯附近摧毁了法国和西班牙的联合舰队
1806 年	莱昂德罗·费尔南德斯·德·莫拉廷写作《姑娘们的允诺》(*El Sí de Las Niñas*)，西班牙新古典喜剧的杰作，是对妇女在婚姻和社会中从属地位的批判
1808 年	阿兰胡埃斯骚动之后的两个晚上，查理四世退位。费迪南德七世统治时期。5 月 2 日马德里的暴力反法骚动被法国军队镇压，传统上认为，这是西班牙人武装起义反对拿破仑的开始。在巴约纳，查理四世和费迪南德七世让位给法国皇帝拿破仑，后者很快就把王位传给了其兄约瑟夫。9 月，为了费迪南德而战的各省洪达代表聚集在阿兰胡埃斯，创建了以费迪南德的名义统治的最高中央洪达
1810 年	由于在法国军队的逼迫下，从塞维利亚逃跑到加的斯，中央政务会把其权威交给了一个摄政机构。这种变化的消息激起了人们对阿根廷、委内瑞拉和墨西哥的西班牙当局的反对。9 月，普通和非常议会在加的斯召开
1812 年	经过许多讨论之后，自由派领导下的加的斯议会宣布西班牙的议会君主制宪法
1813 年	加的斯议会下令废除宗教裁判所。约瑟夫

	国王领导下的法国军队在维多利亚被威灵顿公爵指挥下的英国、葡萄牙、西班牙联军击败,约瑟夫逃亡法国
1814 年	费迪南德七世在回西班牙的途中,在巴伦西亚宣布召集议会为非法,取消其立法活动,包括宪法
1820 年	里埃戈少校(很快提拔为将军)在圣胡安角公布 1812 年的宪法。3 月,费迪南德七世向宪法宣誓
1823 年	法国军队“圣路易的一百万个儿子”入侵西班牙,解救被立宪制度“囚禁”的费迪南德七世
1827 年	加泰罗尼亚的受屈者起义,支持王室绝对主义、恢复宗教裁判所,这是卡洛斯主义的先驱
1830 年	费迪南德七世公布 1789 年国事诏书,重新确立女性对王位的继承权。10 月,费迪南德的女儿伊莎贝拉出生。国王兄弟、幼年的卡洛斯将要反对国事诏书的有效性
1833—1839 年	第一次卡洛斯战争反对伊莎贝拉及其支持者组成的进步派和温和派。巴塞罗那出现第一家蒸汽动力的工厂
1835 年	胡安·门狄萨巴尔,“进步派的朱庇特”成为首相。为了创建市场经济,出售教会土地,废除贵族和行会的继承
1840—1843 年	埃斯帕特罗将军摄政。进步派掌权。玛利亚·克里斯蒂娜和温和派流亡法国。进步派分裂为许多支派
1843—1854 年	温和派的将军武装起义。纳瓦埃斯将军领

	导下的进步派异议者拥护温和派上台，按照1845年宪法执政。按照法国模式实行行政改革
1851年	与梵蒂冈签订教务协议
1854—1856年	奥·当奈尔将军发动武装起义，建立了埃斯帕特罗将军领导下的两年统治。经济上自由派立法使得19世纪60年代的繁荣成为可能；铁路网建成。民主宪法由于奥·当奈尔将军的上台而被废除，埃斯帕特罗将军辞职
1858—1863年	奥·当奈尔担任首相，组成自由派联盟，联合自由派大家族。后解体
1862—1868年	伊莎贝拉女王及其宫廷小集团排除进步派掌权，流放自由派将军，此举无异于政治自杀
1866年	繁荣崩溃
1868年	自由派联盟分子、进步派和民主派的“九月联盟”发动武装起义，结果导致了光荣革命
1869年	宪法确立了男性普选权和宗教宽容的立宪君主制。“九月联盟”解体
1873年	阿马德奥国王退位。第一共和国和各省的联邦共和国的行省地方主义分子起义
19世纪70年代	英国公司开发铜和黄铁矿，铁矿石出口快速增长
1874年	马丁内斯·坎波斯的纵队发动武装起义拥立阿方索十二世
1876年	1876年宪法一直沿用至1923年
1879年	伊格莱西亚斯建立社会主义党
1884年	莱奥波尔多·阿拉斯出版了《庭长夫人》

	(*La Regenta*)
1885 年	和平交接制度建立，自由派和保守派的党派通过内务部长和地方的卡西克形成的选举轮流上台执政。萨加斯塔作为自由派首相(1885—1890 年)实现男性普选权
1886 年	贝尼特斯·佩雷斯·加尔多斯创作《福尔图纳塔和哈辛塔》(*Fortunata y Jacinta*)
1892 年	《曼雷萨基础文件》要求加泰罗尼亚地方自治
1898 年	“灾难”。被美国击败，失去了古巴、波多黎各和菲律宾。作为反动，出现了重建主义和对复辟时期社会和政治结构的批判
1906 年	自由派给予军队广泛权力。加泰罗尼亚团结阵线成立；赢得了 41 席
1907—1909 年	保守主义的陈述；安东尼奥·毛拉尝试“自上而下的革命”
1909 年	巴塞罗那“悲剧的一周”，女修道院烧毁、街头骚动。毛拉被阿方索十三世解职，自由派的莫雷特取而代之。和平交接告终，党派体制开始分裂
1910—1911 年	无政府-工团主义劳动联盟联合会成立
1912 年	西班牙从摩洛哥那里接管了附属地
1917 年	一年的准革命时期：加泰罗尼亚代表大会；无政府-工团主义联合会领导了一次总罢工；官僚士兵领导下的国防政务会成立
1919—1923 年	罢工和封闭工厂的社会冲突；巴塞罗那发生聚众斗殴
1921 年	奥尔特加-加塞特出版了《软弱无能的西班牙》(*Invertebrate Spain*)。在《太阳报》上

	攻击旧政治
1923 年	普里姆·德·里维拉废除了 1876 年宪法；普里姆为阿方索十三世接受作为军事独裁者
1924 年	民族联盟成立
1927 年	国民大会召开
1929 年	桑切斯·古格拉发动叛乱
1930 年	普里姆·德·里维拉辞职
1931 年	共和派——社会主义派的联合阵线在大城市的城市选举中获得了多数。阿方索十三世退位。第二共和国成立。加泰罗尼亚的代表委员会制度成立
1932 年	圣胡尔霍将军发动了一次未遂政变
1933 年	何塞·安东尼奥·普里姆·德·里维拉创立长枪党。右翼获得了选举的胜利
1934 年	塞达党加入政府。阿斯图里亚斯和加泰罗尼亚发生了叛乱。西班牙的非洲军团粉碎了阿斯图里亚斯的矿工叛乱
1935 年	希尔·罗夫莱斯担任陆军部长
1936 年	2 月 16 日人民阵线赢得了全民选举的胜利。5 月 10 日，阿萨尼亚成为共和国总统。7 月 13 日，极右派领导人卡尔沃·索特洛(Calvo Sotelo)被暗杀。摩洛哥的军队叛乱蔓延到西班牙。9 月 4 日，拉尔戈·卡瓦列罗组成社会主义工人党参与的政府。不干涉委员会开始在伦敦工作。11 月，民族主义派攻打到了马德里附近。11 月 8 日，国际纵队到达了马德里前线
1937 年	4 月 18 日，在佛朗哥将军的领导下，长枪党和传统主义派联合到一起。4 月 26 日，

	格尔尼卡轰炸。5月3日,巴塞罗那街头发生了无政府-工团主义联合会、马克思主义统一联合党和共产主义派之间的战斗,内格林取代拉尔戈·卡瓦列罗出任总理。6月18日,毕尔巴鄂陷落,北部前线崩溃
1938年	2月,佛朗哥重新占领特鲁埃尔,阿拉贡的进攻把共和国的地盘一分为二。7月,共和国沿着埃布罗河发动了最后一次进攻
1939年	1月26日,民族主义派进入巴塞罗那。4月1日,内战以民族主义派获胜告终。自给自足和对人民阵线的支持者进行暴力压迫的时期开始
1940年	西班牙宣布不参与第二次世界大战。11月23日,佛朗哥和希特勒在昂代会晤
1941年	招募蓝色师团准备去苏联前线作战
1945年	佛朗哥传播《西班牙人宪章》(*Charter of the Spaniards*)
1946年	联合国同意对西班牙施行外交制裁
1951年	开始施行小步骤的经济自由化
1953年	西班牙与梵蒂冈签订教务协议,与美国签订军事基地条约
1955年	西班牙重新加入联合国
1956年	爆发第一次大规模的学生骚乱
1957年	佛朗哥组成一个新内阁,其中有致力于经济自由化的主业会的技术官僚
1959年	宣布稳定计划。埃塔成立。西班牙从20世纪60年代早期开始了经济、社会和文化的转型
1962年	整个西班牙爆发了劳工罢工。工人委员会

	成立
1963 年	西班牙知识分子抗议压迫劳工
1964 年	协会社团法公布
1966 年	国家出版法和组织法公布
1969 年	胡安·卡洛斯亲王被佛朗哥正式指定为继承人。学生和工人抗议之后,全国实行紧急状态
1970 年	布尔戈斯审判埃塔恐怖分子。西班牙与欧共体签订了一项优惠贸易协定
1973 年	总理卡雷罗·布兰科遇刺。阿里亚斯·纳瓦罗被指定接替其职务。经济衰退中断了西班牙的经济繁荣
1975 年	处死五个反佛朗哥主义的武装分子。佛朗哥去世。胡安·卡洛斯加冕为西班牙国王
1976 年	阿道弗·苏亚雷斯组成政府。民主过渡开始。政治改革法关闭了佛朗哥派的议会,使得政党合法化
1977 年	西班牙共产党合法化。民主选举立宪政府。民主中间派联盟政府成立
1978 年	在全民公决中获得了压倒多数的支持,新民主宪法通过
1981 年	一次流产的军事政变劫持了部分人质
1982 年	西班牙加入北约。西班牙工人社会党以压倒多数赢得选举,费利佩·冈萨雷斯担任主席。新民主巩固时期开始
1986 年	西班牙加入欧洲经济共同体,北约成员国身份也在全民公决中得到批准
1989 年	费利佩·冈萨雷斯担任欧洲经济共同体主席。西班牙加入货币体系

1993 年	西班牙工人社会党在选举中失去了绝对多数,在加泰罗尼亚保守党、民主联合党的支持下,组成了新政府
1996 年	在选举中,保守的大众党赢得了选举的胜利。在民主联合党、巴斯克民族主义党和加那利联合阵线的支持下,组成政府。何塞·马里亚·阿斯纳尔出任首相
1997 年	西班牙加入欧洲货币联盟。群众抗议巴斯克省持续的恐怖活动。赫利·巴塔苏纳失去领导权
1998 年	埃斯特里亚的领导委员会成立。前部长巴里奥努埃沃和贝拉由于批准采取国家恐怖主义的手段对待埃塔,被拘禁
1999 年	西班牙加入北约针对塞尔维亚的军事行动。埃塔打破停火协定
2000 年	人民党以压倒多数赢得了选举

索　　引

（索引条后数字为外文原书页码，即本书边码）

B

C

D

F

H

I

M

N

O

P

Q

R

S

T

W